古典文獻研究輯刊

十六編

潘美月・杜潔祥 主編

第 21 冊

尚書古注便讀

［清］朱駿聲 撰　　葉正渤 點校

國家圖書館出版品預行編目資料

尚書古注便讀／［清］朱駿聲 撰　葉正渤 點校 — 初版
— 新北市：花木蘭文化出版社，2013〔民 102〕
目 4+218 面；19×26 公分
（古典文獻研究輯刊 十六編：第 21 冊）
ISBN：978-986-322-172-2（精裝）
1. 書經　2. 注釋
011.08　　　　　　　　　　　　　　　　　　102002360

ISBN-978-986-322-172-2

9 789863 221722

古典文獻研究輯刊
十六編　第二一冊　　　　　　ISBN：978-986-322-172-2

尚書古注便讀

作　　　者	［清］朱駿聲 撰　葉正渤 點校
主　　　編	潘美月　杜潔祥
總 編 輯	杜潔祥
企劃出版	北京大學文化資源研究中心
出　　　版	花木蘭文化出版社
發 行 所	花木蘭文化出版社
發 行 人	高小娟
聯絡地址	235 新北市中和區中安街七二號十三樓
	電話：02-2923-1455／傳眞：02-2923-1452
網　　　址	http://www.huamulan.tw 信箱 sut81518@gmail.com
印　　　刷	普羅文化出版廣告事業
初　　　版	2013 年 3 月
定　　　價	十六編 30 冊（精裝）新台幣 50,000 元

尚書古注便讀

[清] 朱駿聲 撰　葉正渤 點校

點校作者簡介

葉正渤，江蘇省響水縣人（原屬濱海縣），教授，文學碩士。1988 年 6 月陝西師範大學中文系漢語史專業碩士研究生畢業。畢業後赴雲南師範大學中文系任教，講師。1995 年 2 月調入徐州師範學院中文系任教，1997 年 7 月晉升為副教授，2003 年 8 月晉升為徐州師範大學文學院教授。古代漢語優秀課程（群）負責人，漢語言文字學專業、中國古典文獻學專業碩士研究生導師。主要從事古代漢語、古文字學、古漢語詞彙學和先秦兩漢文獻的教學與研究。中國語言學會、中國古文字研究會、中國文字學會、江蘇省語言學會會員。國家哲學社會科學基金項目通訊評審專家、成果鑒定專家。主持國家哲學社會科學規劃項目一項，教育部人文社會科學一般項目一項，江蘇省高校人文社會科學研究基金項目二項，江蘇省高校古籍整理研究項目二項。發表學術論文、譯文 90 餘篇，參加《中國書院辭典》（1996）的編寫，和李永延先生合著《商周青銅器銘文簡論》（1998，1999 年獲江蘇省社科優秀成果評選三等獎），另著《漢字部首學》（2001）、《漢字與中國古代文化》（2003）、《金文月相紀時法研究》（2005，2008 年獲江蘇省高校社科成果評選二等獎）、《上古漢語詞彙研究》（2007）、《葉玉森甲骨學論著整理與研究》（2008，2010 年獲江蘇省第十一屆哲學社會科學成果評選二等獎）、《金文標準器銘文綜合研究》（2010），點校〔清〕朱駿聲《尚書古注便讀》。

提　　要

　　《尚書古注便讀》是〔清〕朱駿聲「欲求原流，明晰繁簡，適當便於學子研讀」，「乃博采漢訓，間及宋說，鈎玄擷要，溯本窮原，天文徵諸實算，輿地證以今時，偽書不加注釋，考文詳其出典，於是三十篇之今文，明通可誦，二十五篇之偽書，出處能尋」而寫的（宗孫朱師轍序）。成都華西大學 1935 年收入《國學叢書》予以刊印。1976 年臺灣廣文書局收入《國學珍籍彙編》影印出版，白文，未加標點。由於該書具有很強的學術性與研究參考價值，但是至今尚無標點本出版。為便於今之讀者閱讀與研究，點校者對該書加了新式標點，並對該書中出現的某些非學術性錯誤進行了校勘，作了校勘記。又將原豎排版改為橫排版，仍用繁體字印刷。正文用四號字，注釋用五號字單行編排。

本書是 2010 年度江蘇省高校古委會
立項項目最終研究成果之一

尚書古注便讀　跋（一）

　　余積年來箸書九十餘種，無力盡刊，置之篋衍。此書道光癸巳在濟南脫稿，忽忽二十四年矣。日暮途遠，人間何世，自等敝帚之享，已無選梨之望。今得博雅好古之士友梅宗兄，見許其可傳，爲之參校，毅然梓而行之，非其幸與！余老矣，得一知己，可以不恨。所尤幸者，於流離顛沛之中，乃獲此賞心樂事也。咸豐六年二月石隱朱駿聲識。

　　師轍謹按：友梅先生名鏡蓉，曾助　先大父刊《說文通訓定聲》，後議刊斯編，倏遭粵匪亂，破產，卒未刊行。

尙書古注便讀　跋（二）

　　清代治《尙書》者浩繇，今古文僞書之爭尤盛。自閻百詩《古文尙書疏證》出，而僞書灼然。雖以毛西河之辯，亦不能推翻銕證。繼起彰閣氏者，則有惠棟、江聲、王鳴盛、孫星衍、段玉裁、丁晏、俞樾、王先謙諸家，皆攷覈精密，多有心得。右毛氏者，則有王劼、張崇蘭、洪良品、吳光耀諸家，亦持之有故，言之成理。此攻僞與辨誣兩派之尤箸者。其間知古文之僞而不主廢棄者，則有陽湖莊存與，復以《公羊》義釋諸經，實開清季今文學派之風。繼之者，則其孫述祖、其甥劉逢祿，而龔自珍、魏源、陳喬樅、皮錫瑞，皆承其風而述作，各有發明，然未免求新而穿鑿。《尙書·禹貢》一篇，復多專書，而以胡渭《錐指》爲尤精博。此清代治《尙書》最箸諸家之大略也。

　　先大父生當嘉、道之際，研小學，兼通群經，見《尙書》家弦戶誦者蔡沈《集傳》，未能明眞僞之本，通訓詁之原，注疏既尊崇僞孔諸家，多偏重辨僞，欲求原流明晰，繇簡適當，便於學子研讀者，渺不可得。乃博采漢訓，間及宋說，鈎玄擷要，溯本竆原，天文徵諸實算，輿地證以今時，僞書不加注釋，攷文詳其出典，于是三十篇之今文，明通可誦，二十五篇之僞書，出處能尋。故斯編既具顝門，復便誦習，以視諸家之書繇博難讀，何如也？孔子曰：「博學而反約之」，　先大父斯編，合于尼山此旨矣。

　　師轍謹按：書稿成于道光十三年，其後黟朱茂才友梅、常州楊大令佩瑗、銅山徐將軍又錚，暨河南大學，先後擬刊行，皆未果。其間，劉君申叔栞國故于北京大學，坿印未半，劉君歿，中輟。　先君居江楚編譯局時，某以擬刊叚閱，久不歸，幾喪遺稿。　先君嚴辭索之亟，始獲反璧。師轍方侍側，　先

君誠之曰：繼自今，遺稿無副不可以畀人。故後雖婁喪副本，遺稿賴保存，皆　先君之教也。今春師轍應成都華西大學教授之聘，挈副本往，嚴君谷孫欲梓行，華西文學系主任程芝軒先生，道高德劭，雅重讀經，時校中議刊《國學叢書》，先生首以斯編付印，計距　先大父書成百又三年矣。豈惟裔孫私衷欣幸，而　先大父之靈亦將含笑于九京。司馬子長謂「箸述當臧諸名山，傳諸其人。」　先大父斯編，婁邅梗阻，豈亦所謂將待其人而傳之者歟！今幸睹告成，故略識顛末，以諗來茲。

民國二十四年七月
孫師轍謹識

凡　例

一，篇弟仍依今本，不以古目爲敘。

一，晚書不注，但著其引用出處。

一，注中某，某也，某也，上某爲假借，下某爲本字之訓。如：尙，上
也，高也。言尙字借爲上字，上字之訓則高也。餘仿此。此依《毛
詩傳》「調，朝也，壞，瘣也」之例。

一，注中某，某也，猶某也。所云猶者，乃轉注之誼。如「既，汔也，
猶盡也。」汔之本訓爲水涸，其引申之誼，則爲盡也。「稽，計也，
猶考覈也。」計之本訓爲會算，其引申之誼，則爲考覈也。

一，地名、山水，必注本朝在何省何縣，以覈其實。

一，古注不專從鄭，雖宋人說弗廢，實事求是，頗有折衷。

一，逸篇之句，有見于古書所引者，零章斷字，既無全文，或難索解，
亦復略諸。

孫師轍謹校

尚書古注便讀　卷之一

尚，上也，高也。書，箸于竹帛者也。孔子尊而命之曰《尚書》，重之若天書然也。

元和朱駿聲豐芑甫集訂

虞　書

虞舜氏，後以爲有天下之號也。《堯典》雖紀唐堯之事，因虞史伯夷所作，故曰《虞書》，凡十六篇。

堯　典

堯，唐帝謚，帝嚳之子，帝摯之弟也。典者，冊在丌上，尊閣之也。後世以其所載之事可爲常法，故又訓典爲常也。孔子《書敘》曰：「昔在帝堯，聰明文思，光宅天下，將孫于位，讓于虞舜，作《堯典》。」

曰若稽古，帝堯曰放勳，欽明文思，安安允恭克讓，光被四表，格于上下。

曰，發語詞。若，順也，下皆同。稽，計也，猶考覈也。古，十口相傳之前言也。帝，天稱也。聖人王天下者，同于天，故亦稱帝也。放勳，堯名。放，旁也，溥也。勳，能成帝功也。欽，鎭也，低頭致敬也，故威儀悉備曰欽。明，照也，照臨四方曰明。文，妙也，緘也，故經緯天地曰文。思，睿也，道德純備曰思。安，靜也。安安，猶晏晏，寬容覆載之意也。允，信。恭，肅也，不懈于位曰恭。克，能也。讓，攘也，推也，推賢上善曰讓。光，明也。被，彼也，往有所加也。四表，四海之外也。格，假也，至也。于，

詞也。上，天；下，地也。言堯德光耀及四海之外，至于天地，所謂大人，與天地合其德，與日月合其明也。欽、明、文、思、安安，本其德性而言也。允恭克讓，以其行實而言也。至于被四表，格上下，則德行之所極也。

克明俊德，以親九族。九族既睦，平章百姓。百姓昭明，協和萬邦。黎民於變時雍。

俊，峻也，高大也。德，惪也，內得于己，外得于人也。堯之大德，上文所稱是也。以，用也。親，愛也。族，屬也。九族，謂高祖至元孫同屬之親者，古文家孔安國說也；謂父族四、母族三、妻族二者，今文家歐陽氏說也。既，汔也，猶盡也。睦，敬和也。平，當作釆，讀若辨，猶別也。下皆同。章，彰也，明也。百姓，羣臣之父子兄弟也。昭，亦明也，言皆能自明其德也。協，合也。和，龢也，調也。萬，盈數也。邦，國也。萬邦，統中夏蠻貉，極言其多也。黎，齊也。黎民，猶眾民也。於，烏也。用爲於虖者，詞也。變，更也，改惡爲善也。時，是也。雍，當作雝，雝渠脊令也。其音離，雝而龢，故以爲和順之義，民協服之象也。此言堯推其德自身而家而國而天下，所謂光被四表者也。

乃命羲和，欽若昊天，歷象日月星辰，敬授人時。

乃，始詞也。命，猶令也。羲者，顓頊時司天南正重之後；和者，司地火正黎之後，至堯復使典其職，俾順天以立法也。元氣廣大曰昊天。歷，過也，謂七政行天，記其所過之書也。象，像也，猶形也，謂璿璣玉衡所以觀天之器也。日，太陽之精，一日一周天；月，太陰之精，一月一周天。星，金、木、水、火、土，五緯也。土，填星，二十八歲一周天；木，歲星，十二歲一周天；火，熒惑，二歲一周天；金，太白；水，辰星，皆一歲一周天。辰，二十八宿，日所行之黃道，即月與日會之十二次也，二萬五千四百十二歲一周天。敬，肅也。授，予也。人，當作民，因時以授民事，故曰民時。

分命羲仲，宅嵎夷，曰暘谷。寅賓出日，平秩東作。日中，星鳥，以殷仲春。厥民析，鳥獸孳尾。

此下四節又分職以考驗之，恐推步之或差也。上文所命，蓋羲伯爲稷官，和伯爲司徒，如《周禮》之天官、地官也。此乃分命其仲叔，如《周禮》之春官、夏官、秋官、冬官也。分，別也。仲，中子也。羲仲，秩宗之官，猶

宗伯也。宅，度也，測量也。下皆同。嵎，堣也，即《禹貢》青州之嵎夷，今山東登州府，隔海相對朝鮮地也。暘，日出也。兩山之間，泉出通川爲谷，蓋測候之所也。寅，夤也，敬也。賓，儐也，導也。謂春分朝日而識其初出之景也，後世因之以定里差焉。平，當作釆，辨別也。下皆同。秩，豑也，叙也。作，生也。物生于東故曰東作，謂春月三農生九穀之時也。日中者，古制刻漏，晝夜百刻，春分則晝夜各五十刻，于夏永冬短爲適中也。星鳥，朱鳥之宿也。堯時春分七星，昏中于南方，今時則井中矣，後世因之以定歲差焉。蓋恒星每歲東行五十一秒，大判七十年而不及宗動天一度，故有差耳。殷，皪也，中也，猶正也。言以物之生、晝之日、昏之星，定仲春時也。厥，發語詞，猶言其也。析，分散也。冬時民聚于奥，今農事方興，散布在野也。二足而飛曰鳥，四足而走曰獸。孳，乳化也。尾，交接也。以物之生育，而驗其氣之溫也。

申命羲叔，宅南，曰大交。平秩南訛，敬致。日永，星火，以正仲夏。厥民因，鳥獸希革。

申，緟也。叔，少也，少子稱叔。羲叔，《周禮》司馬之官也。大交，南方交趾之地，今安南國也。《書‧大傳》云：「中祀大交」，與「秋祀柳谷，冬祀幽都」對文，蓋亦山名也。鄭康成曰：「夏不言日、明、都三字，摩滅」，其說無據。訛，古作譌，讀爲僞。施，治也。謂夏月時物長盛，所當作爲之農事也。致，至也，日至也。以夏至日中立八尺之表，視其暑景，尺有五寸，爲短之極也。永，長也。景短，故晝長，其漏六十刻也。火，謂大火，蒼龍宿也。堯時夏至昏中當爲箕，今則亢中矣。正，猶定也。因，就也，言就高也，即《月令》「仲夏居高明」，遠眺望升山陵處臺榭之誼也。希，稀也，疏也。革，猶皮也，毛疏而皮見也。

分命和仲，宅西，曰昧谷。寅餞納日，平秩西成。宵中，星虛，以殷仲秋。厥民夷，鳥獸毛毨。

和仲，士官，《周禮》之司寇也。西，隴西兌山，在今甘肅秦州界。昧，當作桺，讀爲申酉之卯。正西爲酉，方日入于酉時，故稱卯谷也。餞，送行之名。納，內也，入也。謂秋分日入後夕月，而兼測月之九行也。西成者，西爲陰中，萬物所成，收穫之時也。宵，夜也；宵中，晝夜各五十刻也。此獨言宵者，承上納日夕月而言也。星虛，元武之宿虛星也。秋分昏中，今時

則斗中矣。夷，俀也，平也，暑退而氣和平也。毨，毛更生也，毛盛可選取為用也。

申命和叔，宅朔方，曰幽都，平在朔易。日短，星昴，以正仲冬。厥民隩，鳥獸氄毛。

　　和叔，共工之官，《周禮》之司空也。朔，月與日會也。合朔時刻雖無定，而一月一周天。朔與望、弦分四位，則朔必在正北為定，故朔又為北也。方，傍也，猶邊也。幽都，《海內經》云：「北海之內有山曰幽都之山」，今直隸順天府密雲縣東北，塞外地也。在，察也。易，傷也，更改也。日為改歲，令民謹，蓋藏務積聚也。按：《史記》「朔易」作「伏物」，其誼為長。日短者，晝四十刻也。星昴，白虎之宿昴星也。多至昏中，今時則室中矣。隩，奧也，室之西南隅，《詩》所謂入此室處也。氄，當作毪，讀如朕，毛盛溫柔也。堯既命造歷制器，而復分方與、時，使各驗其實。聖人之敬天勤民，其慎如是，是以術不違天，而政不失時也。

帝曰：「咨！汝羲暨和。朞三百有六旬有六日，以閏月定四時，成歲。允釐百工，庶績咸熙。」

　　咨，謀事也，訪問于善曰咨。汝，俖人之詞，猶言爾也。暨，臮也，與也。朞，稘也，復其時也，即所謂歲周。十日曰旬。閏者，餘分之月也。定，正也。四時，春夏秋冬也。成歲者，成一歲之歷，使分至啟閉不失其常，將以授民時，且記時事也。蓋天體至高至圓，繞地西行一日一周，本無度數可紀，以日之麗天亦一日一周而少不及，積三百六十五日四分日之一，而周復其故處，與天會合，故分天度為三百六十五度四分之一，是一歲日行之數也。今云六日者，舉成數言耳。月麗天西行一日行十三度十九分度之七，積二十七日九百四十分日之三百一十四而與天會，更越二日，凡二十九日九百四十分日之四百九十九而與日會，是為一月。每歲十二會，通計得全日三百五十四日九百四十分日之三百四十八，是一歲月行之數也。歲有十二月，月有三十日。三百六十者，一歲之常數也，故日與天會而多五日九百四十分日之二百三十五為氣盈，月與日會而少五日九百四十分日之五百九十二為朔虛。合氣盈朔虛，而一歲餘十一日弱，未滿二歲已成一月，則置閏焉。故一歲閏率，則十日有奇；三歲一閏率，則三十二日有奇；五歲再閏，則五十四日有奇；十九歲七閏，則氣朔分齊，是為一章也。夫三年不置閏，則春之一月入于夏，

而時漸不正矣。子之一月入于丑，而歲漸不成矣。積之又久，則名實乖舛，寒暑反易，農桑庶務皆失其時，故必以此餘日置閏月于其間，然後四時不差，而歲功有成也。釐，理也。工，讀爲官。庶，眾。績，功也。咸，僉也，皆也。熙，光明也。言以此信治百官，而眾功皆昭著也。

帝曰：「疇咨若時登庸？」放齊曰：「胤子朱啟明。」帝曰：「吁！嚚訟，可乎？」

堯之末年，羲、和皆以老死，故求賢以代之也。疇，匄也，誰詞也。登，陟也。庸，用也。放齊，臣名，允嗣也。朱，丹朱也，封于丹川，亦曰丹朱。啓，启也，開也，言其性開明，可登用也。吁，驚詞也。口不道忠信之言爲嚚，讙譁而爭爲訟。可乎，言不可也。朱蓋以開明之才用之于不善，故嚚訟也。此見堯之至公至明，深知其子之不可用，不以一人病天下也。

帝曰：「疇咨若予采？」驩兜曰：「都！共工方鳩僝功。」帝曰：「吁！靜言庸違，象恭滔天。」

采，猶官也。驩兜，臣名。都，於詞也。共工，水官，其人名氏未聞。或曰即窮奇也，或又云名康回，非是。方，旁也，溥也。鳩，述也，斂聚也。僝，當作俊，讀若羼，具也。功，以勞定國也，言廣聚以具其功也。靜，彰也；靜言，謂巧言飾說也。違，戾也。庸違，謂動作衺辟也。象，像也；象恭，謂令色也。滔，嫚也。滔天者，不畏天者也。

帝曰：「咨！四岳，湯湯洪水方割，蕩蕩懷山襄陵，浩浩滔天。下民其咨，有能俾乂？」僉曰：「於！鯀哉！」帝曰：「吁！咈哉，方命圮族。」岳曰：「异哉！試可乃已。」帝曰：「往，欽哉！」九載，績用弗成。

四岳，四時之官，主泰山、霍山、華山、恒山之事。羲和、仲叔既歿，別命四人爲四伯以治之者也。湯湯，水盛貌。洪，澤也，水不遵道也。方，旁也，溥也，猶徧也。割，害也，患也。蕩蕩，水漾漾也。懷，襄也，夾也。襄，驤也，駕也。大阜曰陵。浩浩，廣大貌。滔，漫也，勢若滿天也。下民，下土之民。其，語詞也。咨，嗟也，嘆也。俾，使也。乂，嬖也，治理也。僉，皆也。鯀，臣名，封崇伯，禹之父也。咈，韋也。方，放也，棄也。命，帝令也。圮，毀也。族，屬也，類也。《離騷》謂「鯀婞直亡身」，蓋師心自用，與眾不和也。异，舉也，試己皆用也。乃，詞之難也，言試以治水而或

可乃復大用也。帝使之往者，詘己之明，從人之議也。載，蕺也，與稘秋同意，年也。弗者，不之深也。九年而功不成，史臣終言之也。《楚詞‧天問》言「鴟龜曳銜」，蓋鯀不順導而築城堙障之，訖無成功也。

帝曰：「咨！四岳！朕在位七十載，汝能庸命，巽朕位？」岳曰：「否德忝帝位。」曰：「明明揚側陋。」師錫帝曰：「有鰥在下，曰虞舜。」帝曰：「俞，予聞。如何？」岳曰：「瞽子。父頑，母嚚，象傲，克諧。以孝烝烝，乂不格姦。」帝曰：「我其試哉！女于時，觀厥刑于二女。」釐降二女于嬀汭，嬪于虞。帝曰：「欽哉！」

　　朕，發聲之詞，古人自稱之通號。言我老耄，汝諸侯之中，有能順用天命，可以踐處我位者乎？巽，踐也，履也。否，嗇也，猶啚也。忝，辱也，言無盛德之諸侯也。揚，舉也。側陋，仄皕也，謂隱匿陜隘之地者。明明，察舉貴戚也。揚側陋，超舉疏遠者也。師，猶眾也，四岳同詞以對也。錫，賜也，予也。鰥，悹也，無妻者曰鰥，言不得志如疾病也。虞地，今山西解州安邑縣。舜，名也，《山海經》作「俊」。舜居于虞，因以為氏也。俞，應詞也。予，余也，亦自稱之詞，言我亦曾聞其人也。如何者，復問其詳也。瞽，目但有朕也。瞽瞍，舜父，為樂官者。心不則德義之經為頑。象，舜異母弟。傲，倨也，反悌曰傲。諧，龢也。善父母為孝。烝烝，厚也。乂，嬖也。格，假也。姦，妖也，爭訟也。言舜能和于父母與弟，孝德深厚，自治以式，化一家不至爭訟也。試，試以為臣之事也。女，以女妻人也。時，是也。刑，型也，法也。二女，長娥皇，次女英也，以觀其內能型于妻否也。釐，飭理也。降，下也。嬀水，在今山西平陽府蒲州界，水北曰汭，舜所居處也。嬪，婦也，為婦于虞氏也。

　　○帝曰欽哉，將試舜而飭使敬其職也。此四字當連下「慎徽五典」為一節，僞書分「欽哉」上為《堯典》，以下為《舜典》，非也。

舜　典

　　《書敘》曰：「虞舜側微，堯聞之聰明，將使嗣位，歷試諸難，作《舜典》。」此篇亡于西晉永嘉之亂。今僞書則分《堯典》「慎徽」以下當之也。

曰若稽古，帝舜曰重華，協于帝。

　　「曰若稽古，帝舜曰重華」，《尚書中候‧考河命》文也。蕭齊姚方興上

書時，加此十二字以爲《舜典》之首。

濬哲文明，溫恭允塞，玄德升聞，乃命以位。

「濬哲」、「溫恭」，字皆見《商頌》。「文明」，見《易・文言》。「允塞」，見《周詩》。「舜執元德于心而化馳若神」，見《淮南》書。此十六字，隋劉炫僞造也。

愼徽五典，五典克從；納于百揆，百揆時敘；賓于四門，四門穆穆；納于大麓，烈風雷雨弗迷。

愼，謹也。徽，媄也，善也。五典，父義、母慈、兄友、弟恭、子孝，即五品也。克從，言無違教也。此試以地官之職也。納，內也，入也。揆，度也。百揆主后土以度百官之事，蓋試以冬官之職而兼領天官也。敘，次第也。時敘，言無廢事也。賓，儐也，出接賓者也。四門，四方之門，謂朝諸侯于明堂，東南西北爲外四門，應庫皋雉爲內四門也。穆穆，和敬也。言諸侯朝者皆肅敬盡禮，無凶人也。此試以春官、夏官之職也。林屬于山爲麓，此山曰巏嵍，在今直隸順德府唐山縣。堯爲壇于國外大麓之野，將命諸侯以舜居攝之事，使舜築之。舜入山林而逢暴風雷雨，眾懼，失常，而舜行不迷也。烈，猛。迷，惑也。此將命之陟位，又試以秋官之職如司儀者也。

帝曰：「格！汝舜！詢事考言，乃言底可績，三載。汝陟帝位。」舜讓于德，弗嗣。

格，假也，來也。詢，當作訊，謀也。事，職也。考，覈也，猶言稽也。乃，猶汝也。底，定也。三載，賓四門之後三年也。蓋堯試舜凡二十年，愼徽五典，至納于百揆，歷時最久。賓門後又已三年，故言總計汝事汝言，定可有功，今又三載，朕信益深，汝宜登帝位也。讓，攘也。德，悳也。嗣，繼也。攘于德，推攘于有德之人也。

正月上日，受終于文祖。

帝王易代，莫不改正建朔，堯正建丑，舜正建子是也。此時未改堯正，故云正月，即位乃改之，故下月正也。上日，上旬之日也。受，相付而承之也。終，成也，受堯之成也。文，彣也。文祖者，感生帝赤熛怒也，火彣明之象，故曰文。凡祀五帝之廟，唐謂之五府，略如周之明堂。堯火德，故感生于赤帝，時舜將攝位，告廟以告天也。

在璿璣玉衡，以齊七政。

在，察也。璿，美玉也。璣，機也，主發謂之機。衡，橫也，謂橫簫也。轉運者爲機，持正者爲衡，略如後世之渾天儀也。齊，平也，推步以驗其平也。政，正也，中也。七政，日月五星也。運行于天，有遲有速，有順有逆，察以齊之，所以正四時也。舜初攝位而首察之，猶堯命曆象也。觀象之器，古必有其法，遭秦而滅。漢宣帝時，始鑄銅而爲之象，其器失傳。劉宋時，所作渾天儀，傳于齊、梁、陳、隋，衡長八尺，孔徑一寸，機徑八尺，圓周二丈五尺強，轉而望之，以知日月星辰之所在。唐宋以來，其法漸密，大約爲儀三重，其在外者曰六合儀，以考上下四方；在中者曰三辰儀，以考日月星辰；最在內者曰四游儀，以爲占候者。旋轉而窺七政，月距地最近，其上水，其上金，其上日，其上火，其上木，其上土也。又其上恒星天，又其上宗動天，無星，所謂九重是也。按《尚書大傳》以旋機爲北極，玉衡爲斗柄，《春秋運斗樞》以旋機爲斗魁弟二弟三星，玉衡爲斗杓弟五星。然古書質實，衡何獨以玉稱？恐非也。《大傳》鄭注以七政爲春、秋、冬、夏、天文、地理、人道。然地理、人道與天文不同實，恐亦非也。

肆類于上帝，禋于六宗，望于山川，徧于羣神。

肆，當作肆，讀爲豭，從祠也。類，禷也，以事類祭天也。上帝，太一神，在紫微宮，天之最尊者，即北極耀魄寶，冬至祭于圓丘者也。禋，絜祀也，精意以享曰禋。宗，尊也。六宗，若《周禮》之星、辰、司中、司命、風伯、雨師也。星，五緯，辰，二十八宿也。司中、司命，文昌弟五、弟四星也。風伯，箕也。雨師，畢也。按：二十八星宿之外，又分祭箕、畢也。伏生則以六宗爲天、地、春、夏、秋、冬也。望，遠視也。山川四嶽，岱、霍、華、恒；四瀆，江、淮、河、濟，皆遠望以祭也。徧，周匝也。羣神，若《周禮》邱陵墳衍之屬，以尊卑次秩祭之也。蓋以攝位告天神地祇也。

輯五瑞。既月乃日。覲四岳，羣牧，班瑞于羣后。

輯，戢也，斂聚也。瑞，以玉爲信也。五瑞，桓圭、信圭、躬圭、穀璧、蒲璧也。古者五等諸侯執所受命圭，以朝天子；天子執瑁以冒之，以爲符驗。凡諸侯無過者，歸國時復其圭璧，有過者留其圭璧，故來朝時先輯也。既，汔也，盡也。既月，盡正月也。乃日，擇日也。覲，見也。四岳，四方諸侯也。羣，猶輩也。牧，監察也，十二州之長入天子之國曰牧。班，分瑞玉也。

后，繼體君也。羣后，即四岳也。堯將禪舜，故先收諸侯之瑞，既乃使舜受覲返還其瑞，若舜新班然。蓋令羣牧分授之，非舜一一親班之也。

歲二月，東巡守，至于岱宗，柴。望秩于山川，肆覲東后。協時月正日，同律度量衡，修五禮、五玉、三帛、二生、一死，贄如五器，卒乃復。五月，南巡守，至于南岳，如岱禮。八月，西巡守，至于西岳，如初。十有一月朔，巡守，至于北岳，如西禮。歸格于藝祖，用特。

歲二月，正歲建卯之月也。巡，行視也。守，諸侯所守之職也。岱宗，泰山也，在今山東泰安府泰安縣北。柴，祡也，尞也。凡祭天神，皆積柴，加牲其上而燔之。秩，䬫也，次第也。牲幣粢盛，籩豆爵獻之數，五嶽視三公，四瀆視諸侯。其餘小者，或視伯、子、男，或視卿、大夫也。東后，東方諸侯。協，眾之同和也。時者，四時。月者，十二月及閏也。日者，十日，甲至癸也。「月正」二字，疑傳寫誤到；或曰正者，三正子、丑、寅也。同，陰聲六，同謂大律、夾鍾、仲呂、林鍾、南呂、應鐘也。律，陽聲，六律謂黃鍾、太蔟、姑洗、蕤賓、夷則、無射也。度，五度，分、寸、尺、丈、引也。量，五量，龠、合、升、斗、斛也。衡，橫也，稱之平也。五衡，銖、兩、斤、鈞、石也。度量衡法制，本起于黃鍾之管，故次于同律也。修，飾也。五禮，公、侯、伯、子、男朝覲之禮。五玉，即五瑞也。三帛，所以薦玉者。高陽之後用赤繒，高辛之後用黑繒，其餘諸侯用白繒，《周禮》則改之爲纁，用五采之事也。二生，卿執羔，大夫執雁。一死，士執雉也。贄，當作摯，相見取執以自致也。如，筊也，籠也，謂授摯之器各異，卿、大夫、上、中、下士有五也。《周禮》則不用器，但飾之以布，維之以索而已。或曰：如，與也，猶及也，蒙上「修」字，存參。卒，戰也，盡也。復，往來也，往于南而來于西也。南岳，霍山，即衡山，在今湖南衡州府衡山縣西北。西岳，華山，在今陝西同州府華陰縣南。北岳，恒山，在今山西大同府渾源縣南。歸者，巡守畢而歸帝都也，堯都在今山西平陽府。格，假也。藝，當作埶。藝祖，即文祖也。告至于廟，古者君出與歸，皆必祭告，出不言者，文不具耳。特，一牛也。

五載一巡守，羣后四朝。敷奏以言，明試以功，車服以庸。

《周禮》巡守以十二年爲期，唐虞則五年爲期也。巡守之年，諸侯各朝于方岳之下，其後四年，諸侯分來朝于京師。東方春朝，南方夏宗，西方秋

觀，北方多遇，四歲而徧也。敷，溥也，徧也。奏，進也，謂朝時皆進陳治理其國之言。巡守時，乃明試以功，有功則賞。庸，民功也。能安民者賜車馬，後世九錫之典，所以首車馬也。

肇十有二州，封十有二山，濬川。

　　肇，垗也，畔也，定十二州之界也。水中可居曰州。堯遭洚水，民居水中高土，故因以爲州國之名。十有二州者：冀、沇、青、徐、揚、荊、豫、梁、雍、并、幽、營也。禹平水土，始分九州，以衛之并州，燕以北之幽州合于冀，以齊之營州合于青也。《爾雅》殷制，《周禮》周制，故九州沿革互異，而其名皆當本于舜時也。封，爲壇以祭也。十二山者，《職方氏》霍在冀，岱在沇，沂在青，會稽在揚，衡在荊，華在豫，嶽在雍，昭餘祁在并，醫無閭在幽，此外無聞焉。疑徐有蒙山，梁有岷山，營有峒山也。濬，深通川也。川者，田間水道，畎澮之水所會也。禹濬畎澮距川之後，尚有未通利者，舜更令濬之也。

象以典刑，流宥五刑，鞭作官刑，扑作教刑，金作贖刑。眚災肆赦，怙終賊刑。欽哉，欽哉！惟刑之恤哉！

　　象，像也，猶式法也。刑當作荆，罰皋也。典刑，謂常刑。五刑，墨、劓、剕、宮、大辟也，其法始制于三苗之君。《尚書大傳》云：「唐虞之象刑，上刑赭衣不純，中刑雜屨，下刑墨幪。」又云：「犯墨者蒙帛，犯劓者赭其衣，犯臏者以墨蒙臏處而畫之，犯大辟者布衣無領。」荀卿非之，謂古無肉刑，則殺人者不死。然怙終賊刑，則大辟未嘗廢也。流，猶放也。宥，寬也，以流放之法寬五刑，如《周禮》八議三赦之政，或投諸四裔，或屏之遠方也。鞭，笞也。官刑，辦治官事者，不如法，則用此刑也。扑，當作支，櫃、楚二物也。教刑，學校之刑，所以撻不率教者。金，赤金，銅也。贖，貿也。意善功惡，使出金贖皋。坐不戒慎者，此謂公過，非私皋，與《呂刑》所言異也。眚，過，災害也。事雖有害于人，而實因過誤者，則緩而赦之，不待流宥金贖也。肆，逮也，緩也。赦，置也。怙，恃也。終，謂終身也。賊，殺人不忌也。恃其奸衺，終身不改及殺人者，即《康誥》所言「自作不典，不可不殺」者也。終，一作眾，謂恃眾叛逆，非是。再言欽者，敬之又敬也。惟，凡思也。恤，血也，猶清淨也。

流共工于幽洲，放驩兜于崇山，竄三苗于三危，殛鯀于羽山，四罪而天下咸服。

　　流，行之遠去也。放，逐也。竄，竄也，塞也，杜塞之使不得通中國也。殛，誅也，責遣之也。共工，窮奇也。驩兜，渾敦也。三苗，饕餮也。鯀，檮杌也。洲，當作州。幽州，北裔也，今直隸順天府密雲縣東北塞外地。崇山，南裔之山，在今湖南澧州永定縣西。三危，西裔之地，在今甘肅安西州敦煌縣東南。羽山，東裔之山，在今山東沂州府郯城縣東北，江蘇海州贛榆縣西南。罪，辠也。四人為堯大臣諸侯，故不刑之，上文所謂流宥者也。咸，僉也，皆也。服，艮也，治理也。

二十有八載，帝乃殂落。百姓如喪考妣，三載，四海遏密八音。

　　二十八載者，自鰲降至于納麓，舜之徵庸二十載，自受終至天下咸服，舜攝位八載也。堯立七十年而得舜，至是九十八年而殂落也。殂，往，死也；落，如草木之移也。百姓，羣臣也。喪，亡也。不忍言死，故親之終曰喪，子孫持服亦曰喪。考，父也。妣，母也。三載者，方喪三年，如其親也。四海，統九夷、八狄、七戎、六蠻而言也。遏，止也。密，謐也，寂靜也。八音，金石土革絲木匏竹也，言天下之民哀思之甚也。《孟子》引此節為《堯典》，可見分篇之偽。

月正元日，舜格于文祖，

　　上文言正月，此言月正者，舜即位乃改建丑為建子，故變文記之也。元，猶始也。元日，首善之日也。格，假也，至也。至文祖廟者，即位于明堂也，故有下文出政布令之事。

詢于四岳，闢四門，明四目，達四聰。

　　詢，當作訊，謀也，謀政治于四岳也。闢，開也，《說文》引作闢。闢四門，言多開取士之科；明四目，謂所見博；達四聰，謂所聽遠。四者，四方也。

咨十有二牧，曰：「食哉惟時！柔遠能邇，惇德允元，而難任人，蠻夷率服。」

　　咨，謀也。十二牧，十二州之伯也。食，當作「欽」，字蝕其半而「金」又

誤「食」也。時，《史記》作「帝」，謂堯也。柔，安也。能，怡也，猶和恕也。遠，遐方也。邇，近地也。懫，厚。允，信也。德，有悳者。元，善人也。而，助語詞。難，憚也，猶惡也。任，佞也，柔佞之人也。蠻，南蠻。夷，東夷。率，述也，循也。服，及也，牟也。此數語舜述堯之治以爲治，兼爲下文命官發端也。柔遠，即協和之事；能邇，即時雍之事；懫德允元，即疇咨之事；難任人，即吁咈之事也。至于蠻夷率服，則所謂光被四表者也。

舜曰：「咨，四岳！有能奮庸熙帝之載，使宅百揆，亮采惠疇？」僉曰：「伯禹作司空。」帝曰：「俞，咨！禹，汝平水土，惟時懋哉！」禹拜稽首，讓于稷、契暨皋陶。帝曰：「俞，汝往哉！」

咨，讀爲嗞，嗟也。能，態也，姿也，猶賢才也。奮，猶起也。庸，功也。熙，光也。帝，堯也。載，猶行也。宅，居也。言有才可起發其功，光堯之行者乎，將使居百揆之官也。百揆，六卿之長，即周之天官冢宰也。舜以百揆進而居攝，今即位，故首命此官也。亮，當作倞，明也。采，事也，職也。惠，順。疇，猶類也。伯禹，高陽氏才子，其父崇伯鯀也。司空，即冬官共工也。禹平水土時，特命爲司空，非常名也。至是，使居百揆，仍舍其名爲共工矣。俞，嘫詞也。時，是也。懋，勉也。拜者，首至手也。稽，留也；稽首，下首至地也。讓，攘也，推也。稷，官名，其人棄也。按：凡虞夏書稷字，古書皆當作棄。周尊后稷以配天，乃追改之。惟下文帝曰棄，乃君命臣之詞，仍而不改也。契，當作禼，或作偰，臣名也。暨，臮也，及也。往，之也。勗以之官，不聽其所讓也。

帝曰：「棄！黎民阻饑，汝后稷，播時百穀。」

棄，高辛氏之子，今爲司馬，如周之夏官也。阻，戹也。飢，餓也。后，君也。稷，米最大，爲穀之長，故以名官。播，敷種也。時，蒔也。更，別種也。穀謂之百者，多種之詞，或以稻梁菽各二十，蔬果助穀各二十當之，非也。穀有九：黍、稷、梁、秫、稻、麥、菽、麻、苽也，或云八穀、六穀、五穀、三穀者，略言之耳。堯鴻水時，眾民困戹于飢，棄播穀以救之，故稷爲天官，後復爲夏官司馬。此舜返述其前功也。

帝曰：「契，百姓不親，五品不遜。汝作司徒，敬敷五教，在寬。」

契，禼也，高辛氏之子，今爲司徒，如周之地官也。五品，父、母、兄、

弟、子也。遜，愻也，順也。敷，敉也。五教，義、慈、友、恭、孝也。寬，從容不迫也。孟子述放勳之言：「勞之來之，匡之直之，輔之翼之，使自得之，又從而振德之」，即所謂寬也。此亦返述其前功也。

帝曰：「皋陶，蠻夷猾夏，寇賊姦宄。汝作士，五刑有服，五服三就。五流有宅，五宅三居。惟明克允！」

　　皋陶，高陽氏才子庭堅也，今為士，即周之秋官司寇也。猾，當作滑，讀為漗，濁亂也。夏，華夏也，言撓亂中國也。彊聚為寇，殺人為賊，由外為姦，起內為宄。士，吏也，治獄訟者也。鄭氏謂主察獄訟，則以司為訓。服，及也，治理也。就，造也，歸也。三就，大罪陳諸原野，次罪于市朝，同族則適甸師氏也。宅，𡧛也，懲忿之器也。五𡧛，謂上罪桍拲而桎，中罪桎桍，下罪桍王之同族，拲有爵者桎也。居，凥也，處也。三居，謂自九州之外至于四海，三分其地，遠近若周之夷服、鎮服、蕃服之地也。皆當明察其罪，能使信服也。以上稷、契、皋陶三官，皆堯在時所命者，舜因禹之讓而述其前功，以申命之也。

帝曰：「疇若予工？」僉曰：「垂哉！」帝曰：「俞，咨！垂，汝共工。」垂拜稽首，讓于殳斨暨伯與。帝曰：「俞，往哉！汝諧。」

　　予，余也，我詞也。工，百工也。《曲禮》六工，有土工、金工、石工、木工、獸工、草工，《周禮》有攻木、攻金、攻皮、設色、摶埴之工，主百工之官，即周之冬官司空也。司空之名，專為禹立，禹升宅百揆，故問誰能順治百工，勝任此職者，其官則仍名共工也。垂有巧思，字亦作「倕」，高陽氏才子也。共，龔也，具給也。殳、斨，亦作朱、斨，二臣名。伯與，亦作柏譽，一臣名，皆當在八元八凱中。諧，和也，猶耦也。往哉汝諧者，因垂之讓，令率此三人為佐，同供是職，與汝往哉。往欽哉，不同也。

帝曰：「疇若予上下草木鳥獸？」僉曰：「益哉！」帝曰：「俞，咨！益，汝作朕虞。」益拜稽首，讓于朱虎、熊羆。帝曰：「俞，往哉！汝諧。」

　　上謂山陵，下謂原隰藪澤，草木鳥獸之所生也。草，當作艸。僉，當作禹。益，讀為嗌，古作恭，又名柏翳，高陽氏才子，與禹同奏庶鮮食者，故禹舉之。朕虞，掌山澤之官，《周禮》有山虞、澤虞，省名為虞，而官分為二也。朱虎、熊羆，二臣名，疑即高辛氏之子伯虎、仲熊也。往哉汝諧，亦使為益之佐也。

帝曰：「咨！四岳，有能典朕三禮？」僉曰：「伯夷！」帝曰：「俞，咨！伯，汝作秩宗。夙夜惟寅，直哉惟清。」伯拜稽首，讓于夔、龍。帝曰：「俞，往。欽哉！」

典，敕也，主也。三禮，天神、地祇、人鬼之禮。典之者，如周之春官宗伯也。伯夷，姜姓之祖。秩，猶次敘也。宗，尊祖廟也。夙，早也。夜，莫也。惟，凡思也。寅，敬也。直，正見也。清，瀞絜也。夔、龍，二臣名。

帝曰：「夔！命汝典樂，教冑子，直而溫，寬而栗，剛而無虐，簡而無傲。詩言志，歌永言，聲依永，律和聲。八音克諧，無相奪倫，神人以和。」夔曰：「於！予擊石拊石，百獸率舞。」

五聲八音相比而成樂，先王之所以飾教也。教，上所施下所效也。冑，當作育，養子使作善也。子者，王太子、王子、羣后之世子、卿大夫元士之適子也。教育子弟，即周大司樂之職也。直，正也。溫，盈也，和潤也。寬，宏也。栗，凓也，竦縮也。剛，彊斷也。無，縱也，亡也。虐，暴也。簡，橺也，大也。傲，倨也。在心為志，發言為詩。言，心聲也。歌，詠也，長言之也。永，長也。聲者，宮、商、角、徵、羽是也。依，倚也。聲之清濁，又依長言而為之。律，十二律也。和，龢也，調也，聲中律乃和也。八音，鐘、磬、壎鼓、琴瑟、柷敔、笙、簫也。諧，龤也。樂，龢也。相者，兩耦之詞。奪，失也。倫，類也，猶敘也。神，鬼神也。人，承祭者也。和，相應也。《皋陶謨》言：「祖考來格，羣后德讓，其一隅也。」宋蘇軾曰：「舜方命九官，濟濟相讓，夔不當獨自言其功。是《皋陶謨》之文錯簡在此。」其說是也。

帝曰：「龍，朕堲讒說殄行，震驚朕師。命汝作納言，夙夜出納朕命，惟允！」

聖，嫉也，惡也。讒，譖也。說，談論也。殄，絕也。殄行，絕君子之行，所謂色取仁而行違也。震，跡也，動也。驚，駭亂也。師，猶眾也，謂眾臣也。佞人足以惑亂，朝臣所必遠也。納，內也，入也。內言，官名，所謂王之喉舌也，如周之宰夫，待諸臣之復萬民之逆者也。出者，承上言而宣之于下。內者，酌下言而達之于上。允，信也。凡思信實，則佞人無所行其奸矣。

帝曰：「咨！汝二十有二人，欽哉！惟時亮天功。」

二十二人者，十二牧及新命之皋陶、垂、殳、斨、伯與、益、朱虎、熊

罷、夔、龍十人也。四岳皆以他官兼攝，疑即禹、稷、契等爲之，故不在此數。禹、棄、伯夷皆居官久，有大功，申命之，非特敕之，故亦不在此數也。觀《呂刑》所敍堯臣伯夷、禹、稷可見，或謂當作三十有二人，存疑。亮，當作倞，讀爲景，如影之附形合而相助也。功，猶事也。帝王治世，民事即天事，故曰天功。此以上皆月正元日敕命之言也。

三載考績，三考，黜陟、幽明。庶績咸熙。分北三苗。

考，覈也，驗事得實也。績，功業也。黜，貶下也。陟，登用也。幽，遐隱也。明，邇所見也，言遠近之眾功皆興也。北，當作兆，別也。前所遠竄之三苗爲西裔諸侯者，其族類或猶有相聚爲惡，乃復分析流之他方，亦所謂黜也。

舜生三十，征庸三十，在位五十載，陟方乃死。

舜生三十，謂生三十年也。徵，召也。庸，用也。三十當作二十，謂歷試二十年也。在位五十載，謂攝位至死五十年，舜年一百歲也。陟方，巡守也。蓋分北之後，三苗有在南越之地者，舜南巡時征之，道死蒼梧，因葬于九疑山，在今湖南永州府寧遠縣南也。

汩　作

《書敍》曰：「帝釐下土，方設居方，別生分類，作《汩作》、《九共》九篇、《稾飫》。」按：釐，理也。汩，治水也，字從曰，不從日。

九共九篇

按：共，讀爲貢。《尚書大傳》引《九共》之文有「予辯下土，使民平平，使民無傲」數語。

稾　飫

其誼未聞。僞孔曰：「稾，勞。飫，賜也。」按：以上十一篇皆亡于西晉永嘉之亂。

大禹謨

《書敍》無「謨」字。《敍》曰：「皋陶矢厥謨，禹成厥功，帝舜申之。作《大禹》、《皋陶謨》、《棄稷》。」疑《大禹》、《皋陶謨》本爲一篇，《皋謨》

中禹言亦多，故並敘之，合兩人名謨也。《說文》「謨」篆下但引「咎繇謨」，并無「大禹」字，亦是一證。即曰有之，亦亡于西晉永嘉之亂。今僞書與傳疑出皇甫謐晚年所撰，至東晉枚頤獻之。其餘二十五篇並同。

曰若稽古大禹，曰文命敷于四海，祇承于帝。曰：「后克艱厥后，臣克艱厥臣，政乃乂，黎民敏德。」帝曰：「俞！允若茲，嘉言罔攸伏，野無遺賢，萬邦咸寧。稽于眾，舍己從人，不虐無告，不廢困窮，惟帝時克。」

「文命」本《史記》。「敷四海約」，《禹貢》末數語。「敏德」本《康誥》。「萬國咸寧」，孔子贊《易》文也。「舍己從人」，孟子俏舜，非俏堯也。「堯不敖無告，不廢窮民」，《莊子・天道》文也。

益曰：「都，帝德廣運，乃聖乃神，乃武乃文。皇天眷命，奄有四海，為天下君。」

《夏書》云：「天子之德廣運，乃神乃武乃文」，《呂氏春秋・諭大》篇文也。「皇乾眷命」，《後漢・黃瓊傳》文也。「奄有四方」，《詩・大雅・皇矣》篇文也。

禹曰：「惠迪吉，從逆凶，惟影响。」

舜云：「從道必吉，反道必凶，如影如响」，《尸子》文也。

益曰：「吁！戒哉！儆戒無虞，罔失法度，罔游于逸，罔淫于樂。任賢勿貳，去邪勿疑。疑謀勿成，百志惟熙。罔違道以干百姓之譽，罔咈百姓以從己之欲。無怠無荒，四夷來王。」

《書》云：「去邪勿疑，任賢勿貳」，《戰國・趙策》文也。「無怠無荒」，乃《後漢書・崔駰傳》文也。

禹曰：「於！帝念哉！德惟善政，政在養民。水、火、金、木、土、穀，惟修；正德、利用、厚生，惟和。九功惟敘，九敘惟歌。戒之用休，董之用威，勸之以九歌俾勿壞。」

「命在養民」，《左傳》文公六年邾文公言也。《夏書》曰：「戒之用休，董之用威，勸之以九歌，勿使壞」，郤缺釋之曰「九功之德皆可歌也，謂之九歌。六府三事，謂之九功，水火金木土穀謂之六府，正德利用厚生謂之三事」，《左傳》文公七年文也。

帝曰：「俞！地平天成，六府三事允治，萬世永賴，時乃功。」

　　《夏書》曰：「地平天成」，《左》僖二十四年文也。「時乃功」，見《皋陶謨》。

帝曰：「格，汝禹！朕宅帝位三十有三載，耄期倦于勤。汝惟不怠，總朕師。」禹曰：「朕德罔克，民不依。皋陶邁種德，德乃降，黎民懷之。帝念哉！念茲在茲，釋茲在茲，名言茲在茲，允出茲在茲，惟帝念功。」

　　《竹書紀年》云：「帝舜三十三年，命夏后總師」，亦皇甫士安、束廣微輩僞書也。「旄期」，見《禮記‧射義》。《夏書》曰：「皋陶邁種德」，魯莊公引之而申其意，曰：「德乃降，姑務修德以待時乎。」降，讀爲羍服之羍，言郕降于齊，是我不德也。此莊公八年文而誤用者也。「黎民懷之」，《皋陶謨》文也。《夏書》曰：「念茲在茲，釋茲在茲，名言茲在茲，允出茲在茲，惟帝念功」，《左傳》襄公二十一年文也。

帝曰：「皋陶，惟茲臣庶，罔或干予正。汝作士，明于五刑，以弼五教。期于予治，刑期于無刑，民協于中，時乃功，懋哉！」

　　「惟茲臣庶，汝其于予治」，《孟子》文也。「汝作士」，《堯典》文也。「聽獄折中者，皋陶也，故曰『民協于中』」，《韓詩外傳》文也。

皋陶曰：「帝德罔愆，臨下以簡，御眾以寬；罰弗及嗣，賞延于世。宥過無大，刑故無小；罪疑惟輕，功疑惟重；與其殺不辜，寧失不經；好生之德，洽于民心，茲用不犯于有司。」

　　「刑故無小，宥過無大」，王充《論衡‧答佞》篇文也。《夏書》曰：「與其殺不辜，寧失不經」，《左傳》襄公二十六年文也。「其政好生而惡殺，所謂好生之德洽于民心者也」，《荀子‧哀公問》篇文也。

帝曰：「俾予從欲以治，四方風動，惟乃之休。」

　　「舜曰惟予從欲而治」，《荀子‧大略》篇文也。

帝曰：「來，禹！洚水儆予，成允成功，惟汝賢。克勤于邦，克儉于家，不自滿假，惟汝賢。汝惟不矜，天下莫與汝爭能。汝惟不伐，天下莫與汝爭功。予懋乃德，嘉乃丕績，天之歷數在汝躬，汝終陟元后。

　　「帝曰來禹」，《皋陶謨》文也。《書》曰：「洚水警予」，《孟子》文也。《夏

書》曰：「成允成功」，《左傳》襄公五年文也。「禹克勤」，本《史記·夏本紀》。「汝惟不矜，天下莫與汝爭能」，《荀子·君子》篇文也。「堯曰：『咨，爾舜，天之歷數在爾躬』」，又「舜亦以命禹」，《論語》文也。

人心惟危，道心惟微，惟精惟一，允執厥中。

《道經》曰：「人心之危，道心之微」，上文云「心何以知？曰：『虛一而靜』」；又曰：「不以夫一害此一謂之一」，又曰：「精于物者以物物，精于道者兼物物，故君子一于道而以贊稽物」，皆《荀子·解蔽》篇文也。「允執其中」，《論語》文也。

無稽之言勿聽，弗詢之謀勿庸。可愛非君，可畏非民，眾非元后，何戴？后非眾，罔與守邦？欽哉！慎乃有位，敬修其可願，四海困窮，天祿永終。惟口出好興戎，朕言不再。」

「無稽之言，不見之行，不問之謀，君子慎之」，《荀子·正名》篇文也。《夏書》有之曰：「眾非元后，何戴？后非眾，無與守邦」，《國語·周語》內史過言也。「慎乃在位」，《皋陶謨》文也。「四海困窮，天祿永終」，《論語》文也。「先王之書，術令之道，曰：惟口出好興戎」，《墨子·尚同中》篇文也。

禹曰：「枚卜功臣，惟吉之從。」帝曰：「禹！官占惟先蔽志，昆命于元龜。朕志先定，詢謀僉同，鬼神其依，龜筮協從，卜不習吉。」禹拜稽首，固辭。帝曰：「毋！惟汝諧。」

「王與葉公枚卜，子良以為令尹」，《左傳》哀公十七年文也。但枚卜者，不斥言所卜之謂，非歷卜也。《夏書》曰：「官占唯能蔽志，昆命于元龜」，哀公十八年文也。「習吉」，字見《金縢》。「卜不襲吉」，《左》哀十《傳》趙孟言也。「禹拜稽首」，見《堯典》。「敢固辭」，見《儀禮》。「子曰：毋」，見《論語》。「往哉，汝諧」，《堯典》文也。但諧和者，同寅協恭之謂元后，一人何所諧？若謂諧合龜筮，則上文已言之矣。

正月朔旦，受命于神宗，率百官若帝之初。

《竹書紀年》云：「帝舜三十三年春正月，夏后受命于神宗，遂復九州。」與偽書固出一手。

帝曰：「咨，禹！惟時有苗弗率，汝徂征。」

禹乃會羣后，誓于師曰：「濟濟有眾，咸聽朕命。蠢茲有苗，昏迷不恭，侮慢自賢，反道敗德，君子在野，小人在位，民棄不保，天降之咎，肆予以爾眾士，奉辭伐罪。爾尚一乃心力，其克有勳。」三旬，苗民逆命。益贊于禹曰：「惟德動天，無遠弗屆。滿招損，謙受益，時乃天道。帝初於歷山，往于田，日號泣于旻天，于父母，負罪引慝。祗載見瞽瞍，夔夔齊慄，瞽亦允若。至誠感神，矧茲有苗。」禹拜昌言曰：「俞！」班師振旅。帝乃誕敷文德，舞干羽于兩階，七旬，有苗格。

　　禹征三苗，誓師，其後退舞干羽，三苗自服一事，《戰國·魏策》及《墨子》、《韓非子》、《荀子》、賈誼《新書》、《淮南鴻烈》、桓寬《鹽鐵論》、劉向《說苑》諸書皆有之。誓辭見《墨子·兼愛》篇，曰：「濟濟有眾，咸聽朕言」；又「蠢茲有苗，用天之罰。小人在位，君子在野」，《詩·隰桑》小序也。「天降之災」，《左》莊十一《傳》文也。「君以成周之眾，奉辭伐罪」，《鄭語》史伯之言也。「舜往于田，號泣于旻天」，又《書》云「祗載見瞽瞍，夔夔齊慄，瞽瞍亦允若」，皆《孟子》文也。「禹拜昌言曰：俞！」，《皋陶謨》文也。「班師振旅」，字皆見《左》襄十《傳》中。

皋陶謨

　　《書敘》見前。謨，議謀也。伯禹、皋陶相與語于舜前，而虞史伯夷述其言也。

曰若稽古。皋陶曰：「允迪厥德，謨明弼諧。」禹曰：「俞，如何？」皋陶曰：「都！慎厥身，修思永。惇敘九族，庶明勵翼，邇可遠在茲。」禹拜昌言曰：「俞！」

　　「曰若稽古」為句，以下述皋陶之言也。允，信。迪，導也。厥，其，詞也。弼，猶俌也。諧，詥也。言人君信能進導其德，則臣下有所謀議，無不照見，有所匡正，無不和聽也。如何者，然其言而復問其詳也。都，於，詞也。慎，謹也。修，攸也。身有不善，謹而除之，而又用思深長，孜孜無怠也。惇，厚也。敘，次弟也。庶明，眾賢也。勵，當作勖，勸勉也。翼，猶夾俌也，如堯之九族既睦百姓。昭，明也。邇，近也。茲，斯也，識詞也。言政之可自近以及遠者，由此道也。昌，美言也。

皋陶曰：「都！在知人，在安民。」禹曰：「吁！咸若時，惟帝其難之。知人則哲，能官人。安民則惠，黎民懷之。能哲而惠，何憂乎驩兜？何遷乎有苗？何畏乎巧言令色孔壬？」

心徹爲知人者，百官也；定竫爲安民者，兆姓也。惟、其，皆助語之詞。帝，謂堯也。難，艱也，不易也。哲，智。惠，仁也。懷，思也。而、何、乎，亦皆助語之詞。憂，慐也，愁也。遷，卤也，驚也。巧言，利口也，即靜言。令，良也，善也。令色，柔顏也，即象恭。孔，甚也，讀若堪。壬，佞也，善柔佞人也，皆謂共工四凶。不及鯀者，鯀婞直自用，故治水無功，公罪非私惡，本不與三凶同，且禹當爲親諱也。

皋陶曰：「都！亦行有九德，亦言其人有德。乃言曰，載采采。」禹曰：「何？」皋陶曰：「寬而栗，柔而立，愿而恭，亂而敬，擾而毅，直而溫，簡而廉，剛而塞，強而義。彰厥有常，吉哉！

亦，發語之詞。行，力諸身也。言，宣諸口也。「人」字衍文，當刪。載，猶爲也。采，事也，謂所爲某事，某事可名言也。《夏書》曰「名言茲在茲」是也。何者？問其目也。寬綽而能凜溧，和柔而能植立，謹愿而能恭正，三者即《洪範》所云。柔，克也。亂，治也，有治才而能敬事。擾，擾也，馴也。既馴擾而又果毅直正也，能正直而又溫和，三者即《洪範》所云。正，直也。簡，約也，簡約而有廉隅。塞，寋也，實也，剛斷而能篤實。義，誼也，宜也。堅彊而能合宜，三者即《洪範》所云。剛，克也。凡人之性寬者，不必栗。栗者，不必寬。九德皆然，惟相濟乃成其德也。彰，明也。常，長也，久遠也。吉，善也。能明其德，所行有常，則成善人矣。

日宣三德，夙夜浚明有家；日嚴祗敬六德，亮采有邦。翕受敷施，九德咸事，俊乂在官。百僚師師，百工惟時。撫于五辰，庶績其凝。

宣，㬎也，明也。三德，謂簡、剛、彊也。浚，陖也，大也。有家，卿大夫也。言三德，[一]則可爲卿大夫。嚴，儼也。儼、祗、敬，皆肅也。六德，謂亂、擾、直、簡、剛、彊也。亮，當作倞，明也。采，事也。有邦，諸侯也。言有六德，則可爲諸侯。翕，敆也，聚也。受，承也。敷，溥也，徧也。施，敂也，敷也。翕受者，聚之于身；敷施者，見之于事。言天子九德皆備，則可以治天下。材過千人曰俊，乂，傑也，才過百人曰傑。官，公卿之位也。百僚，大夫也。師，逵也，先導也。師師，相師法也。工，官也。百工，士

也。言公卿大夫士皆互相則效，及時輔治也。撫，循也。辰，時也。木王于春，火王于夏，金王于秋，水王于冬，土寄王于四季，故謂四時爲五辰也。凝，堅定也，猶成也。

校勘記
〔一〕「言」下當脫「有」字，爲「言有三德」，由下文「言有六德」可知。

無教逸欲，有邦兢兢業業，一日二日萬幾。無曠庶官，天工，人其代之。

　　無，毋也，止之之詞。下同。教者，上所施下所效也。逸，佚也，安樂也。欲，貪也。言天子逸欲，則諸侯皆效之，無異于教之也。兢兢，戒也。業業，危也。一日二日，猶言日日也。幾，機也，發動所由也。萬幾，猶萬端也。曠，廢也，空闊也。置非其人，與空曠無異也。天工，天之官也。人，謂天子也，天子代天以官人，不可忽也。

天敍有典，勑我五典五惇哉！天秩有禮，自我五禮有庸哉！同寅協恭和衷哉！天命有德，五服五章哉！天討有罪，五刑五用哉！政事懋哉！懋哉！」

　　五典，父義、母慈、兄友、弟恭、子孝，自天子至于庶人同也。勑，當作敕，正也。我者，對天而言。惇，厚也。五者，皆命于天而由我正之，使人厚于倫常。常，性也。五禮，天子、諸侯、公卿、大夫、士等級隆殺之禮，如《周官・典命》、《禮記・禮器》所言是也。自，始也。庸，用也。用之由我始也。同，合會也。協，眾之同和也。衷，中也，心也。言君臣皆守此典禮，同敬合恭，上下和協于心也。五服，下文日月星辰至黼黻之十二章，天子備有之，公自山龍以下，侯伯自華蟲以下，子男自藻火以下，卿大夫自粉米以下，凡五等也。章，明也，謂表顯有德之人也。討，治也。罪，犯法也。五刑，墨、劓、剕、宮、大辟也。命德討罪，無非天意，人君治事，不可不勉也。懋，勉也。

「天聰明，自我民聰明。天明畏，自我民明威。達于上下，敬哉有土！」

　　承上文而言，天之聰明所命者，由民所好之有德；天之明威所討者，由民所惡之有罪。畏，威也，猶《孟子》引《太誓》云：「天視自我民視，天聽自我民聽」也。達，通也。上，謂天；下，謂民。有土之君，可不敬懼哉！

皋陶曰：「朕言惠可底行？」禹曰：「俞！乃言底可績。」皋陶曰：「予未有知，思曰贊贊襄哉！」

惠，順也。厎，致也。乃，發聲之詞，猶汝也。予，余也，我自謂之詞也。曰，當作日。贊，進導也。襄，袞也，治理也。言我言順而可致之于行乎？禹然其言，謂致可有功也。皋又言我無所知，思日進導帝德，以佐治理而已，謙詞也。此下「帝曰：來，禹」至末，皆《皋陶謨》篇之文，僞書分爲兩篇，非也。

益　稷

《書敘》作「棄稷」。《棄稷》篇已亡于西晉永嘉之亂。僞書割《皋陶謨》「帝曰來禹」以下當之，且改名《益稷》，誕妄已甚。

帝曰：「來，禹！汝亦昌言。」禹拜曰：「都！帝，予何言？予思日孜孜。」皋陶曰：「吁！如何？」禹曰：「洪水滔天，浩浩懷山襄陵，下民昏墊。予乘四載，隨山刊木，暨益奏庶鮮食。予決九川，距四海，濬畎澮距川；暨稷播奏庶艱食。鮮食，懋遷有無化居。烝民乃粒，萬邦作乂。」皋陶曰：「俞！師汝昌言。」

來者，揖而進之使前也。孜孜，汲汲也。禹言：皋陶陳謀已備，我復何言？惟汲汲自勉而已。昏，殙也，病也。墊，陷也。乘，登也，陞也。載，亦乘也。四載，水行乘舟，陸行乘車，山行乘欙，澤行乘輴也。隨，從也。刊，栞也，槎識也。謂循行山路，袞斫其木，以爲表識也。奏，進也。鮮，鱻也，生也。生食，謂鳥獸魚鱉也。決，行水也。九川，九州之川，江、淮、河、漢、沇、渭、洛、弱水、黑水也。距，距也，止也。四海，今山東登州爲東海，直隸天津爲北海，江蘇揚州爲南海，甘肅塞外爲西海，各因水道所歸而放而致之也。濬，深通川也。畎澮，田間水道也，包遂與溝洫而言。廣尺深尺謂之畎，倍畎謂之遂，倍遂謂之溝，倍溝謂之洫；廣二尋深二仞謂之澮，水自畎注于遂，以至于澮，各小水會而爲大水謂之川。艱，土難治也。艱食，謂百穀。此鮮食之鮮，讀爲尠，少也，與上文不同。懋，貿也，易財也。遷，徙也。化，貨也，財也，金玉龜貝泉布布帛之屬皆是。居，尻也，猶積貯也。言食少之民，使徙他物之積，以易穀，調有餘，補不足，彼此相濟，即《周禮》之商賈阜通貨賄也。烝，眾也，多也。乃，曳詞之難也。粒，立也，猶定也。《詩》曰「立我蒸民作始」也。乂，嬖也，治安也。言害去利興，厚生利用，天下有以安定而始得治安也。師，遧也，猶取法也。

禹曰：「都！帝，慎乃在位。」帝曰：「俞！」禹曰：「安汝止，惟幾惟康。其弼直，惟動丕應。徯志以昭受上帝，天其申命用休。」

　　慎，謹也。位，帝位也。安，定也。止，時也，猶處也。言毋妄動，動則擾民也。惟，凡思也。幾，殆也。康，康也，安也。直，讀爲惪。丕，大也。應，和也。言君能思危圖安，以有惪者爲備，故不動則已，動則天下大應。徯，係也，絜束，猶潔清也。志，意也。申，緟也。用，以也。休，喜也，美也。言潔清其意，以明受天寵，天將重命汝以美應，謂符瑞也。

帝曰：「吁！臣哉鄰哉！鄰哉臣哉！」禹曰：「俞！」

　　鄰，近也，即下文所言四鄰，謂左輔、右弼、前疑、後丞也。反覆言此，謂君臣道近相須而成之者也。

帝曰：「臣作朕股肱耳目。予欲左右有民，汝翼。予欲宣力四方，汝爲。予欲觀古人之象，日、月、星辰、山、龍、華蟲、作會；宗彝、藻、火、粉米、黼、黻，絺繡，以五采彰施于五色，作服，汝明。予欲聞六律五聲八音，在治忽，以出納五言，汝聽。

　　此申言臣所以爲隣之義也。作，爲也。手足所以動作，耳目所以視聽，君資眾臣以爲輔，猶身資五官四體以爲用也。左右，助也。翼，如鳥翅之佐其身也。治功曰力。四方者，非巡守之年，有事則使于四方，惟臣爲之也。爲，僞也，作也。觀，諦視也。古人，黃帝時始爲衣裳者也。象，像也，形也，象形之字如繪畫然。華，榮也。華蟲，五色之蟲如華。五色，謂鷩雉也。羽毛鱗甲之屬，皆謂之蟲。會和五采而畫之于衣，三辰山龍雉爲六章也。宗彝，宗廟盛鬱鬯之尊，畫虎蜼其上，故謂虎與禺屬之蜼爲宗彝也。藻，水草有文者。粉米，白米也，別于未去糠之穀，故曰粉米。黼，白與黑相次文刺爲斧形者也；黻，黑與青相次文刺爲兩目相背之形者也。絺，黹也，緘縷所紩也。繡，五采備也，擂采絲而刺之于裳。帛、藻、火、米、斧、黻，爲六章也。其質曰采，既甩曰色。衣裳皆謂之服，用以衛體者也。明，明其尊卑等級之禮也。十二章爲五服，天子備有焉。公自山龍而下，則衣五裳四爲九章；侯伯自華蟲而下，則衣三裳四爲七章；子男自藻火而下，則衣三裳二爲五章；卿大夫自粉米而下，則衣一裳二爲三章也。至周而日月星三辰畫于旗，不施于衣，故袞冕九章。自龍而山而華蟲而火而宗彝，皆繪于衣；自藻而粉米而黼而黻，皆繡于裳。鷩冕七章，無龍、山；毳冕五章，無華蟲與火；希冕三章，無宗彝與藻；而士元冕一章，

衣無文,裳刺黻而已,與虞制不同也。聞,知聲也。六律爲陽,六同爲陰,凡十有二。但言律者,舉陽以該陰也。以律同龢五聲,施之八音,合而成樂。在,察也。治,理也。忽,紕也,亂也。聲音之道與政通,故審聲以知音,審音以知樂,審樂以知政,而治之得失可知也。五言,五聲之言,角爲木爲仁爲民,商爲金爲義爲臣,徵爲火爲禮爲事,羽爲水爲智爲物,宮爲土爲信爲君也。出者,作詩以播之于樂。納者,采詩而獻之于朝。汝聽,助君之聰也。

予違,汝弼,汝無面從,退有後言。欽四鄰!

違,戾也,衺僻也。弼,如檠之匡正弓也。從,从也,順以相聽也。後言,謗也,謂我有衺僻之行,汝當匡弼我,無面諛而退有謗言也。四鄰,疑丞輔弼也。伏生《大傳》曰:「天子有問無以對,責之疑,可志而不志,責之丞,可正而不正,責之輔,可揚而不揚,責之弼。其爵視卿,其祿視次國之君。」

庶頑讒說,若不在時,侯以明之,撻以記之,書用識哉,欲並生哉!工以納言,時而颺之,格則承之庸之,否則威之。」

頑,愚鈍也。讒,儳也,尨雜不齊也。在,察。時,是也。侯,矦也,射矦也。言頑鈍之人,尨雜之言,汝若不察,于是當以大射擇士之禮,明察其善惡。射,可以觀德也。撻,抶也。記,使之不忘也,即《學記》之夏、楚二物,收其威也。識,知也,書箸之竹簡以識其過也。生,猶育養也。言撻之書之,正欲育養之,以並至于善也。工,樂官也。內言,合語也。《周禮·大司樂》「以樂語教國子興道、諷誦、言語。」《禮記·文王世子》云:「語、說命、乞言皆大樂正授數。」又曰:「乞言、合語之禮皆小樂正詔之于東序」,即其事也。颺,謂暢說其義也。格,慤也,敬也,言能敬而改之也。則,曾也,猶乃也。承,受也。庸,用也。受而用之,即《王制》所云「大樂正論造士之秀者而升之也。」否則威之,即移郊移遂,或屏之于遠方,終身不齒也。

禹曰:「俞哉!帝。光天之下,至于海隅蒼生,萬邦黎獻,共惟帝臣,惟帝時舉。敷納以言,明庶以功,車服以庸。誰敢不讓,敢不敬應?帝不時敷,同,日奏,罔功。

「俞哉帝」爲句。光天之下,謂日月所照之處。隅,猶傍也。蒼,艸色也。至于海角,凡草木所生之地,極言其廣遠也。黎,眾也。獻,賢也,有

善行者也。共，俱也。言萬國眾賢皆帝之臣，惟帝是能舉用之，豈獨國子乎？敷，溥也，徧也。納，內也，入也，言所以觀其志也。庶，當作試，猶考覈也。功，所以考其事也。庸，用也。車服，謂命為士大夫，用所以盡其才也。讓，攘也。應，猶答也。不時，不如是也。罔，亡也，無也。言不如是則天下賢愚溥同無別，雖日進用人才而無功也。

無若丹朱傲，惟慢遊是好，傲虐是作。罔晝夜額額，罔水行舟。朋淫于家，用殄厥世。予創若時，娶于塗山，辛壬癸甲。啟呱呱而泣，予弗子，惟荒度土功。弼成五服，至于五千。州十有二師，外薄四海，咸建五長，各迪有功，苗頑弗即工，帝其念哉！」帝曰：「迪朕德，時乃功，惟敍。」皋陶方祇厥敍，方施象刑，惟明。

　　《史記》「無若」上有「帝曰」二字，「予創」上有「禹曰」二字，當從之。丹朱，堯嗣子，封于丹淵，為諸侯，今山西澤州府鳳臺縣。傲，慠也，堯庶子九人之一。《論語》「慠盪舟」，《管子・宙合》篇「若傲之在堯」是也。慢，惰也。遊，即遛字，遨也。好，說也。傲，倨也。虐，殘也。作，為也。額額，猶鄂鄂，阢陧之貌。二人見洪水時，人皆乘舟，今水已治，二人猶居舟中，額額使人推行之，蓋水淺舟滯故也。朋，即鳳字，讀為倗，比黨也。謂二子遊盪于家，浸淫不止也，引以勗禹無私不肖之子。殄，絕也。言虞賓雖在位，慠則不得其死，殄絕其世。予，禹自謂也。創，懲懼也。娶，取婦也。塗，當作嵞，嵞山在今安徽鳳陽府懷遠縣，其國近此山，故為塗山氏也。始娶三宿，而帝命治水，其後民俗以辛壬癸甲之日嫁娶，蓋因禹事而遂為故也。啟，禹子也。呱呱，小兒啼聲。泣，出涕也。子，慈也，愛也。荒，亢也，猶遠也。度，量也，猶謀也。言八年于外，三過門而不入，但聞啟呱呱之聲，不遑撫字其子，惟水退之後，遠度土功也。五服，甸服通王城千里，侯服二千里，綏服三千里，要服四千里，荒服五千里，以其重疊圍繞，皆所以輔王城，故謂之弼。師，遂也，猶伯也。十二師各為一州之伯，九州一百八師以佐其牧也。外，要服之外也。薄，迫也，近也。四海，謂荒服之國也。建，立也。五長，一國之中，立五人以為之長也。迪，導也。即，就也。言師長各導有功，惟苗頑弗受功耳。上「方」，猶當也，下「方」，旁也，溥也。舜言導吾德于諸侯，是汝之功有次弟，若如苗之弗率，皋陶方敬以次弟，而溥施象刑。惟明，克允也。古兵刑，一官兵亦刑也。舜禹此言，蓋在分北三苗之前矣。

夔曰：「戛擊鳴球、搏拊、琴、瑟，以詠。」祖考來格，虞賓在位，羣后德讓。下管鼗鼓，合止柷敔，笙鏞以間。鳥獸蹌蹌；簫韶九成，鳳皇來儀。

　　戛，扴也，刮也。擊，攴也。鳴球，玉磬也。石磬在階，玉磬在堂。搏拊，以韋爲之，裝之以穅，形如小鼓，所以節樂。琴，五弦。瑟，二十四弦。四器皆堂上之樂，以詠者工入升堂歌詩也。祖，謂橋牛、句望、敬康與太祖顓頊；考，謂瞽瞍。格，假也，至也。來格者，五廟之神來至也。虞賓，丹朱也。羣后，諸侯助祭者。德，登也，升堂揖讓之容也。下，堂下也。管，如篴，六孔。鼗鼓，小鼓，有柄有耳，持而搖之，則旁耳自擊，令合樂也。堂上堂下，眾聲並作。止，樂終也。合樂之時，擊柷以始之。柷，狀如漆桶，中有椎，其名曰止，投而撞之作聲。止樂之時，櫟敔以節之。敔，狀如伏虎，背有刻二十七。以長尺之木曰籈者，櫟之三也。笙者，列管，匏中施簧管端，簧以薄金葉爲之，大者十九管，小者十三管。鏞，大鐘也。鄭康成讀笙爲生，謂東階生方之鐘磬；讀庸爲功，謂西階成方之鐘磬者。以笙鏞二器細大不倫耳。以間者，堂上堂下之樂，間代而作也。蹌蹌，飛舞之貌。簫，箭也，竿舞也。《簫韶》，舜所制樂名，或曰簫之言肅，韶之言紹，言肅敬以繼堯也。樂備作謂之成，猶終也。每曲一終，則變而更奏，九成，即《周禮》所云九變也。雄曰鳳，雌曰凰。凰，當作皇，讀爲翌，瑞應之鳥也。儀，儷也，匹也。來儀，言其止巢而乘匹也。此節猶《周禮》大司樂所言，以致鬼神祇，以安賓客，以和邦國，以作動物也。

夔曰：「於！予擊石拊石，百獸率舞。」庶尹允諧，

　　重擊曰擊，輕擊曰拊。拊，揖也。石，謂大磬、編磬。石聲難和，故舉石以該眾樂，《詩》曰「依我磬聲」是也。率，達也。百獸相導而舞，言感通之機，無不覆燾也。尹，治也。允，信。諧，和也，猶《大司樂》所云「以諧萬民，以說遠人」也。或曰，尹，當作民。

帝庸作歌。曰：「勑天之命，惟時惟幾。」乃歌曰：「股肱喜哉！元首起哉！百工熙哉！」皋陶拜手稽首颺言曰：「念哉！率作興事，慎乃憲，欽哉！屢省乃成，欽哉！」乃賡載歌曰：「元首明哉，股肱良哉，庶事康哉！」又歌曰：「元首叢脞哉，股肱惰哉，萬事墮哉！」帝拜曰：「俞，往欽哉！」

　　庸，用也。勑，當作敕，誡也。時，猶一日二日也。幾，萬幾也。[一]言君臣皆當誡謹，天之所命無時無事而可怠忽也。歌，詠也，長言之也。股肱，大臣也。喜，樂也，猶和也。元首，君也。起，立也，猶振作也。百工，庶官也。熙，興也，言同力俻治也。魏晉而上，字無四聲之別，故喜、熙通爲一音。颺，揚也，續也。念，常思也。帝歌以戒臣工，皋陶言羣臣當念帝之戒也。率，遵也，先導也。作，爲也。興，起也。事，職也。憲，法也。屢，即屢字，讀爲數，亟也。省，察也。乃，詞之難也。賡，續也。載，再也，再歌以戒君也。明，古讀若芒。良，善也。康，康也，安也。又，有繼之詞也，亦當讀爲再，復歌以責難于君也。脞，當作睉，叢睉，雙聲連語，繁碎之意，足以亂大政也。惰，不敬也。墮，毀壞也。此一節君臣交儆，有虞之治，所以冠于百王也。

校勘記

[一] 幾，萬幾也，當作「萬機也」，見前「一日二日萬幾」注。（第 21 葉）

尚書古注便讀　卷之二

元和朱駿聲豐芑甫集訂

夏　書

夏，禹有天下之號也。《書》凡四篇，此篇作于虞時，而繫之夏者，禹之王以是功也。

禹　貢

《書敘》曰：「禹別九州，隨山濬川，任土作貢。」按：《敘》闕「作禹貢」三字。貢，獻功也，下之所納于上者，兼田賦言之。凡取于民者，皆民之所獻。《孟子》曰：「夏后氏五十而貢。」

禹敷土，隨山刊木，奠高山大川。

敷，專也，分也，分別土地以爲九州也。隨，循也。刊，栞也，槎識也。斫大木爲識，以表其道也。奠，定也，正也。高山大川，五嶽四瀆之屬，方洪水橫流，不辨區域。此三者乃禹治洪水之大綱也。

冀州：既載，

水中可居曰州。昔遭洪水，民居水中高土，故曰九州。冀州，統舜幽、并二州之地，東西南三面距河。不書其界者，王者無外，尊帝都也。今山西全省，河南之彰德、衛輝、懷慶三府，直隸之順天、順德、廣平、保定、宣化、永平六府，及河間、正定二府之西北境，東北則盛京奉天、錦州二府，北則踰塞直抵陰山下，西起東受降城之北，東訖于大遼水，皆冀州域也。帝都，在今山西平陽府臨汾縣西南。既，發語詞，猶已也。載，才也，猶始也。九州之次，即禹治水之次也。

壺口，治梁及岐。

壺口山，在今山西潞安府壺關縣，河水注其中如壺也。治，理也，汨也。鯀未施工，禹紾始治之也，急河流之衝也。梁山，在今陝西同州府韓城縣。岐山，在鳳翔府岐山縣東北十里。二山皆雍州境，而此並言者，治壺口之後，即東至梁山而甸之，治梁後又東至岐山，而兼治汧、渭、漆、岐、雍諸小水，蓋功相因而事乘便，與壺口實一役也，故終言于此。

既修太原，至于岳陽；

修，亦治也，因鯀之功而修之也。河道既通，而後汾水可治，故壺口先治，而後太原可修。原，邍也，廣平曰原。太原，原之大者，今山西太原府太原縣地也。岳，太岳，一名霍太山，在山西平陽府霍縣之東。山南曰陽，今岳陽縣地也。此治汾水也。

覃懷厎績，至于衡漳。

覃懷，地名，沁水出其西，淇水出其東，今河南懷慶府武陟縣也。厎，致。績，功也。衡，橫也，其水橫流入河也。漳水有二，清漳出今山西平定州樂平縣沾嶺，東南流至河南彰德府涉縣，而濁漳入之。濁漳出今山西潞安府長子縣發鳩山，東南流至河南與清漳合，又東北流至直隸河間府阜城縣而入大河。此治沁水、淇水、漳水也。

厥土惟白壤，

厥、惟，皆語詞。厥，猶其也；惟，猶為也。壤，柔土也，其質無塊而性和美，其色多白也。

厥賦惟上上錯，

賦，稅也。賦有九等，上上，第一等也。錯，遣也，雜也。雜出，第二等也。鄭氏曰：賦之差，一井，上上出九夫稅，上中出八夫稅，遞而至于下下，出一夫稅，通率九州，一井稅五夫也。按：一夫之稅，五十畝也。《夏小正》曰：「初服于公田，惟井為有公田。」由此觀之，雖夏亦井也。又《左》襄二十五年《傳》賈逵注云：「山林之地，九夫為度，九度而當一井；藪澤之地，九夫為鳩，八鳩而當一井；邱陵之地，九夫為辨，七辨而當一井；淳鹵之地，九夫為表，六表而當一井；疆潦之地，九夫為數，五數而當一井；偃

豬之地，九夫爲規，四規而當一井；原防之地，九夫爲町，三町而當一井；隰皋之地，九夫爲牧，二牧而當一井；衍沃之地，畝百爲夫，九夫爲井。」此雖通計山林等九者，與田賦不同。然田有肥磽，統一州言之，其懸殊亦當如是耳。此州獨不言貢者，天子封內之地至近，惟入穀稅，不以他物當之，凡所需用，令有司以價市于民，不煩諸侯貢篚也。

厥田惟中中。

地能吐生萬物曰土，據人功作力陳穀而藝之曰田。地形有高卑，高則水患輕，卑則水患重。雍州最高，故其田上上。揚州最卑，故其田下下也。田分九等者，言地之形勢，備水有緩急，非言田之肥瘠、樹穀有厚薄也。

恒、衛既從，大陸既作。

恒水，出今直隸定州曲陽縣西北恒山，至保定府祁州合滋河而入滱水。衛水，出今正定府靈壽縣良同村，東南流入滹沱河。從，隨行也，順其道而行也。大陸，澤名，跨今直隸保定府束鹿縣、順德府鉅鹿縣、趙州隆平、寧晉二縣地。作，爲也，猶言藝也。

鳥夷皮服，

鳥夷，東北之民搏食鳥獸者。服，用也，衣裳所以便用也。鳥夷衣皮，故貢皮服。青之萊夷，徐之淮夷，揚之鳥夷，皆附于厥貢之末。此州無貢篚之文，故記于此。不言貢者，夷民非在州內，不制其貢，來則受之，不來亦不徵。他州之夷，當亦然也。鳥，僞孔作島，非。

夾右碣石入于河。

夾，挾持也。右，又也，人右手也。碣石山，當在今直隸永平府撫寧、昌黎二縣海傍，非今武定府之碣石，亦非今廣東之碣石鎭也。禹由碣石西北行，盡冀州之境，而碣石在東爲右，還從山東南行入河，而碣石又在西爲右，如挾持者然也。治水既畢，而禹復巡行者，周觀地之肥瘠以定賦之高下也。河，《史記》作海，似亦可從。

濟河惟兗州。

濟，沛也，四瀆之一，出今河南懷慶府濟源縣王屋山，至山東青州府博興縣入海。若濟水，則出今直隸趙州臨城縣贊皇山，別一水也。河，出今西

域昆侖山，至江蘇淮安府安東縣入海。沇當作沇，即沛水上流，州以沇水得名也。兗州之界，今山東東昌府及兗州、曹州、濟南、青州四府之西北境，直隸之大名府及正定、河間二府之東南境，河南之衛輝府東南境，皆是也。東南據沛，西北距河。

九河既道，

河水至此流盛而地平無岸，故能分爲九，以衰其勢。九河之名，徒駭、大史、馬頰、覆釜、胡蘇、簡、絜、鉤般、鬲津也。春秋時，齊桓公塞其八枝，春秋佐助期所謂移河爲界。在齊呂塡關八流以自廣也，蓋并歸徒駭河爲一焉。徒駭、胡蘇、簡、絜皆當在今直隸河間府，大史當在天津府，馬頰、覆釜、鬲津皆當在今山東濟南府，鉤盤當在今武定府，九河大約在三百里間也。道者，疏之而各行其道也。

雷夏既澤，灉、沮會同。

雷夏，在今山東曹州府濮州，舜所漁處也。澤，水艸交道之池也。既，澤水得所鍾也。灉、沮二水，俱出今濮州西北平地。會同者，合入于雷澤也。

桑土既蠶，

其地宜蠶桑，因名桑土，即《鄘詩》所謂桑中也，在今濮州。桑，蠶所食葉木也。蠶，任絲蟲也。灉、沮歸澤，而後其地可蠶也。

是降丘宅土。

是，語詞，猶則也。降，下也。丘，土之高處，非人所爲者。宅，尻也。此州在河、濟之間，洪水爲害尤甚，民皆依高丘避之，今得下尻平地也。

厥土黑墳，厥草惟繇，厥木惟條。

墳，蚡也，蚡鼠能穿地起土，故謂土之濙然而起者爲墳。《周禮》「草人墳壤用麋」是也。馬氏謂有膏肥，則讀墳爲膹也。草，艸也。繇，蓁也，草盛貌。木曰曲直。條者，枝長也。

厥田惟中下，厥賦貞，作。十有三載乃同。

田，第六等賦。不言者，時未定賦也。貞，正也。作，起而耕治也。兗州當河下流之衝，水激而湍悍，地平而土疏，被害尤劇，今水患雖平，而卑

濕沮洳未必盡去，民犆始耕作，用力正勞，必至十三年乃可定賦，與八州同也。載，才也，年也。同，合會也。其定賦亦當下下，爲第九等也。

厥貢漆絲，厥篚織文。

九貢，皆謂之貢，其供衣服之用者謂之篚，別其物也。漆，桼也，木汁，可以鬃物。絲，蠶所吐也。篚，匪也，篋也，所以盛幣。織文，染絲織之，若錦、綺之屬，以充天子郊廟之服。凡貢篚之物，皆隨時賈以當邦賦，非于賦稅之外更有取于民也。

浮于濟、漯，達于河。

浮，氾也。濟，沛也。漯，當作濕，濕水本出今濟南府禹城縣，至青州府高苑縣入海。禹治河時，于今河南衛輝府濬縣大伾山分河之一支，東北流逕山東曹州府朝城縣，至濟南禹城而與漯水合，故禹城以南朝城以北之河亦皆被以漯名也。因水入水曰達。禹巡行州境，蓋由沛入濕，由濕入河也。

海岱惟青州。

海，東海也。岱，東嶽泰山也，在今山東泰安府青州之界。東北跨海，西南至岱，今山東之登州、萊州、青州三府及濟南、泰安二府之北境。東北跨海，即舜時所分之營州，爲今盛京、奉天、錦州等府，及朝鮮國地皆是也。

嵎夷既略，

嵎夷，即《堯典》之嵎夷。略者，經理田土也。巡其邊界而用功不繁曰略。

濰、淄其道。

濰水，出今山東沂州府莒州箕屋山，至萊州府昌邑縣東北入海。淄，當作蓄。淄水，出今青州府博山縣原山之陰，至青州府博興縣北入沛。其，語詞，猶既也。

厥土白墳，海濱廣斥。

濱，當作瀕，水厓也。廣，遠博也。斥，當作㡿，澤也，鹹鹵之地，可煮爲鹽者也。

厥田惟上下，厥賦中上。

田，第三等。賦，第四等。

厥貢鹽絺，海物惟錯。

鹽，煮海水爲之，古者宿沙初作鹽。絺，葛之細者也。海物，海魚也。錯，遺也，種類不一也。

岱畎絲、枲、鉛、松、怪石。

畎，猶谷也。枲，麻也。鉛，青金也，錫之下者爲鉛。松，喬木也。怪，異也。怪石，武夫之類，似玉者也。

萊夷作牧。

萊夷，萊山之夷，古萊子國也，在今山東登州府黃縣。按：登州、萊州二府，皆古萊夷地也。作，爲也。作牧，畜牧爲業，以《周禮》「任牧以畜事」例之，是當貢鳥獸也。

厥篚檿絲。

篚，匦也。檿，山桑也，材可作弓及車轅。食檿之蠶，其絲堅韌，中琴瑟弦。

浮于汶，達于濟。

汶水，出今山東泰安府萊蕪縣原山之陽，至東平州安山鎮入于泲也。

海、岱及淮惟徐州。

徐州之界，東至海，西北至岱，南至淮，今江蘇之徐州、淮安二府。海州，安徽之泗州及鳳陽府北境，山東兗州、沂州二府，濟寧州及泰安府南境，曹州府東南境皆是也。商并青于徐，故《爾雅》「濟東曰徐州」，周并徐于青，故《職方》「正東曰青州」也。

淮、沂其乂，

淮水，出河南南陽府桐柏縣胎簪山，東流入海，今于江蘇揚州府江都入江者。蓋春秋時吳伐齊，于廣陵東南築邗城，城下掘深溝，謂之邗江，東北通淮安府山陽縣之射陽湖，而北至末口入淮，此溝通江淮之故道也。至晉于

江都縣之歐陽埭引江至廣陵城，而北出白馬湖，合中瀆入淮，謂之山陽瀆。明初循故瀆開新運河以通漕，即今之運道也。沂水，出山東沂州府沂水縣臨樂山，至江蘇徐州府宿遷縣匯爲駱馬湖，又南入運河也。乂，雙也，治理也。

蒙、羽其藝，

蒙，東蒙山也，在今山東沂州府蒙陰縣南，費縣北。羽山，在今郯城縣東北，江蘇海州贛榆縣西南。藝，當作埶，種也，言可樹藝五穀也。

大野既豬，

大野，澤名，在今山東曹州府鉅野縣東，其南北三百里，東西百餘里，沛水所鍾也。自漢及元，河皆決入，及河益南徙，而涸爲平陸矣。豬，都也。會，聚也。

東原底平。

原，邍也。東原，地名，今山東泰安府東平州及泰安縣之西南境也。平，
丂也，辯治也。

厥土赤埴墳，

埴，黏土也，細密而膩也。

草木漸包。

漸，薪也，艸進長也。包，勹也，裹也，言木豐茂而積密也。

厥田惟上中，厥賦中中。

田，第二等。賦，第五等。

厥貢惟土五色，

徐州亦有五色之土，貢之所以爲大社之封也。《周書·作雒》曰「諸侯受命于周，乃建大社于國中，其壇，東青土，南赤土，西白土，北驪土，中央釁以黃土。將建，諸侯鑿取其方一面之土，包以黃土，苴以白茅，以爲土封。」此制以爲貢者，意亦爲是用也。據《太康地記》，今山東沂州府莒州有五色土。

羽畎夏翟，

羽畎，羽山之谷也。夏，華也，有采色也。翟，山雉長尾者，其屬有六，

素質五采曰黼，青質五采曰搖，按鷂也；南方曰壽，按翿也；東方曰甾，按鶹也；北方曰希，按鷩也；西方曰蹲，按鵔也。車服、器用、旌旄、衣服之飾及樂舞皆用之。

嶧陽孤桐，

嶧山，亦名葛嶧山，今江蘇徐州府邳州西南，非今山東兗州府鄒縣之山也。桐，榮木也，如梧而皮白，不實，其材中琴瑟。孤，特也。特生之桐，本榦高挺而無枝也。

泗濱浮磬，

泗水，出今山東兗州府泗水縣陪尾山西南，流至曹州府鉅野縣，分為二支，一入菏，一入淮也。濱，當作瀕。磬，樂石也。浮磬者，石浮生水涯土中，不根著也，以為磬，其聲清越。

淮夷蠙珠暨魚。

淮夷，今江蘇揚州、淮安二府近海之地也。蠙，蚌也，珠生于蚌者謂之玭，珠之美者也。暨，息也，及也。此魚亦海魚也。

厥篚玄纖縞。

玄，黑而有赤色者。纖，細也。縞，繒也，繒之精者曰纖縞也。朝祭之服，元端用之。或曰黑曰玄，黑經白緯曰纖，白曰縞，三色繒也。存疑。

浮于淮、泗，達于河。

河，當作菏，荷澤，澤名，沛水所鍾也，在今山東曹州府荷澤縣東南，其支流之水至兗州府魚臺東流入河。禹南浮淮以浮泗，由泗以達菏，徧徐州境也。

淮海惟揚州。

揚州之界，北至淮東至海，今江蘇、安徽、江西、浙江四省及河南之汝寧府、湖北之黃州府皆是。至福建省見于《周禮》，兩廣地開于漢武，雖禹時當亦在五服中，而但為聲教所暨，不在九州之內也。

彭蠡既豬，陽鳥攸居。

彭蠡，澤名，在今江西九江府之湖口、彭澤二縣，南康府之都昌縣地，

周四百五十里，亦曰鄱陽湖。其所豬水有九湖，漢也、豫章也、鄱也、餘也、脩也、肝也、蜀也、南也、廬也。九水總名爲贛水，自南安府流至南昌府入彭蠡。陽鳥，隨陽氣南北避寒就暖，鴻雁之屬。《夏小正》「正月雁北鄉，九月遄鴻雁」是也。攸，語詞，猶所也。居，尻也，處也。此鳥常居于洲渚之間，彭蠡豬而爲湖，則陽鳥得安所居矣。

三江既入，

三江，鄭氏云：「左合漢爲北江，會彭蠡爲南江，岷江居其中則爲中江。」按：合漢，在今湖北漢陽府漢陽縣；會彭蠡，在今江西九江府湖口縣；自此而下，南北合爲中江，即大江也。謂之三者，據上流言之耳。入，內也，從上俱下也，謂東入海。

震澤底定。

震澤，太湖也，在今江蘇蘇州府吳縣，廣袤八百里，亦名五湖，以太湖匯隔湖、洮湖、射湖、貴湖爲五也。疑具區則別一藪，非此震澤。定，安止也。

篠簜既敷，厥草惟夭，厥木惟喬。

篠，箭屬小竹也，可爲矢。簜，大竹，可爲弓榦及符節。敷，陳列也。夭，少長也。喬，上竦也。

厥土惟塗泥。

塗，當作涂，汙也，淤也。泥，泥也，淖也。塗泥溼而漸洳也。

厥田唯下下，厥賦下上，上錯。

田，第九等；賦，第七等，雜出第六等。六等少，故曰上錯。

厥貢惟金三品，

此金，謂銅也。品，眾也，猶類也。三類，黃、白、赤三色也。他州或貢鏐鐵、銀，或貢鉛。揚州有銅山，故貢銅。《史記・貨殖傳》云「吳有章山之銅」是也。疑在今江蘇徐州府銅山縣。漢之丹陽郡，故章郡也。

瑤、琨、篠簜、齒、革、羽、毛、惟木。

瑤，玉之美者；琨，石之美者；齒，象牙，所以飾角弓兩頭；革，犀兕

之皮，所以爲甲冑；羽，鳥羽，所以飾旄旌者；毛，犛牛尾，所以注干首，所謂旄也；木，僞孔傳爲梗梓，豫章之屬。然「惟木」二字，《史記》、《漢書》皆無之，疑衍文。

鳥夷卉服。

卉，艸之總名。此州下濕，故衣艸服。貢其服者，以給天子之官，如《郊特牲》云「大羅氏，天子之掌鳥獸」者也。諸侯貢屬焉，艸笠而至尊，野服也，所謂黃衣黃冠也。鳥夷，僞孔亦作島夷。

厥篚織貝，

貝，錦名，錦如餘泉、餘蚳之貝文者。《詩》曰：「成是貝錦」是也。凡先染其絲爲數色，間雜織之以成文曰織。惟士不衣織。

厥包橘柚，錫貢。

包，勹也，裏也，以茅菹之。橘，樹碧而多生果，似橙，色赤，味甘。柚，似橙而大，皮厚味酢，甚美。錫，賜也，猶降也。橘柚必待錫命而後貢，口味之細，非常貢也。此王肅義，當從之。

沿于江、海，達于淮、泗。

沿，緣水而下也。禹時江淮未通，必沿江入海，由海南行，施功震澤，而後自海達淮，自淮達泗，歷揚州之境也。自淮達泗，當在今江蘇淮安府清河縣。

荊及衡陽惟荊州。

荊州之界，北至荊山之南，南跨衡山之南。荊山，在今湖北襄陽府南漳縣。衡山，在今湖南衡州府衡山縣。其地，今湖南全省，湖北之武昌、漢陽、黃州、安陸、德安、荊州、宜昌、施南八府，及襄陽府之南境，又四川敘州、重慶、夔州三府之江南地，廣西桂林府，貴州遵義府，皆是也。

江、漢朝宗于海，

江水，出今四川龍安府松潘廳北西番界大分水嶺，流至江蘇通州入海。漢水，出今陝西漢中府寧羌州北嶓冢山，流至湖北漢陽府漢陽縣合江入海。朝宗者，諸侯春夏見天子之名。二水合一赴海，猶諸侯同心尊天子而朝事之。

荊楚之域，國有道則後服，國無道則先彊，故記其水之義，以著人臣之禮也。《詩》曰：「沔彼流水，朝宗于海。」

九江孔殷，

九江，烏白江、蚌江、烏江、嘉靡江、畎江、源江、廩江、提江、箘江也，皆從山谿所出，始發于今湖北武昌府武昌縣，至黃州府蘄州合爲大江。孔，空也，竅也。殷，盛也，眾也。言九江其孔眾多，治之甚難而勞也。史遷以孔、殷爲甚中，于文費解，故從鄭義。

沱、潛既道，

水自江出爲沱，漢別爲潛。沱，疑即夏水也，在今湖北荊州府江陵縣，首受江水，流至安陸府京山縣入漢。潛水，未詳，疑亦在今安陸府潛江縣上下也。馬氏曰：「泉出而不流者謂之潛。」當是漢水伏流從平地湧出者。

雲土、夢作乂。

雲、夢，二澤名。雲在江之北，今湖北安陸府之荊門州京山縣，漢陽府之漢陽縣，沔陽州，荊州府之監利縣，德安府之安陸縣，黃州府之黃岡、麻城二縣，蘄州地，皆是也。夢在江之南，荊州府之枝江、石首、江陵三縣地是也。夢小而雲大，合而言之亦曰雲夢也。土者，水退土見也。乂，艾也。作乂，已可耕治也。

厥土惟塗泥，厥田惟下中，厥賦上下。

塗泥與揚同。田，第八等；賦，第三等。

厥貢羽、毛、齒、革，惟金三品，

所出與揚州同。《晉語》「羽、毛、齒、革，則君地生焉。」君，謂楚成王也。《左傳》「鄭伯始朝于楚，楚子賜之金，既而與之盟，曰：『無以鑄兵』。」楚子，亦成王也。

杶、榦、栝、柏，

杶，木似樗，中車轅。榦謂柘木，弓材之美者。栝，檜也，檜木，柏葉松身。柏，椈木也。

礪、砥、砮、丹，

礪，當作厲，旱石也；砥，柔石也，皆可以摩利刀刃，礪粗而砥細。砮，石可以爲矢鏃。《魯語》「肅慎氏貢楛矢、石砮。」丹，巴、越之赤石也，丹沙可以爲采。

惟箘簬、楛，三邦底貢厥名。

箘簬，竹名，聆風也，細長無節。楛，木葉似蓍，莖似荊而赤，二物皆勁，中矢笴。楛，又可篾以爲笞，屈以爲釵也。三邦，未聞。貢厥名者，貢其有名之善材也。

包匭菁茅，

匭，糾也，猶纏結也，既包裹而又繚繞約束之。菁，精也。茅，菅之不滑，澤有毛者也。菁茅可縮酒，又以爲藉祭祀用焉，故貴之而言精也。管子謂齊桓公曰：「江淮之間一茅三脊，名曰菁茅」是也。

厥篚玄纁璣組，

纁，淺絳色也。凡帛以朱漸丹，秅染之三次則成赤，所謂纁也；四次則爲朱；至五次入黑而爲緅；六次入黑而爲玄，則黑多赤少矣。染元纁者，當夏暑熱，則良荊地煗故善也。組，織絲有文，闊者以爲帶綬，謂之璣組者，組綬上下貫佩玉，而以蠙珠納于其間，珠之不圓者曰璣也。此州所篚貢組，非貢璣也。或曰組文似璣，猶織之名貝，亦通。

九江納錫大龜。

九江之中產大龜。納，內也，入也。大龜，長尺二寸，天子之守龜所以卜也，亦必錫命而後入之，非常用之物也。

浮于江、沱、潛、漢，逾于洛，至于南河。

逾，越進也。江漢與洛不通，必遵陸而後達也。洛，雒也。雒水出今陝西西安府雒南縣冢嶺山，至河南河南府鞏縣東北入河。南河者，豫州之北界，至于南河，將至豫州也。此禹治水施功之敘也。

荊河惟豫州。

豫州之界，南至荊山之北，北至大河，今河南之河南、開封、陳州、歸

德、南陽、汝寧六府，許、陝、汝、光四州，及直隸大名府，山東曹州府，安徽潁州府之西境，湖北襄陽府、德安府之北境，鄖陽府之東境皆是也。

伊、洛、瀍、澗既入于河，

伊水，出今河南陝州盧氏縣熊耳山，至河南府偃師縣入洛。洛，雒也，見荊州。瀍，當作廛。瀍水，出今河南府洛陽縣穀城山，至縣東入洛。澗水，出今河南府澠池縣白石山，至洛陽縣入洛。三水皆入洛，而洛至鞏縣東北入河也。

榮波既豬。

榮，熒也。波，潘也。熒潘，澤名，在今河南開封府榮陽、榮澤二縣地。《春秋》宣公十二年《左傳》「楚逐晉魏錡及榮澤」，此其地也，東漢時已塞為平地。豬，都也。

導菏澤，被孟豬。

導，引也，猶開通也。菏澤，菏水所鍾也，在今山東曹州府菏澤縣。被，彼也，往有所加也。孟豬，即望諸明都也，在今河南歸德府商邱縣。皆禹疏之，以衰沛勢。蓋治陶邱復出之沛也，引此水以加于彼水，消菏澤之盛，而沛水得所鍾矣。

厥土惟壤，下土墳壚。

壚，黑剛土也，其性疏散不黏。不言色者，其色雜也。

厥田惟中上，厥賦錯上中。

田，第四等；賦，第二等，雜出第一等也。

厥貢漆、枲，絺、紵，厥篚纖、纊，

紵，檾屬，亦枲也。細者為絟，粗者為紵。纖，細也。纊，絮也，綿之細者。

錫貢磬錯。

錯，厝也，屬石也。《詩》云：「他山之石，可以攻玉。」則磬為玉，磬厝所以治之。

浮于洛，達于河。

洛，雒水也。

華陽、黑水惟梁州。

華，崋也。華山在今陝西同州府華陰縣南，即惇物也。黑水，出今西番界，南流入雲南，即金沙江也。又東至四川敘州府，南入大江。梁州之界，東至華山之南，西距黑水，今陝西漢中府之南境及興安府商州，甘肅鞏昌府之南境及階、秦二州，湖北之鄖陽府，四川成都、保寧、順慶、雅州、嘉定、潼川、寧遠、龍安八府，眉、卭、瀘、資、綿、茂、達、忠、酉陽九州，敘川、重慶、夔州三府之江北境，及雲南、貴州北境皆是也。

岷、嶓既藝，

岷，當作嶾。嶓，當作番。岷山，自今甘肅鞏昌府岷州以西，直至四川成都府西境，跨雍、梁二州。嶓冢山，自陝西漢中府寧羌州以北，直至甘肅秦州西南，支脈聯屬，寔一山也，山形如冢，故名。

沱、潛既道。

二水亦謂自江、漢出者。沱水，古以為在今四川成都府郫縣東，或以為在今茂州汶川縣，鄭氏謂在今眉州彭山縣也。潛水，古以為在陝西興安府安康縣。鄭氏謂即西漢水伏流復出，在今四川保寧府廣元縣東北，即嘉陵江也。

蔡蒙旅平，

蔡蒙山，在今四川雅州府名山縣。旅，敶也，陳祭也。平，丐也，辯治也。

和夷底績。

和，桓也。桓水在今四川雅州府榮經縣。和夷，桓傍夷所居之地也。

厥土青黎，

黎之言壚也，色青而質疏。

厥田惟下上，厥賦下中三錯。

田，第七等。賦，第八等，雜出第九等者少，又或雜出第七等、第六等

者爲更少。

厥貢璆、鐵、銀、鏤、砮磬，

璆，鏐也，黃金之美者，所謂紫磨金也。鐵，黑金也。銀，白金也。鏤，剛鐵可以刻鏤者。

熊、羆、狐、狸、

熊似豕，山居多蟄。羆，大熊也，黃白文，皆猛獸，其皮以爲射侯。狐，妖獸也。狸，伏獸似貓，皆緣毛溫煖以爲冬裘。

織皮，西傾因桓是來，

織，飾也，猶服也。衣皮之民，西戎國也。西傾，雍州山，在今甘肅鞏昌府洮州廳與四川龍安府松潘廳接界。因，捆也，猶造也。桓是，桓氏也。按：桓，亘也，宛轉盤曲之意。氏，邸也，陵阪也。今鞏昌府隴西縣東，至陝西鳳翔府隴州汧陽縣，一路皆隴阪。來，麥也，刃刃而行至也。自古以「來」字爲行麥，以「麥」字爲來牟，蓋相承互誤也。因桓是而來者，蓋西戎之人，自今洮州廳厯漳縣、伏羌縣、秦州之禮縣，至鞏昌府之西和縣而達雍州境也。

浮于潛，逾于沔，入于渭，亂于河。

潛，即西漢水也。沔水，亦漢之上流，名沮水，出今陝西漢中府略陽縣東狼谷，至沔縣與漾水合，故漢亦名沔也。渭水，出今甘肅蘭州府渭源縣首陽山，至陝西西安府華陰縣入河。禹自嘉陵江泝流而至今四川保寧廣元縣北，舍舟而陸，越峒山，而至陝西漢中府沔縣，南入沔，又迤邐厯褒、斜二水，至鳳翔府郿縣東北入渭，沿流而東，遂亂于河。凡正絕流而渡曰亂，亂河則至雍州矣。

黑水、西河惟雍州。

雍，當作灉。灉州之界，西至黑水，東至冀州西河。此黑水謂在大河之北，出今甘肅甘州府張掖縣雞山，至安西州敦煌縣者。雍地，今陝西之西安、同州、鳳翔、延安、榆林、興安六府，乾、邠、鄜、綏德四州，漢中一府除鳳縣，甘肅之蘭州、平涼、鞏昌、慶陽、寧夏、西寧、涼州、甘州、鎮西九府，肅、迪化、安西三州，秦州除徽縣、兩當縣，皆是也。其在化外者，南至西傾積石，西踰三危，北抵沙漠，遼闊不可紀極矣。

弱水既西，

弱，溺也。弱水在今甘肅甘州府山丹縣西，即西域所謂流沙河也。出竄石山，眾水萬折必東，此水獨西流。既西，順其道也。

涇屬渭汭，

涇水，出今甘肅平涼府平涼縣崆峒山，東至陝西西安府高陵縣入渭。屬，注也，猶灌也。汭，水相入也。水所入曰汭，猶內也。

漆沮既從，

漆水，出陝西西安府同官縣北高山，至耀州合沮水。沮，瀘也，水出今陝西鄜州中部縣，至西安府富平縣入渭。既從者，從渭而入于河也。

灃水攸同。

灃，當作豐。水出今陝西西安府鄠縣終南山，至咸陽縣入渭。同，會合也。

荊、岐既旅，終南、惇物，至于鳥鼠。

荊山，在今陝西同州府朝邑縣南。岐山，在今鳳翔府岐山縣。山有兩枝故名旅。旅，祭也。終南山，在今陝西西安府長安縣，東至藍田縣，西至鳳翔府鄠縣，互八百里。惇物山，一名垂山，在今鳳翔府鄠縣，寔即終南之北峯也。按：𡸫古文作㐌，物疑㐌之形誤耳。鳥鼠山，在今甘肅蘭州府渭源縣西。

原隰底績，至于豬野。

原隰，今陝西邠州及三水縣，皆古豳地。《詩・小雅》「畇畇原隰」，《大雅》「度其隰原」是也。豬野，都野也，澤名。在今甘肅涼州府鎮番縣，即休屠澤也。原隰之水皆退，豬野亦得所鍾矣。

三危既宅，三苗丕敘。

三危之地，在今甘肅安西州敦煌縣東南。既宅者，地可託居也。丕，大也。敘，次第也。舜所竄之三苗，安居于三危，亦大有次第，皆順敘也。

厥土惟黃壤，

黃者，土之正色，故美。

厥田惟上上，厥賦中下。

田，第一等；賦，第六等。雍田形視他州最高，水患爲輕，故曰上上。雍賦定爲中下者，或居民尠少，或田質磽瘠，當時酌定其制，田與賦原不相蒙也。他州皆然。

厥貢惟球、琳、琅玕。

球、琳，皆美玉也。琅玕，玉之圓似珠者。

浮于積石，至于龍門、西河，會于渭汭。

積石山，在今甘肅西寧府西寧縣西南塞外。龍門山，在今陝西同州府韓城縣東北，有關，其下即禹門也，廣八十步。禹鑿之西河，冀之西河也。會，合也，逆流曰會。渭汭，渭入河處，在今華陰縣也。禹周歷雍州之境，其道如此。

織皮昆侖、析支、渠搜，西戎即敘。

按：此西戎之國，禹時不在州內，故篇末附敘之也。織皮，衣皮之民，居此昆侖、析支、渠搜三山之野者，皆西戎也，因山以爲國號。此昆侖，在今甘肅肅州西南；析支，在今西寧府西寧縣西南塞外；渠搜，當亦在西寧縣塞外也。即，就也，猶造也。

導岍及岐，至于荊山，逾于河；壺口、雷首至于太岳；底柱、析城至于王屋；太行、恒山至于碣石，入于海。

導，引也。水多發源於山，治山之脈所以通水。山有首尾，故以導言之。岍，按：當作开，平頭山也。《史記》、《漢書》作开，以水名山也。开，在今陝西鳳翔府隴州南，即吳嶽也。岐，在今岐山縣，峯有兩枝。荊，在今同州府朝邑縣，東麓臨河，河謂冀州西河，今山西蒲州府永濟縣東南也。壺口、太岳，見冀州。底柱，在大河中流，其形如柱，在今河南陝州東。析城，在今山西澤州府陽城縣西。王屋，在今絳州垣曲縣西。太行山，起今河南懷慶府修武縣，縣亘山西、河南、直隸之境。恒山，在今直隸定州曲陽縣西北。碣石，見冀州，海在碣石之東。入海者，山脈入海也。

西傾、朱圉、鳥鼠至于太華；熊耳、外方、桐柏至于陪尾。

西傾，見梁州。朱圉山，在今甘肅鞏昌府伏羌縣西南。鳥鼠，見雍州。

太華山，在今陝西同州府華陰縣。熊耳山，在今河南陝州盧氏縣，西南接陝西商州境。外方山，在今河南河南府登封縣北，綿亘一百五十里，即中嶽嵩山也。桐柏山，在今河南南陽府桐柏縣，東接湖北襄陽府襄陽縣境，胎簪山，其支峯也。陪尾山，在今山東兗州府泗水縣東。西傾，不言導者，蒙導岍之文也。

導嶓冢，至于荊山；內方，至于大別。

嶓冢，見梁州。此荊山，在今湖北襄陽府南漳縣西北。內方山，在今湖北安陸府鍾祥縣，西接荊門州，周百餘里。大別山，在今湖北漢陽府漢陽縣東北，即魯山也。

岷山之陽，至于衡山，過九江，至于敷淺原。

岷山，見梁州。衡山，在今湖南衡州府衡山縣西，即南嶽也，亦名岣嶁山。過，猶逾也。九江，見荊州。敷淺原，在今江西九江府德化縣，南至南康府星子縣境，朱文公以爲即廬阜也。不言導者，蒙嶓冢之文也。按：岷山至衡山相距數千里，又衡山在江南，九江在江北，敷淺原又在江南，其山之脈絡不可考，宜從蓋闕。

導弱水，至于合黎，餘波入于流沙。

此下總言導水也。水皆自西北而下，故導之有敘。弱水，見雍州。合黎山，在今甘肅甘州府張掖縣西。餘波，支流也。流沙，即居延澤也。出鍾山，形如上弦之月，其沙隨風流行，西南至南海。蓋弱水自甘州府至肅州，其支流東入塞外之流沙，又西南歸于南海也。

導黑水，至于三危，入于南海。

此黑水，在大河之北者，見雍州。三危山，在今甘肅鞏昌府岷州塞外，雲南麗江府之北。鄭氏云在鳥鼠之西，岷山之北，積石之南，是也。黑水入海之原委，則自西番入雲南界，至順寧府雲州，又南流至阿瓦國入南海也。

導河、積石，至于龍門；南至于華陰，東至于底柱，又東至于孟津，東過洛汭，至于大伾；北過洚水，至于大陸；又北，播爲九河，同爲逆河，入于海。

積石、龍門，見雍州。華陰，華山之北也。底柱，見導山。孟津，在今

河南懷慶府孟縣西南。洛汭，洛水之北爲內也，在今河南府鞏縣西南。大伾，大坯也，山在今衛輝府濬縣東南。洚水，降水也，出今山西潞安府屯留縣，西南至潞城縣入濁漳。大陸，見冀州。九河，見兗州。逆，迎也。逆河者，海口有潮迎河，故以爲名也。今直隸天津府靜海縣、滄州鹽山縣南，及山東武定府海豐縣、沾化縣北境，當皆爲逆河之地，由是而入渤海也。按：河源，出今西域星宿海東北，流二千二百餘里，至今甘肅西寧府西寧縣西南塞外之積石山，禹導之自此始，又東北流，出長城東流，又南流入長城，西南流至陝西同州府韓城縣東北之龍門，所謂禹門也。由華陰縣東流，經河南陝州、懷慶府、河南府、衛輝府，至山西潞安府，直隸保定、順德二府及趙州，乃北分九河于河間、天津二府，山東濟東、武定二府之間，又合而至江蘇淮安府安東縣入海也。

嶓冢導漾，東流爲漢，又東爲滄浪之水，過三澨，至于大別，南入于江。東匯澤爲彭蠡，東爲北江，入于海。

漾水，出今陝西漢中府寧羌州北嶓冢山，東至南鄭縣南，所謂東漢水也。滄浪之水，在今湖北襄陽府均州北。三澨，水名，在今安陸府天門縣，有司馬、馬溪、石家三河，後世謂之三又水。大別，見導山。入江，在今武昌府江夏縣北境。匯，回也，轉也。彭蠡，見揚州。北江，在今江蘇常州府北。入海，在今江蘇通州。蓋漢水隨地得名，自今湖北襄陽府過安陸府，至漢陽府觸大別山之陂入江而鬥，[一]乃東轉至江西入鄱陽湖，又東歷江蘇常州府，至通州入海也。

校勘記
[一] 入江而鬥，意義甚不好理解，疑「東」字之誤。東，折向東流也。

岷山導江，東別爲沱，又東至于澧；過九江，至于東陵，東迤北，會于匯；東爲中江，入于海。

岷山、沱水，見梁州。別，分也。澧，醴也，水出今湖南澧州永定縣歷山，至安鄉縣會赤沙河入洞庭湖。九江，見荊州。大阜曰陵。東陵在今湖北黃州府黃梅縣西北，即大蘇山也。迤，衺行也。會，合同也。匯，蒙上文言彭蠡也。江自東衺行而北矣。又南會于鄱陽湖爲南江，遂東出而別爲中江也。按：江出今四川龍安府松潘廳北西番界大分水嶺，東至眉州爲沱，又東至湖南澧州，其流自東而北過湖北黃州府，又稍折而南，會于江西之彭蠡，乃東

出而北，經安徽至江蘇蘇州府之北、通州之南而入海也。

導沇水，東流為濟，入于河，溢為滎；東出于陶邱北，又東至于菏，又東，北會于汶，又北，東入于海。

　　沇，古文作㕣，山間陷泥地也。以爲水名，別製沇字，以爲州名，又妄作兗字耳。水出今河南懷慶府濟源縣王屋山，既見而伏，至孟縣而出爲濟，濟，泲也，至溫縣之東南入河。溢，泆也，水蕩泆也。滎，滎澤也，在今開封府。邱，再成爲陶邱，在今山東曹州府定陶縣西南。菏澤，見豫州。汶，見青州。會汶，在今兗州府壽張縣，至青州府博興縣而入海也。按：沇水，三伏而四見，一見于河南懷慶府濟源縣；再見于孟縣而爲濟，伏而入河；三見于開封府滎澤縣；四見于山東曹州府定陶縣，而不復伏。河水濁，泲水清，故伏見皆可辨。

導淮自桐柏，東會于泗、沂，東入于海。

　　淮、泗、沂，見徐州。桐柏，見導山。會泗，在今江蘇淮安府清河縣西南。沂之入泗，在今徐州府邳州西南，入海在淮安府安東縣西也。禹時江淮不通，至春秋時吳伐齊，溝通江淮，晉永和中又改開山陽瀆，隋又廣之，至明初循故瀆開運河以同漕，即今之新河也。按：淮，今自河南南陽府桐柏縣東流，至光州固始縣入安徽潁州府、鳳陽府泗州入洪澤湖，東北出江蘇淮安府清口，東則刷黃河以入海，南則入運河以濟漕，歷揚州府寶應縣、高郵州，抵江都縣而入揚子江也。

導渭自鳥鼠、同穴，東會于灃，又東會于涇，又東過漆沮，入于河。

　　渭水，出今甘肅蘭州府渭源縣西首陽山南谷，禹自其東南鳥鼠、同穴二山導之。鄭氏云：「鳥鼠之山有鳥焉，與鼠飛行而處之，又有止而同穴之山焉。鳥名爲鵌，似鵽而黃黑色。鼠如家鼠而短尾，穿地共處，鼠內而鳥外。」灃、涇、漆沮，皆見雍州。會灃，即灃水攸同也。會涇，即涇屬渭汭也。過漆沮，即漆沮既從也。按：渭，自甘肅蘭州府東至陝西西安府咸陽縣會灃，高陵縣會涇，富平縣過漆沮，至同州府華陰縣東北而入于河也。

導洛自熊耳，東北會于澗、瀍；又東會于伊，又東北入于河。

　　水皆見豫州。熊耳，見導山。洛，雒水也，出冢嶺山而東北，來自熊耳之間，故曰熊耳天門也，禹導洛自茲始。會澗瀍，在河南河南府洛陽縣。會

伊，在偃師縣。入河，在鞏縣也。

九州攸同，四隩既宅，九山刊旅，九川滌源，九澤既陂，四海會同。

此總結九州之山、土、川、澤、四海也。九州：冀、兗、青、徐、揚、荊、豫、梁、雍也。同，齊一也，言均治也。隩，墺也，東、西、南、北四方土可居也。九山：冀岳，青岱，荊荊衡，梁華、岷、嶓、蔡、蒙，雍岐也。九川：弱、黑、河、漾、江、沇、淮、渭、洛也。滌，洒也。源，當作原，清其源則流自順也。九澤：雷夏、大野、彭蠡、震澤、雲夢、滎播、菏澤、孟豬、豬野也。陂，隄障也，水皆得所鍾也。四海：冀、青、徐、揚四州之海，即下文東漸于海。四州瀕海，而凡天下之水皆順其道而歸合于海也。中國在大地之東南一隅，故惟見東海、南海，而禹時并不及南海，惟黑水言之，其寔非梁、雍幅員之所及也。

六府孔修，庶土交正，底慎財賦，咸則三壤成賦。

水、火、金、木、土、穀，謂之六府。孔，甚。修，治也。庶，眾。交，俱也。凡墳、壤、壚、塗、泥之美惡，上、中、下九等之高卑，莫不是正也。底，致。慎，謹也。財賦，謂貢篚之物也。咸，皆也。則，科等也。三壤，冀白壤，豫惟壤，雍黃壤也。以此爲則而等畫之，成上、中、下九等之賦也。此總結九州之土田貢賦也。

中邦錫土、姓，祇台德先，不距朕行。

中邦，五服之內萬國也。錫，賜也。天子建德，因生以賜姓，胙之土而命之氏，如姜、姬、姚、嬀是也。凡見于《山海經》者一百十七國，得姓者二十有一。祇，敬也。台，怡也，猶悅也。德，惪也。先，前進也。距，𨝖也，猶抵抗也。天子之德盛，故九州敬悅之，而我政教號令之所行，皆不抗違也。此起下文弼成五服之事也。

五百里甸服：百里賦納總，二百里納銍，三百里納秸服，四百里粟，五百里米。

此下言禹弼成五服，至于五千之制。廣三百步，長三百步爲一里。古以周尺八尺爲步。按：以輿地形勢言之，正北長城外皆非中邦之地，五服除冀州甸服必不能方平正直，四面相距如一，爲方五千里，亦設法以便計算也。且鄭氏以《周禮》之九服說禹之弼成五服，每服一面加五百里，是五服爲方

萬里，恐非經意，當從《史記》以穗、銍、秸、粟、米，即甸服內之五百里也。甸，治田也。服，服事天子之意。王城之外，四面皆五百里也。納，內也，入也。總，聚束也，謂入所刈禾也。銍，短鐮也，謂以鐮斷去藁稈之半者。秸，稭也。上藁又去其皮，留近穗細莖也。服者，三百里內皆服藁役，不計其齎送之費也。粟，穀實也，盡去細莖者也。米，又去糠皮也。物之輕重，以遠近爲差，物之多少，以精粗爲量，必有均勻折算，以符什一之稅者，特以遠近較取攜之難易耳。

五百里侯服：百里采，二百里男邦，三百里諸侯。

甸服外，四面又各五百里爲侯服。謂之侯者，據禹時執玉帛者。萬國，除王畿內四百國，每州當封一千二百國，諸侯較多，故即以爲稱也。采，取也。九州之牧典貢職者，猶周制千里之外曰采也。男之言任，任王事者也。周之男服采服，蓋取之此。諸，眾也。侯之言候，候逆順，監司侯王命也。

五百里綏服：三百里揆文教，二百里奮武衛。

侯服外，四面又各五百里爲綏服。綏，安也。揆，度也。奮，猶振也。衛，匄護也，言屛內以禦外也。在王畿千三百里之外，已近要荒，故重武備也。周之衛服，蓋取諸此。

五百里要服：三百里夷，二百里蔡。

綏服外，四面又各五百里爲要服。要，約也。夷、蠻、戎、狄，在于約束之也。夷，九夷，言夷以該三者也。周之夷服，蓋取諸此。蔡，馬注「法也」，讀爲𥾣，謂散置皋人于此也。鄭注「蔡之言殺」，「蓋讀爲衰」，謂減殺其貢賦也。二說皆通。

五百里荒服：三百里蠻，二百里流。

要服外，四面又各五百里爲荒服。荒，蕪薉也。地廣大，荒而不治者，多也。馬注「政教荒忽」，則讀爲怳，爲忘失之。蠻，六蠻，言蠻以該夷、戎、狄也。周之蠻服，蓋取諸此。流者，其人民逐水艸遷徙，無城郭常居處，如水之流移無定也。

東漸于海，西被于流沙，朔南暨聲教，訖于四海。

漸，趨也，進也。被，彼也，往有所加也。朔，北也。暨，臮也，與同

也。聲，名。教，化也。訖，止也。東漸者，冀、青、徐、揚極東之境也。西被者，荊、梁、雍極西之境也。南北不言所至者，冀、梁、雍北境外皆瀚海沙漠，民人稀少；徐、揚、荊南境外，爲今之閩、浙、兩廣，不隸版圖，故泛言預于聲教者耳。此四海，亦約略識之，南、西、北三面之海，實非目之所經，身之所履也。

禹錫元圭，告厥成功。

錫，帝賜也。元，天水之色。圭，公、侯、伯瑞玉也，舜錫禹元圭以酬庸也。以勞定國曰功，至是告成功于天下，爲大禹王業之所基也。又按：《書緯・旋機鈐》曰：「禹開龍門，導積石山，元圭出，刻曰『延喜王受德，天賜佩』。」漢武梁祠堂石刻《祥瑞圖》云：「元圭，水泉疏通，四海會同，乃至。」則以元圭爲上帝之錫與，天乃錫禹。《洪範》九疇同此《尚書》今文說。存參。

甘　誓

誓，以言約束也，軍旅曰誓。《書序》曰：「啓與有扈戰于甘之野，作《甘誓》。」有扈，夏同姓之國。《淮南・齊俗訓》高誘注：「有扈，夏啓之庶兄也。以堯舜舉賢，禹獨與子，故伐啓。啓亡之。」云庶兄，不知何據？《莊子》「禹攻有扈」，《說苑》「禹與有扈氏戰」，《呂覽・先己》篇又以爲夏后相，皆傳聞之異。

大戰于甘，

戰，交鬥也。甘，有扈國之南郊也，在今陝西西安府鄠縣。鄭氏曰：「天子之兵，故曰大。」

乃召六卿。

乃，急辭也。召，評也。六卿，六軍之將。《周禮》云：「軍將皆命卿也。」蓋六官之長，如冢宰、司徒等。六鄉之大夫，每鄉卿一人等，皆可爲將也。

王曰：「嗟！六事之人，予誓告汝：

嗟，當作䚯，䚯也，發聲詞也。六事之人，統六卿以下軍吏及士卒，如下文左右與御皆是也。

有扈氏威侮五行，怠棄三正，天用剿絕其命，

威，韋也，相背也。悔，輕傷也。五行，四時也，如《禮記》「孟春行夏令」之類是也。怠，慢也。棄，捐也。正，中也。三正，天、地、人之正道，言其政悖常亂德，自絕于天也。勦，剿也。剿、絕，皆斷也。命，天所命生人者也。大凡生于天地之間者，皆曰命。

今予惟恭行天之罰。左不攻于左，汝不恭命；右不攻于右，汝不恭命；御非其馬之正，汝不恭命。

恭，肅靜也。罰，上報下之辠也。左，屮也。右，又也。兵車之法，左人持弓矢主射，右人持矛主刺殺。攻，擊也。御，使馬也。御者，執轡居中主馬之馳騁。正，政也，謂磬控縱送之事也。命，誓命也，凡尊者之言曰命。按：此言士卒之車也。若元帥所乘車，則將居鼓下，在中，御者在左，勇力之士在右。自非元帥，則皆御中將左也。

用命，賞于祖；弗用命，戮于社，予則孥戮汝。」

賞，賜有功也。戮，殺有辠也。古者天子出征，必先有事于社，及遷廟，而皆纍其主以行載之齋車，言必有尊也。社主曰軍社，遷主曰祖。賞戮異處，陰陽之用也。孥，當作奴子女也。戮，僇也，辱也，謂弗用命，不但顯戮其身，并其子女亦辱及之，如《周禮》「男子入于辠隸，女子入于舂槀也。」軍尚嚴，故法加重。

五子之歌

《書序》曰：「太康失邦，兄弟五人須于洛汭，作《五子之歌》。」按：五子，啓子太康、仲康、武觀等五人也。武觀，幼子第五，嘗封于觀，故亦稱「五觀」。《左》昭公元年《傳》「夏有觀扈」，《楚語》「啓有五觀」，《墨子·非樂》篇云：「武觀曰：『啓子淫溢康樂，野于飲食，將將銘莧磬以力，湛濁于酒，愉食于野，萬舞翼翼，章聞于天，天用弗式。』」又《周書·嘗麥》篇曰：「其在啓之五子，忘伯禹之命，假國無正用，胥興作亂，遂凶厥國。皇天哀禹，賜以彭壽，思正夏略。」《竹書紀年》云：「啓十一年，放季子武觀于西河。十五年，武觀以西河叛，彭伯壽征西河，武觀來歸。」是武觀嘗叛而後歸順，留于京師者也。王符《潛夫論·五德志》篇云：「太康、仲康更立兄弟五人，皆有昏德，不堪帝事，降須洛汭。」蓋羿之亂，太康自其都今山西解州夏縣避于河南河南府鞏縣，後居于陳州府太康縣，所謂失邦也。羿代夏

政不數年，寒浞殺羿，時夏德雖衰，王號未替。太康立二十九年而崩，弟仲康立，嘗命臣允征浞黨羲和。仲康立十三年而崩，子相立，遷都今山東曹州府濮州。相立二十八年，浞子澆滅之，夏祚乃絕。厥後四十年，夏舊臣伯靡佐相子少康滅浞，誅澆，復禹之績也。此篇《五子之歌》，蓋昆弟五人須于洛汭時，史臣傷時憂世而作者。其書亡于西晉永嘉之亂。

太康尸位，以逸豫滅厥德，黎民咸貳，乃盤遊無度，畋于有洛之表，十旬弗反。有窮后羿因民弗忍，距于河，厥弟五人御其母以從，徯于洛之汭。五子咸怨，述大禹之戒以作歌。

羿冒于原獸，見《左傳》，今移之太康。太康即在五子中，今以爲太康之弟，皆非也。《夏訓》有之曰：「有窮后羿」，《左》襄四《傳》未了之語也。「萬民弗忍，居王于彘」，《左》昭二十六《傳》周王子朝稱厲王之事也。

其一曰：「皇祖有訓，民可近，不可下，民惟邦本，本固邦寧。予視天下愚夫愚婦一能勝予，一人三失，怨豈在明，不見是圖。予臨兆民，懍乎若朽索之馭六馬，為人上者，奈何不敬？」

「民可近也，而不可上也」《周語》單襄公引《書》之文。今改「上」爲「下」以協音耳。「國主之有民也，猶城之有基，木之有根。根深則本固，基長則土寧」《淮南・泰族訓》之文也。「一人三失，怨豈在明，不見是圖」，《晉語》智伯國引《夏書》之文也。「怨豈」二句亦見《左》成十六年《傳》。「懍乎，如以腐索御奔馬」，《新序・雜事》篇引孔子之言也，又見《說苑・政理》篇。但夏駕麗，殷驂，周駟，經傳無言六馬者。漢世天子駕六，非古制也。「易其奈何不敬」，《召誥》文也。

其二曰：「訓有之，內作色荒，外作禽荒。甘酒嗜音，峻宇雕牆。有一于此，未或不亡。」

「出則禽荒，入則酒荒」，《越語》范蠡之言也。「儀狄作酒，禹飲而甘之」，見《戰國策》。「彫牆」字見《左》宣元《傳》。「有一于此，足以亡其國」，《戰國策・魏策》文也。

其三曰：「惟彼陶唐，有此冀方。今失厥道，亂其紀綱，乃底滅亡。」

「惟彼陶唐，帥彼天常，有此冀方。今失其行，亂其紀綱，乃滅而亡」，《左》氏哀六年《傳》孔子引《夏書》之文也。

其四曰：「明明我祖，萬邦之君。有典有則，貽厥子孫。關石和鈞，王府則有。荒墜厥緒，覆宗絕祀！」

　　六典、八則，見《周禮・天官》。「貽厥孫謀」，《詩・文王有聲》篇也。「關石龢均，王府則有」，《周語》單穆公引《夏書》之文也。「覆宗絕祀」，張超誚《青衣賦》也。

其五曰：「嗚呼曷歸？予懷之悲。萬姓仇予，予將疇依？鬱陶乎予心，顏厚有忸怩。弗慎厥德，雖悔可追？」

　　「鬱陶思君，爾忸怩」，《孟子・萬章》引古書之言也。《爾雅》「鬱陶，繇喜也，非哀思之謂」。「顏之厚矣」，見《詩》。「弗敬弗休，悔其可追」，《左》哀十六《傳》文也。

允　征

　　《書序》曰：「羲和湎淫，廢時亂日，允往征之，作《允征》。」按：羲和，當爲寒浞之黨，仲康時命臣允征之也。此篇亡于晉永嘉之亂。

惟仲康肇位四海，允侯命掌六師。羲和廢厥職，酒荒于厥邑，允后承王命徂征。

　　「宮中之樂，無至酒荒」，《越語》范蠡之言也。

告于眾曰：「嗟，予有眾，聖有謨訓，明徵定保，先王克謹天戒，臣人克有常憲，百官修輔，厥后惟明明，

　　「聖有謨勳，明徵定保」，《左氏》襄二十一年《傳》晉祁奚引《書》之語也。

每歲孟春，遒人以木鐸徇于路，官師相規，工執藝事以諫，其或不恭，邦有常刑。

　　「每歲」二字，見《左》昭二十九《傳》。「遒人以木鐸徇于路，官師相規，工執藝事以諫，正月孟春，于是乎有之」，《左氏》襄十四年《傳》師曠引《夏書》之文也。「不用法者，國有常刑」，《周禮・小宰職》文也。

惟時羲和顛覆厥德，沈亂于酒，畔官離次，俶擾天紀，遐棄厥司，

　　「顛覆厥德，荒湛于酒」，《詩・小雅・抑篇》之詞也。「沈酗于酒」，見

《微子》。

乃季秋月朔，辰弗集于房，瞽奏鼓，嗇夫馳，庶人走，羲和尸厥官，罔聞知，昏迷于天象，以干先王之誅，

　　「辰弗集于房，瞽奏鼓，嗇夫馳，庶人走」，《左》昭十七年《傳》魯太史引《書》之文也。然此禮惟建巳之月日食則用之，餘月則否，不爲災也。

《政典》曰：『先時者殺無赦，不及時者殺無赦。』

　　「政典」，字見《周禮・太宰》。「先時者殺無赦，不逮時者殺無赦」，《荀子・君道》篇引《書》之語也。《韓詩外傳》引周制曰：「先時者死無赦，不及時者死無赦。」則荀卿所引是《周書》而非《夏書》也。

今予以爾有眾，奉將天罰。爾眾士同力王室，尚弼予欽承天子威命。火炎崑岡，玉石俱焚。天吏逸德，烈于猛火。殲厥渠魁，脅從罔治，舊染汙俗，咸與惟新。

　　「火炎崑岡，玉石俱焚」，取諸《三國志》文也。「崑岡之火，自茲而焚」，《後漢書・董卓傳論》之文也。此魏晉人常語。

嗚呼！威克厥愛，允濟；愛克厥威，允罔功。其爾眾士懋戒哉！」

　　「作事威克其愛，雖小必濟」，《左》氏昭二十三年《傳》吳公子光之言也。

尚書古注便讀　卷之三

元和朱駿聲豐芑甫集訂

商　書

帝嚳之子契始封商，在今陝西商州商南縣，湯因以爲有天下之號。書凡四十篇。

帝告　釐沃

《書序》曰：「自契至于成湯八遷。湯始居亳，從先王居，作《帝告》、《釐沃》。」《尚書大傳》引《帝告》文有「施章乃服，明上下」之語。八遷者，自契至湯凡十四世，契封商後自遷蕃，昭明遷砥石，相土遷商邱，至湯遷亳，餘未聞。蕃，今陝西同州府華州。《僞孔》曰：「釐告來居，治沃土」，以釐訓來，則似一篇矣。

湯　征

《書序》曰：「湯征諸侯，葛伯不祀，湯始征之，作《湯征》。」《史記·殷本紀》引《湯征》之文有「湯曰：予有言」五十七字。

汝鳩　汝方

《書序》曰：「伊尹去亳適夏，既醜有夏，複歸于亳，入自北門，乃遇汝鳩、汝方，作《汝鳩》、《汝方》。」

夏社　疑至　臣扈

《書序》曰：「湯既勝夏，欲遷其社，不可。作《夏社》、《疑至》、《臣扈》。」按：湯旱七年，欲變置社稷。稷以契代柱而社，則功德無及句龍者，不可易而止。疑至、臣扈，二臣名。扈，見《君奭》，皆議遷社者。以上八篇，皆亡

于秦項之火。

湯　誓

《書序》曰：「伊尹相湯，伐桀，升自陑，遂與桀戰于鳴條之野，作《湯誓》。」湯，號也，子姓。履，名，亦曰天乙，諡曰武，始居于薄，即相土所遷邑，今河南歸德府商邱縣也。繼遷西薄，今河南府偃師縣也。此未出師時誓于境內之詞，其時當在秋成稻熟之候。陑，《說文》無此字，《傳》謂在河曲之南，《疏》謂山阜之地，當在今陝西同州府潼關左右也。若鳴條，當在今山西平陽府安邑縣北，鄭氏則曰：「東夷地名」。

王曰：「格爾眾庶，悉聽朕言，非台小子，敢行稱亂！有夏多罪，天命殛之。

湯，諸侯而稱王者，史臣追述之體。格，假也，來也。爾，尒也，偁人之詞。庶，亦眾也。悉，皆也。台，我也。小子，對天王而言也。敢，進取也。行，猶逞也。稱，再也，舉也。亂，斁也，猶逆也。罪，辠也。殛，誅也。

今爾有眾，汝曰：『我后不恤我眾，舍我穡事而割正夏？』

后，君也。我后，謂湯也。恤，憂也。舍，捨也。穡事，秋獲之事也。割正，猶裁正也。湯之民戴德服教，皆知順天應人，未必有是言。湯懸揣其心代言之，亦敬民畏民之意之所流露也。

予惟聞汝眾言，夏氏有罪，予畏上帝，不敢不正。

惟，思也。思所聞之言，非不是也。然天命更可畏，不敢不往正其罪耳。稱夏氏者，《周語》稱「禹有平水土之功，皇天嘉之，胙以天下，賜姓曰姒氏，曰有夏。」則夏雖為有天下之號，實即氏也。

今汝其曰：『夏罪其如台？』

如台，言如我何也。夏雖有罪，其虐政不及于亳，事若可緩。亦湯懸揣其心而代言之也。

夏王率遏眾力，率割夏邑。有眾率怠弗協，曰：『時日曷喪？予及汝皆亡。』夏德若茲，今朕必往。」

率，律也，均也。遏，渴也，盡也，言民之財力竭也。割，剝也，凡在

夏邑腥削已甚。怠者，念之誤字，古文怨也。協，眾之同和也，曰夏眾之言也。時，是也。害，曷也。《書大傳》云：「桀曰：『天之有日，猶吾之有民也，日亡吾亦亡耳。』故民言『日曷不喪，予懟與之皆亡耳。』」茲，此也。桀之暴德若此，湯之所以必往也。

「爾尚輔予一人，致天之罰，予其大賚汝！爾無不信，朕不食言。爾不從誓言，予則孥戮汝，罔有攸赦。」

尚，庶幾也。輔，俌也，助也。賚，賜也。食言，言已吐而仍茹之也。故《爾雅》訓「食」為「僞」也。孥，當作奴子女也。戮，僇也，辱也。子女沒為奴隸，言罪不止及其身也。罔，亡也，無也。赦，猶宥免也。「常刑有赦，軍法無赦」，此當時誓師之常言也。

仲虺之誥

《書序》曰：「湯歸自夏，至于大坰，仲虺作《誥》。」此篇亡于秦項之火。按：大坰，地名。當自今山東曹州府定陶縣，至河南河南府偃師縣之路。仲虺，奚仲之後，為湯左相。

成湯放桀于南巢，惟有慙德。曰：「予恐來世以台為口實。」

「桀奔南巢」，見《魯語》。「聖人之宏也，而猶有慙德」，《左》襄二十九年《傳》吳季札之言也。「使無以寡君為口實」，《楚語》王孫圉之言也。

仲虺乃作誥，曰：「嗚呼！惟天生民有欲，無主乃亂，惟天生聰明時乂，有夏昏德，民墜塗炭，天乃錫王勇智，表正萬邦，纘禹舊服。茲率厥典，奉若天命。

「民生而有欲」，《周書·文酌》篇之文也。「桀有昏德」，《左》宣三《傳》王孫滿之言也。「坐于塗炭」，《孟子》之言也。塗炭，是汙濁，非蹈水火之謂。

「夏王有罪，矯誣上天，以布命于下。帝用不臧，式商受命，用爽厥師。

此節見《墨子·非命》上篇、中篇、下篇引《仲虺之告》，大同小異。但爽，喪亡也。偽書誤解。「后帝不臧」，《左》昭元《傳》文也。「式商受命」，《立政》篇文也，然亦誤用。

簡賢附勢，實繁有徒。肇我邦于有夏，若苗之有莠，若粟之有秕。小大戰戰，罔不懼于非辜。矧予之德，言足聽聞。

「惡直醜正，實蕃有徒」，《左》昭二十八年司馬叔游引《鄭書》之文也。

「惟王不邇聲色，不殖貨利。德懋懋官，功懋懋賞。用人惟己，改過不吝。克寬克仁，彰信兆民。

「聲色」，見《禮記・月令》。「用人惟由己」，班彪《王命論》之文也。「湯以寬治民」，《魯語》展禽之言也。

乃葛伯仇餉，初征自葛，東征，西夷怨；南征，北狄怨，曰：『奚獨後予？』攸徂之民，室家相慶，曰：『徯予后，后來其蘇。』民之戴商，厥惟舊哉！

此節事三見《孟子》，撮取成文。然此實爲《湯征》篇文也。

佑賢輔德，顯忠遂良，兼弱攻昧，取亂侮亡，推亡固存，邦乃其昌。

「兼弱攻昧」，《左》宣公十二《傳》隨武子之言也。「取亂侮亡」，隨武子引《仲虺》之言也。「亡者侮之，亂者取之」，襄十四《傳》中行獻子引《仲虺》之言也。下「推亡固存，國之道也」二語，中行獻子自言也。襄三十《傳》鄭子皮引《仲虺》之志略同，其實《仲虺》止有「取亂侮亡」一語。

德日新，萬邦惟懷；志自滿，九族乃離。王懋昭大德，建中于民，以義制事，以禮制心，垂裕後昆。予聞曰：『能自得師者王，謂人莫己若者亡。好問則裕，自用則小。』嗚呼！慎厥終，惟其始。殖有禮，覆昏暴。欽崇天道，永保天命。」

「日新之謂盛德」，《易・大傳》文也。「小邦懷其德」，《左傳》文也。「用其中于民」，《禮記・中庸》孔子稱舜之言也。「以義制事」，見《荀子》。「諸侯自爲得師者王，得友者霸，得疑者存，自爲謀而莫己若者亡。」《荀子・堯問》、《吳子・圖國》、《呂覽・恃君》、《新序・雜事》皆同引爲《仲虺》之言也。「慎終如始」，《荀子・議兵》篇文也。「親有禮」、「覆昏亂」，《左》閔元年《傳》齊仲孫湫之言也。

湯　誥

《書序》曰：「湯既黜夏命，復歸于亳，作《湯誥》。」此篇亡于西晉永

嘉之亂，今略見于《史記‧殷本紀》。

王歸自克夏，至于亳，誕告萬方。王曰：「嗟！爾萬方有眾，明聽予一人誥。惟皇上帝，降衷于下民。若有恒性，克綏厥猷惟后。

　　「今天降衷于吳」，《吳語》夫差之言也。「絜哉，民性有恒」，《韓非子‧說林》引孔子之言也。

夏王滅德作威，以敷虐于爾萬方百姓。爾萬方百姓，罹其凶害，弗忍荼毒，並告無辜于上下神祇。天道福善禍淫，降災于夏，以彰厥罪。肆台小子，將天命明威，不敢赦。敢用玄牡，敢昭告于上天神后，請罪有夏。聿求元聖，與之戮力，以與爾有眾請命。

　　「滅德立違」，見《左》桓二《傳》臧哀伯語。「作威」，見《洪範》。「上下神祇」，《晉語》韓宣子言也。「叫天無辜」，《左》哀十六《傳》渾良夫言也。「天道賞善而罰淫」，《周語》單襄公引先王之令也。「神福仁而禍淫」，《左》成五《傳》士貞伯語也。「降災」，見《微子》。「予小子履敢用玄牡，敢昭告于皇皇后，帝有罪，不敢赦」，《論語‧堯曰》篇文也，《墨子‧兼愛》篇略同。《論語》真孔注謂《墨子》引作《湯誓》，但《墨子》以為大旱祈禱之詞。「聿求元聖，與之戮力同心以治天下」，《墨子‧尚賢》中篇之文也。「以與百姓請命于皇天」，《淮南‧汎論》文也。

上天孚佑下民，罪人黜伏，天命弗僭，賁若草木，兆民允殖。俾予一人輯寧爾邦家，茲朕未知獲戾于上下，慄慄危懼，若將隕于深淵。

　　「天命不僭」，《周書‧大誥》文也。「以輯寧爾民」，《左》昭七《傳》文也。「未知得罪于上下」，《墨子‧兼愛》篇引湯之言也。「雖隕于深淵，則天命也」，《左》哀十五《傳》芋尹蓋之言也。

凡我造邦，無從匪彝，無即慆淫，各守爾典，以承天休。

　　「凡我造國，無從匪彝，無即慆淫，各守爾典，以承天休。」《周語》單襄公引先王之令也。

爾有善，朕弗敢蔽；罪當朕躬，弗敢自赦，惟簡在上帝之心。其爾萬方有罪，在予一人；予一人有罪，無以爾萬方。嗚呼！尚克時忱，乃亦有終。」

「帝臣不蔽，簡在帝心，朕躬有罪，無以萬方，萬方有罪，罪在朕躬。」《論語・堯曰》篇文也。「余一人有罪，無以萬夫，萬夫有罪，在予一人。」《周語》內史過引《湯誓》之文也。按：《湯誓》，疑「湯誥」或「湯征」之誤字。

咸有壹德

《書序》曰：「伊尹作《咸有一德》。」當在湯朝所作也。此篇亡于西晉永嘉之亂。按：《禮記・緇衣》所引尹吉，即尹壹也，省「咸有德」三字耳。

伊尹既復政厥辟，將告歸，乃陳戒于德。

太甲復歸之後，伊尹本無告歸之事，此依仿周公復政明辟之意，鑿空撰出者也。

曰：「嗚呼！天難諶，命靡常。常厥德，保厥位。厥德匪常，九有以亡。

「天難諶」，《周書・君奭》文也，又《詩・大雅・大明》篇文也。「天命靡常」，《文王》篇文也。「九有以亡」，《墨子・非樂》篇文也。

夏王弗克庸德，慢神虐民。皇天弗保，監于萬方，啟迪有命，眷求一德，俾作神主。惟尹躬暨湯，咸有一德，克享天心，受天明命，以有九有之師，爰革夏正。

「庸德」，見《禮記・中庸》。「皇矣，上帝監觀四方。」《詩・大雅》文也。「百神爾主矣」，《詩・卷耳》文也。「惟尹躬及湯，咸有一德」，《禮記・緇衣》引尹吉之文也。「奄有九有」，《詩・商頌》文也。「革夏」，見《多士》。

非天私我有商，惟天佑于一德；非商求于下民，惟民歸于一德。德惟一，動罔不吉；德二三，動罔不凶。惟吉凶不僭在人，惟天降災祥在德。

「二三其德」，《詩・衛風・氓》之篇文也。

今嗣王新服厥命，惟新厥德。終始惟一，時乃日新。

「茲服厥命」，《召誥》文也。「終始惟一」，《荀子・議兵》篇文也。「苟日新」，《禮記》湯盤銘也。

任官惟賢材，左右惟其人。臣為上為德，為下為民。其難其慎，惟和惟

一。德無常師，主善為師。善無常主，協于克一。俾萬姓咸曰：『大哉，王言！』又曰：『一哉，王心！』克綏先王之祿，永底烝民之生。嗚呼！七世之廟，可以觀德。萬夫之長，可以觀政。

「而亦何常師之有」，《論語》文也。「大哉，言矣。」《孟子》文也。「五世之廟可以觀怪，萬夫之長可以生謀。」《呂覽・諭大》篇引《商書》文也。七廟始于周，商則六廟，夏則五廟，湯時祇有五廟，湯既歿，後亦祇有六廟也。「怪」，是誤字。

后非民罔使；民非后罔事。無自廣以狹人，匹夫匹婦，不獲自盡，民主罔與成厥功。」

「民非后無能胥以寧，后非民無以辟四方」，《禮記・表記》引《書・太甲》篇文也。「匹夫匹婦」，見《論語》。

典　寶

《書序》曰：「夏師敗績，湯遂從之，遂伐三朡，俘厥寶玉。誼伯、仲伯作《典寶》。」此篇亡于西晉永嘉之亂。三朡，國名，在今山東曹州府定陶縣。

明　居

《書序》曰：「咎單作《明居》。」此篇亡于秦項之火。咎單，湯司空也。明居，明度地居民之法。

伊　訓

《書序》曰：「成湯既歿，太甲元年，伊尹作《伊訓》、《肆命》、《徂后》。」《伊尹》亡于西晉永嘉之亂，其略見于《漢書・律曆志》。鄭康成引《伊訓》云「載孚在亳」，又曰：「征是三朡」。

惟元祀十有二月乙丑，伊尹祠于先王。奉嗣王祇見厥祖，侯、甸羣后咸在，百官總己以聽冢宰。伊尹乃明言烈祖之成德，以訓于王。

「維太甲元年十有二月乙丑朔，伊尹祀于先王，誕資有牧方明」，《漢書・律曆志》引《伊訓》文也。但太甲繼仲壬，非繼湯嗣位也。「祇見厥祖，侯、甸羣后咸在」，倣《顧命》篇也。「百官總己以聽于冢宰三年」，《論語》文也。

曰：「嗚呼！古有夏先后，方懋厥德，罔有天災。山川鬼神，亦莫不寧，暨鳥獸魚鱉咸若。

　　「昔有夏之方有德也」，《左》宣三《傳》王孫滿之言也。「嗚呼，古者有夏，方未有禍，百獸貞蟲，允及飛鳥，莫不比方。矧在人面，胡敢異心。山川鬼神，亦莫敢不寧」，《墨子・明鬼》下篇引《商書》文也。「文王之澤，下被鳥獸，洽于魚鱉，咸若有樂」，賈誼《新書・君德》文也。

于其子孫弗率，皇天降災，假手于我有命，造攻自鳴條，朕哉自亳。

　　「上天降災」，《左》僖十五《傳》文也。「假手于我寡人」，《左》隱十一《傳》鄭莊公之言也。「天誅造攻自牧宮，朕載自亳」，《孟子》引《伊訓》文也，但改「牧宮」爲「鳴條」，則戰時非始。[一]「攻戰鳴條」，見《湯誓》書序。

校勘記
[一] 戰時非始，疑是「戰事非始」之誤，否則難以理解。

惟我商王，布昭聖武，代虐以寬，兆民允懷。今王嗣厥德，罔不在初，立愛惟親，立敬惟長，始于家邦，終于四海。

　　「湯以寬治民而除其虐」，《禮記・祭法》文也。「今王嗣受厥命若生子，罔不在厥初生」，《周書・召誥》文也。「立愛自親始，立敬自長始」，《禮記・祭義》文也。

嗚呼！先王肇修人紀，從諫弗咈，先民時若。居上克明，為下克忠，與人不求備，檢身若不及，以至于有萬邦，茲惟艱哉！

　　「人綱，人紀」，見揚雄《解嘲》。「昔日先民」，見《商頌》。「從命而不拂，微諫而不倦，爲上則明，爲下則遜」，《荀子・臣道》篇引《書》之文也，唐楊倞注竟以爲《伊訓》。「無求備于一人」，《論語》述周公之言也。「君子檢身，常若有過」周庚桑楚《亢倉子・訓道》篇文也。

敷求哲人，俾輔于爾後嗣，

　　「敷求」，見《康誥》，又見《詩・抑》篇。「求聖君、哲人，以裨輔而身」，《墨子》引《傳》也。

制官刑，儆于有位。曰：『敢有恆舞于宮，酣歌于室，時謂巫風，敢有

殉于貨色，恒于游畋，時謂淫風。敢有侮聖言，逆忠直，遠耆德，比頑童，時謂亂風。惟茲三風十愆，卿士有一于身，家必喪；邦君有一于身，國必亡。臣下不匡，其刑墨，具訓于蒙士。

　　「湯之官刑有之曰：『其恆舞于宮，是謂巫風』」，《墨子‧非樂》上篇文也。「侮聖人之言」，見《論語‧耆德》篇，[一]見《逸周書》。[二]「近頑童窮固」，《鄭語》史伯之言也。但《左傳》曰：「商有亂政而作《湯刑》」，則雖名《湯刑》，實作于叔季之世，必非作于成湯之時。

校勘記
[一]「侮聖人之言」，見《論語‧耆德》篇，當是《論語‧季氏》篇之誤。
[二]見《逸周書》，前當有脫文「逆忠直，遠耆德」，見《逸周書》佚文《耆德》篇。

嗚呼！嗣王祗厥身，念哉！聖謨洋洋，嘉言孔彰。惟上帝不常，作善降之百祥，作不善降之百殃。爾惟德罔小，萬邦惟慶；爾惟不德罔大，墜厥宗。」

　　「嗚呼！舞佯佯，黃言孔章。上帝弗常，九有以亡。上帝不順，降之日殃，其家必壞喪」，《墨子‧非樂》上篇文也。「積善之家必有餘慶，積不善之家必有餘殃」，《易‧文言》也。「勿以惡小而為之，勿以善小而不為」，蜀劉先主敕後主之言也。[一]

校勘記
[一]今傳各本《咸有壹德》皆在《太甲下》之後。

肆　命

　　《書序》同《伊訓》，此篇亡于晉永嘉之亂。鄭氏曰「陳政教所當為也。」

徂　后

　　《書序》同《伊訓》，此篇亡于秦項之火。鄭氏曰「言湯之法度也。」

太甲上

　　《書序》曰：「太甲既立，不明，伊尹放諸桐。三年，復歸于亳，思庸。伊尹作《太甲》三篇。」三篇皆亡于秦項之火。按：思庸，思伊尹之功也。

惟嗣王不惠于阿衡，伊尹作書曰：「先王顧諟天之明命，以承上下神祇。社稷宗廟，罔不祗肅。天監厥德，用集大命，撫綏萬方。惟尹躬克左右

厥辟，宅師，肆嗣王丕承基緒。

「顧諟天之明命」，《禮記・大學》引《太甲》之文也。「禱爾于上下神祇」，《論語》文也。「天監在下，有命既集」，《詩・大雅・大明》篇文也。「丕承」，見《周書・君奭》。

惟尹躬先見于西邑夏，自周有終。相亦惟終；其後嗣王罔克有終，相亦罔終，嗣王戒哉！祗爾厥辟，辟不辟，忝厥祖。」

「惟尹躬先見于西邑夏，自周有終，相亦惟終。」《禮記・緇衣》引尹吉之文也。「厥辟不辟，忝厥祖」，《禮記・坊記》引《書》也。

王惟庸罔念聞。伊尹乃言曰：「先王昧爽丕顯，坐以待旦。旁求俊彥，啟迪後人，無越厥命以自覆。慎乃儉德，惟懷永圖。若虞機張，往省括于度則釋。欽厥止，率乃祖攸行，惟朕以懌，萬世有辭。」

「昧旦丕顯」，《左》昭三《傳》叔向引讒鼎之銘也。「坐以待旦」，《孟子》稱周公也。「無越厥命以自覆也。若虞機張，往省括于厥度則釋」，《禮記・緇衣》引《太甲》之文也。「則予一人以懌」，《周書・康誥》文也。「汝永有辭」，《周書・洛誥》文也。

王未克變。伊尹曰：「茲乃不義，習與性成。予弗狎于弗順，營于桐宮，密邇先王其訓，無俾世迷。王徂桐宮居憂，克終允德。」

「不義惟王」，《周書・無逸》文也。「少成若天性習慣之為常」，《大戴禮・保傅》篇引孔子之言也。「予不狎于不順」，《孟子》引伊尹之言也。「太甲悔過，自怨自艾于桐，處仁遷義。三年，以聽伊尹之訓己也。」《孟子》文也。「孤以不得密邇于天子」，《吳語》董褐之言也。至《孔叢子》與偽書同出，其書稍前，而語亦大同小異。

太甲中

惟三祀十有二月朔，伊尹以冕服奉嗣王歸于亳，

按：湯崩後，外丙立。二年，仲壬立。四年，二君為太丁之弟，度皆沖幼，伊尹輔政。至太甲繼立，不明，尹必訓誡再三，久之不悛，乃放諸桐。如《史記》所云：「既立三年，不明，暴虐，于是放之。太甲居桐三年，悔過，乃迎歸。」前後六年也。今以太甲為湯崩後踰月即位，即位而即改元，改元

而即爲尹所放，放而至二十六月，未終喪即冕服以迎，迎還而尹即告歸，四者皆三代時必無之理也。

作書曰：「民非后，罔克胥匡以生；后非民，罔以辟四方。皇天眷佑有商，俾嗣王克終厥德，實萬世無疆之休。」

　　「民非后，無能胥以寧；后非民，罔以辟四方。」《禮・表記》引《太甲》之文也。又《書》曰：「眾非后，無能胥以寧；后非眾，無以辟四方。」三國《吳書・駱統傳》文也。「不能胥匡以生」，《盤庚》文也。「無疆惟休」，《周書・召誥》文也。

王拜手稽首曰：「予小子不明于德，自底不類。欲敗度，縱敗禮，以速戾于厥躬。天作孽，猶可違；自作孽，不可逭。既往背師保之訓，弗克于厥初，尚賴匡救之德，圖惟厥終。」

　　「欲敗度，縱敗禮」，《左》昭十《傳》子皮引《書》也。「天作孽猶可違，自作孽不可活」，《孟子》引《太甲》之文。《禮記・緇衣》「活」引作「逭」也。「未習師保之教訓」，《左》襄十三《傳》楚共王之言也。「匡救其災」，《左》僖二十六《傳》展喜之言也。

伊尹拜手稽首曰：「修厥身，允德協于下，惟明后。先王子惠困窮，民服厥命，罔有不悅。並其有邦厥鄰，乃曰：『徯我后，后來無罰。』王懋乃德，視乃烈祖，無時豫怠。奉先思孝，接下思恭。視遠惟明，聽德惟聰。朕承王之休無斁。」

　　「周公拜手稽首曰」，「王拜手稽首曰」，皆《周書・洛誥》文也。「湯布德施惠，以振困窮」，《淮南・修務訓》文也。「徯我后，后來無罰」，《孟子》文也。「致遠以爲明，聽德以爲聰」，《楚語》伍舉之言也。

太甲下

伊尹申誥于王曰：「嗚呼！惟天無親，克敬惟親。民罔常懷，懷于有仁。鬼神無常享，享于克誠。天位艱哉！德惟治，否德亂。與治同道，罔不興；與亂同事，罔不亡。終始慎厥與，惟明明后。

　　「天位」，見《詩・大雅・大明》篇。「與亂同道，難與爲謀」，《淮南・說林》文也。此節全與《蔡仲之命》相複，何也？

先王惟時懋敬厥德，克配上帝。今王嗣有令緒，尚監茲哉。若升高，必自下；若陟遐，必自邇。無輕民事，惟難；無安厥位，惟危。慎終于始。有言逆于汝心，必求諸道；有言遜于汝志，必求諸非道。

「譬如行遠必自邇，譬如登高必自卑」，《禮記·中庸》文也。「聿修厥德」，「克配上帝」，皆《詩·大雅·文王》之篇也。「慎終如始」，《荀子·議兵》篇文也。

嗚呼！弗慮胡獲？弗為胡成？一人元良，萬邦以貞。君罔以辯言亂舊政，臣罔以寵利居成功，邦其永孚于休。」

「不索何獲」，《左》昭二十七《傳》吳公子光之言也。「事雖小，不為不成」，《荀子》文也。「一有元良，萬國以貞」，《禮記·文王世子》引古語也。「厥基永孚于休」，《周書·君奭》文也。

沃　丁

《書序》曰：「沃丁既葬伊尹于亳，咎單遂訓伊尹事，作《沃丁》。」沃丁，太甲之子也。

咸　乂

《書序》曰：「伊陟相太戊，亳有祥，桑穀共生于朝。伊陟贊于巫咸，作《咸乂》四篇。」太戊，沃丁弟，太庚之子也。祥，凶祥也。桑、穀，二木名。穀，楮也。共，拱也，兩手搤之曰供。太戊修德，從伊陟之諫而木枯。贊，說也。咸為巫官，故使禳之。乂，嬖也，治也。○《史記》：《咸乂》下尚有《太戊》一篇，百篇序無之。

伊　陟

《書序》曰：「太戊贊于伊陟，作《伊陟》、《原命》。」○以上六篇亡于秦項之火。

原　命

《書序》同《伊陟》○此篇亡于晉永嘉之亂。原，臣名。命原以禹、湯之道，我所修也。江氏聲以《伊陟》、《原命》為一篇。據《史記》，伊陟讓，因謂太戊再命之。原，再也。

中　丁

《書序》曰：「仲丁遷于嚻，作《仲丁》。」仲丁，太戊子也。

河亶甲

《書序》曰：「河亶甲居相，作《河亶甲》。」河亶甲，亦太戊子也。

祖　乙

《書序》曰：「祖乙圯于耿，作《祖乙》。」圯，毀也。祖乙，河亶甲子也。又自相遷耿，而圯于耿，耿即邢也。○以上三篇俱亡于秦項之火。

盤庚上

《書序》曰：「盤庚五遷，將治亳殷，民咨胥怨。作《盤庚》三篇。」盤庚，祖丁子也。祖乙之曾孫，繼兄陽甲立。此上篇誡羣臣也。

盤庚遷于殷，民不適有居，率籲眾慼出，矢言。

盤庚，湯十世孫。湯至盤庚凡十九王，其間兄弟相及者九王也。遷，徙也，登也。殷在今河南河南府偃師縣，即湯所遷之薄地，其都稍有別耳，蓋自今山西絳州河津縣遷今河南偃師縣也。自盤庚遷後，商始兼稱殷。適，往也，民不欲往居殷也。率，聿也，詞也。籲，評也。慼，屬也，族也。矢，誓也。呼眾族之在朝者，出誓言以曉之。蓋令必自貴近始，民不樂徙者，實由羣臣以及世家大族安土重遷而動以浮言故也。

曰：「我王來，既爰宅于茲，重我民，無盡劉。不能胥匡以生，卜稽，曰其如台？

我王，祖乙也。爰，引也。宅，居也。茲，此也，謂耿也。重，厚也。劉，即鎦字，殺也。胥，襄也。匡，匸也，正也，安也。卜，灼龜兆也。稽，卟也，卜以問疑也。如台，猶奈何也。言我先王自相都引民而居于此耿者，亦以相有水患，厚愛我民，無使盡阽于危亡耳。今耿又大圯，使民蕩析離居，不能相安以生息，則勢不可不遷，故先卜稽以問當如何也。《周禮》「國大遷則貞龜」，亦其事也。

先王有服，恪謹天命，茲猶不常寧；不常厥邑，于今五邦。

服，事也。恪，敬也。謹，慎也。常，長也，久也。寧，宿也，安也。

邑，都也。邦，國也。五邦，謂商邱、亳、囂、相、耿也。商邱，今河南歸德府商邱縣。亳，薄也，今河南府偃師縣。囂，今開封府滎陽縣。相，今彰德府內黃縣。耿，今山西絳州河津縣也。言先王有事，皆敬慎天意，無敢妄動。然尚不久安，不久于其都者，至于今已五遷也。

今不承于古，罔知天之斷命，矧曰其克從先王之烈？

承，奉也，繼也。罔，亡也，無也。斷，截也，猶決也，斷命猶決意也。矧，弞也，況詞也。克，能也。烈，光也，業也。言今不繼先王遷避之事，是不知水害示戒，乃天之決意命遷，況于其他，安能從先王之大業而繼之乎？

若顛木之有由蘗，天其永我命于茲新邑，紹復先王之大業，底綏四方。」

顛，槙也，仆也。由，曳也，木生條也。蘗，伐木餘也，仆而復生曰蘗。永，猶長也。新，鱻也。紹，繼也。復，复也，行故道也。業，猶緒也。底，至也，致也。綏，安也。言避死而就生，如仆木斬伐之餘更生枝條，是天將長我民命于殷之新邑，我庶幾繼續先王之大業以安四方也。殷，即薄地，本湯都，而曰新邑者，邦雖舊，而邑則新也。

盤庚斆于民，由乃在位以常舊服，正法度。曰：「無或敢伏小人之攸箴！」王命眾，悉至于庭。

斆，覺悟也。由，自也，猶始也。乃，猶汝也。朝廷之立次曰位，在位，在朝之臣也。舊，久也。舊服，故事也。法度，猶準則也。伏，猶隱藏也。小人，小民也。箴，鍼也，猶諫諫也。悉，盡也。庭，廷也，朝臣所立之地也。盤庚知民之梗命者，皆自羣臣浮言之故，先以故事明其法度曰：「無或敢隱民之所言」，而命羣臣之眾皆至于庭也。

王若曰：「格汝眾，予告汝訓汝，猷黜乃心，無傲從康。

格，假也，來也。告，誥也，誡也。訓，說教也。猷，即猶字，儀也，圖謀也。黜，出也，退去也。無，毋也。傲，倨嫚也。康，穅也，安也。言汝當去汝之私心，毋違上之命，而苟且懷安也。

古我先王，亦惟圖任舊人共政。王播告之，修不匿厥指。王用丕欽；罔有逸言，民用丕變。

圖，謀也。任，保也，猶親信也。舊，久也，猶老也。播，譒也，敷也。修，飾也，猶治理也。匿，隱也。指，怡也，意也。丕，大。欽，敬也。逸，泆也，放縱之意。變，猶化也。言先王謀信老成人與之共理政事，王敷告之以所當治之事，舊人能不隱其意，奉而行之，大敬先王之命，于時無有放縱之言以惑民聽，民亦大變而從上之化也。

今汝聒聒，起信險膚，予弗知乃所訟。

聒，𦕅也。𦕅𦕅，拒善自用之意。起，猶動作也。信，伸也，猶展也。《禮記‧儒行》曰：「起居竟信其志」。險，憸也，詖也。膚，猶浮也。訟，爭辯也，言汝爲此讙語曉曉自用，動伸其險詖膚浮之言，我不知汝所爭訟者謂何也。

非予自荒茲德，惟汝含德，不惕予一人。

荒，忘也，失也。德，悳也。內得于己外得于人，謂之德。含，猶隱匿也。惕，敬懼也。言予法先王未嘗失德，亦自親信舊人，而汝匿我之怡意爲此逸言，不敬懼予一人也。

予若觀火，予亦拙謀作，乃逸。

觀火，言明也。拙，詘也，猶曲也。作，猶始也。《周禮‧司爟》鄭注讀如「予若觀火」之「觀」，此擬其音。《說文‧火部》烗，注引《商書》「予亦烗謀」，此古文叚借字。或欲以爇火解觀，以火鬱解拙，非也。言我視汝情，洞如視火，但我不以威脅汝，與汝委曲以計，反使汝縱肆放佚而不從令也。

若網在綱，有條而不紊；若農服田，力穡乃亦有秋。

綱，維网繩也。紊，亂也。條，長也，猶理也。服，艮也，治也。綱喻君，網喻臣。言下從上令，則有常而不亂也。服田，喻勞苦。有秋，喻樂利。言遷徙，則一勞而永安也。

汝克黜乃心，施實德于民，至于婚友，丕乃敢大言汝有積德。

乃，亦汝也。施，弛也，敷也。婚友，親戚、朋友也。丕，不也。乃，詞也。丕乃，猶豈不也。積，聚也。言汝能去汝傲嫚懷安之私心，不以虛言媚民，而布施德于民及于婚友，俾之適彼樂土，豈不可大言曰：汝有積德乎。

乃不畏戎毒于遠邇，惰農自安，不昬作勞，不服田畝，越其罔有黍稷。

戎，崇也，猶大也。毒，害也。惰，懈怠也。昬，瞀也，彊勉也。越，粵也，詞也。秬，秬與秠也。稷，粢與穄也。言耿之水患，或在遠，或在近，終必有大害，汝乃不畏之而苟且因循，譬如懶惰之農祇知偷安，不勞力以治田，終無有利也。

汝不和吉言于百姓，惟汝自生毒，乃敗禍姦宄，以自災于厥身。乃既先惡于民，乃奉其恫，汝悔身何及！

和，相應也。吉，善也。百姓，百官也。敗，壞。禍，害也。內爲姦，外爲宄。災，巛也，亦害也。先，前進也，猶導也。奉，承也，猶受也。恫，痛也。言遷都之利，百官中亦有言之善者，汝不與之同聲相應，惟汝固執己見自生患害，乃敗禍姦宄以自害其身也。蓋汝既以惡導民，汝必受其痛，至汝獲皋之時，雖悔何及乎。

相時憸民，猶胥顧于箴言，其發有逸口，矧予制乃短長之命！汝曷弗告朕，而胥動以浮言，恐沈于眾？若火之燎于原，不可嚮邇，其猶可撲滅。則惟爾汝眾自作弗靖，非予有咎。

相，視也。時，是也。憸民，詖佞之人也。胥，相也。顧，還視也。箴言，諫諍之言也。逸，逃也。恐，當作惡。沈，讀爲尤，行也。「恐沈于眾」，《左》隱六年、莊十四年《傳》皆引作「惡之易也」，借「易」爲「迤」，與「尤」同意。不引「于眾」二字，古人引書往往櫽栝大意，非與經文有異也。燎，放火也。原，薗也，廣平之野也。嚮，當作向，猶趨也。作，爲也。靖，安也。咎，殃也。言視此憸利之民，尚安自顧，其刺諫者，不爲吉言，或既發諸口而逃逸，況汝短長之命，惟予能生殺之，不可逃也。汝誠不利于遷，何弗以情告我，而以浮言相動乎？不知惡之行于眾，若火之燎于野，其炎炎之勢，將至不可撲滅也。則惟汝眾臣，自爲不安，即身被刑戮，非予有意降之禍殃也。

遲任有言曰：『人惟求舊，器非求舊，惟新』。

遲任，古之賢史，疑即《論語》所稱周任也。引此言以起下文告世臣之意。

古我先王暨乃祖乃父胥及逸勤，予敢動用非罰？

暨，息也，與也。及，亦與也。逸，佚也，樂也。勤，勞也。言先王與

汝祖父相與同其勞佚，我豈敢動用非罰以加汝乎？

世選爾勞，予不掩爾善。茲予大享于先王，爾祖其從與享之。作福作災，予亦不敢動用非德。

選，算也，數也。事功曰勞。掩，弇也，猶蓋蔽也。大享，秋嘗冬蒸之大祭也，功臣皆配食于廟。《周禮》「則惟祭于大烝」，言先王以來世世選錄汝祖父之功，故予亦不蔽汝之善。今我大祭之時，爾祖尚從而與享焉。惟辟作福，惟辟作威，爾若有罪，予亦不敢以己之私赦汝，反無以對爾祖爾父也。

予告汝于難，若射之有志。

難，艱也，不易也。志，當作識，猶審也。射者，必審其射之所在，命中然後發之。《禮記》曰：「內志正」，《左傳》曰：「吾志其目」是也。言爲政甚難，我于此重大之舉，籌之至熟，如射者之詳審精密而後發矢，事在必行，不可易也。

汝無侮老成人，無弱孤有幼。各長于厥居。勉出乃力，聽予一人之作猷。

無，毋也。侮，傷也。老，以爲老而忽之也。弱孤，亦輕慢之意。居，舊居也。作，爲也。猷，謀也。言成人與有幼或亦有以遷爲善者，但老而傳者已退聽于汝，弱而卑者又稟命于汝，汝愼毋曰「昔之人無聞知」，曰「年尚少不更事」，令各安其舊居也。當勉出爾力，聽我之謀，爲毋違令耳。

無有遠邇，用罪伐厥死，用德彰厥善。邦之臧，惟汝眾；邦之不臧，惟予一人有佚罰。

遠邇，猶親疏也。用，行也。伐，猶誅也。彰，明也。臧，善也。佚，失也。罰，上報下之辠也。言無有遠近親疏，行有罪之事則誅之，行有德之事則旌之；國俗之善，則惟汝眾之功，國俗之不善，則予有失罰之過耳，猶言拙謀作乃逸也。

凡爾眾，其惟致告：自今至于後日，各恭爾事，齊乃位，度乃口。罰及爾身，弗可悔。」

致告，致我之告，轉相曉諭也。恭，肅也。齊，敬也。度，斁也，閉也。悔，恨也。言爾眾當以我告汝之言轉相傳諭，令其自今以後，各肅敬爾職守之事，居處之位，杜塞爾浮言之口，不然，罰及汝身，雖自恨，亦無及也。

盤庚中

此篇誡眾民也。

盤庚作，惟涉河以民遷。

作，猶造也。涉，渡也。耿在河北，殷在河南，盤庚造作舟楫，將以民渡河而遷也。

乃話民之弗率，誕告用亶。其有眾咸造，勿褻在王庭，

話，佸也，會也。率，述也，循也。誕，大。亶，誠也。造，至也。褻，嫳也。狎，慢也。凡民之聽浮言而弗率循王命者，不遽加之以辠。先大告知以誠，命眾皆至于庭，勿許狎慢也。上篇告羣臣，中篇則告眾民也。

盤庚乃登進厥民。曰：「明聽朕言，無荒失朕命！

登進，延之使前也。明，昮也，猶勉也。荒，忘也。失，猶棄也。

嗚呼！古我前后，罔不惟民之承保。后胥慼鮮，以不浮于天時。

前，耇也，猶先也。承，丞也，猶輔佐也。保，猶安也，和也。胥，相也。慼，憂也。鮮，尟也，少也。浮，孚也，猶符合也。言先王無不惟民之佐，民與先王同其憂患，當止則止，當遷則遷，罕有不因天之時，與天心合符者也。

殷降大虐，先王不懷厥攸作，視民利用遷。汝曷弗念我古后之聞？承汝俾汝惟喜康共，非汝有咎比于罰。

殷，慇也，痛也。虐，暴也，猶災害也。懷，褱也，猶安也。攸作，前所造之邑也。俾，使也。喜，樂也。康，康也，安也。共，同也。咎，過也。比，猶類也。言先王痛天時之降大災，不敢安其舊居，而遷囂遷相遷耿者，亦視小民之利于遷而遷耳，汝何不念我所聞于先王者，惟樂助汝，使汝共用安樂，非謂汝有過辠，乃等汝于放流之罰也。

予若籲懷茲新邑，亦惟汝故，以丕從厥志。

從，隨也，猶順也。言我若此評汝，欲以汝安此新邑者，亦惟承汝俾汝之故，以大順其共相康樂之志也。

今予將試以汝遷，安定厥邦。汝不憂朕心之攸困，乃咸大不宣乃心，欽

念以忱動予一人。爾惟自鞠自苦，若乘舟，汝弗濟，臭厥載。爾忱不屬，惟胥以沈。不其或稽，自怒曷瘳？

試，用也。困，悴也，局促危苦之意。宣，恂也，信心也；或曰悒也，快也。欽，領也，敬也。忱，誠也。動，重也；或曰徸也。相，跡也。鞠，窮也，窮也。濟，渡也。臭，朽也，腐敗也。屬，連也。沈，湛也，沒也。或，有也。稽，計也，猶考也。怒，恚也，恨也。瘳，疾病愈也。言今將遷汝以安定國家，我之心以斯事重大，局促勞悴之已久，而汝不代爲憂之，反皆不信于心，不敬念以誠，而以君命爲重，是爾自取窮苦。譬如乘舟而不以時渡，則朽敗其所載。夫爾不以誠連屬于我，不但敗其所載，且將相與沈溺矣。此時不有深計，後日雖自怨恨，則如病已危死，亦何瘳乎？

汝不謀長以思乃災，汝誕勸憂。今其有今罔後，汝何生在上？

災，巛也，害也。勸，歡也。歡憂，猶樂禍也。上，上天也。言汝不爲長久之計，以思汝害，是汝大樂禍。今雖一時偷安，後將無救，汝安能承生命于天乎？

今予命汝一，無起穢以自臭，恐人倚乃身，迂乃心。

一者，一心一德也。起，怡也，悅也。穢，當作薉，饐也，猶殰也，喻浮言也。自，鼻也。臭，齅也，以鼻就氣也，喻聽言也。倚，掎也，偏引也。迂，紆也，邪曲也。言予命汝一心一德以從我，無喜悅饐惡之物，而以鼻就之，恐浮言之人偏引汝身，而使汝仆邪曲汝心，而使汝惑也。

予迂續乃命于天，予豈汝威，用奉畜汝眾。予念我先神后之勞爾先，予丕克羞爾，用懷爾然。

迂，當作訝，迎也。續，繼也。威，畏也。奉，猶助也。畜，養也。神后，謂湯也。羞，亦養也。懷，思念也。言予之以汝遷者，將迎續汝命于天，豈脅汝以威乎？用助養汝眾民而已。所以然者，我念爾先人之勞，故我亦大能養爾，思念爾也。

失于政，陳于茲，高后丕乃崇降罪疾，曰『曷虐朕民？』

陳，塵也，猶久也。高后，亦謂湯也。乃，詞也。崇，重也。疾，候也，毒害也。虐，殘暴也。言我若失政而不議遷，久于此邑，高后必大重降罪災于我，責予曰：「何爲殘暴我民，不使有安土乎？」

汝萬民乃不生生，暨予一人猷同心，先后丕降與汝罪疾，曰：『曷不暨朕幼孫有比？』故有爽德，自上其罰汝，汝罔能迪。

　　乃，詞也。生生，求生于可生之地也。暨，息也。猷，謀也。與，与也，賜予也。幼孫，盤庚自謂也。比，親密也。爽，喪也，差忒也。上，天也。迪，倏也，猶逃走也。言汝萬民不自求生，不與我謀同心，高后亦將降與汝罪戾，責汝曰：「何不與我孫親比，致有此差忒之意，先后在天之靈，亦必罰汝，汝無所逃也。」

古我先后既勞乃祖乃父，汝共作我畜民，汝有戕則在乃心！我先后綏乃祖乃父，乃祖乃父乃斷棄汝，不救乃死。

　　事功曰勞。作，為也。畜，好也，猶善也。戕，殘賊也。在，察也。綏，妥也，安也。乃斷之乃，詞也；斷，絕也。棄，捐也。此言不但先后欲降汝罪疾，汝祖父亦不以汝為子孫也。我先后既以汝祖父有勞于國，故為之子孫者，亦皆為我良善之民。今汝乃有殘賊為梗者，則先后已洞察汝心，我先后與汝祖父相安一心，汝祖父冥冥之中亦棄絕汝，不救汝死也。

茲予有亂政同位，具乃貝玉。乃祖乃父丕乃告我高后曰：『作丕刑于朕孫！』迪高后丕乃崇降弗祥。

　　具，共置也。貝，海介蟲。玉，石之美者。三代皆以貝玉為貨幣，至秦始廢。刑，荆也。罰，罪也。迪，導也。弗祥，禍也。言汝之梗命，亦由有亂政之人在位，其心貪婪，安土重遷，故輒為浮言以惑汝眾也。汝祖父亦必告我高后曰：「此貪婪弗道之臣，害我子孫罹于荆罰」，則將導我高后降殃禍于其身也。

嗚呼！今予告汝：不易！永敬大恤，無胥絕遠！汝分猷念以相從，各設中于乃心。

　　易，傷也，猶更變也。恤，憂也。絕，猶隔也。分，蔡邕《石經》作比，當從之。設，施也。中，正道也。言予令出，惟行，不可更改，我長敬念大憂之將至，不相隔遠，即在旦夕，可危之甚，汝當合謀猷念慮以從我，各施中正之道于心，毋惑于浮言也。

乃有不吉不迪，顛越不恭，暫遇姦宄，我乃劓殄滅之，無遺育，無俾易種于茲新邑。

吉，善。迪，道也。顛，隕也，跋也。越，墜也，僵也。暫，偶也，猶互也。遇，耦也，猶合也。偶耦，猶朋比也。外曰姦，內曰宄。劓，割。殄，絕也。遺，貤也，猶延也。育，讀爲冑，冑也。易，傷也，猶移也。種，穜也，猶類也。言若有不善無道之人縱橫無忌，不恭順上命，比黨爲奸，我必絕滅之，無留其種使移于此殷之新邑也。蓋懼之以重法，使無違命也。

往哉！生生！今予將試以汝遷，永建乃家。」

永，長也。建，立也。言汝其往新邑，以求生于可生之地乎？予將遷汝以長立汝家，爲子孫無窮之福也。

盤庚下

此篇既遷後，誡新舊之臣也。

盤庚既遷，奠厥攸居，乃正厥位，綏爰有眾。

奠，定也，正也。綏，妥也，安也。爰，于也，詞也。盤庚既遷于殷，先定民之宅里，乃正宗廟朝廷之位，安慰于有眾徒。主于民，故先度地居民，次及廟朝也。

曰：「無戲怠，懋建大命！

此下告臣之詞。戲，謔也，喜樂皃。怠，慢也。懋，勉也。建，立也。言予與羣臣遷此新造邦，皆當勵精圖治，無戲豫怠惰，以建立新命。相與共勉之也。

今予其敷心腹腎腸，歷告爾百姓于朕志。

敷，溥也，大也。心腹二字，乃優字之誤分。優，憂也，澤多也。腎者，賢字之誤。腸，揚也，舉也。歷，試也，猶用也。百姓，百官族姓也。言我廣求賢者，而加禮之，而舉用之，明喻爾百官于我之意志。

罔罪爾眾，爾無共怒，協比讒言予一人。

怒，恨也。協，猶同也。比，猶朋也。讒，誕也，好言人惡謂之讒。言賢者我優禮之，爾眾之浮言者，我今亦不罪之，爾無怨恨互相謗訕我也。

古我先王將多于前功，適于山。用降我凶，德嘉績于朕邦。

古先王，湯也。將，詞也，猶欲也。多，重也，猶大也。適，往也。山，

亳地依山也。降，下也，猶解也。凶，惡也，地穿交陷其中也。德，本字登也。嘉績，美功也。言契始居亳，其後屢遷，至湯欲大于前人之功，復往居亳，以解河圮之患，成美功于我國也。湯從先王契居于亳殷，故今亦從先王湯居于亳殷也。

今我民用蕩析離居，罔有定極，爾謂朕曷震動萬民以遷？肆上帝將復我高祖之德，亂越我家。朕及篤敬，恭承民命，用永地于新邑。

蕩，盪也，猶動散也。析，猶破也。離，挐也，分也。定，安。極，至也。震，起。動，發也。肆，故今也。復，复也，行故道也。高祖，湯也。德，惪也。亂，治。越，粵也，詞也。及，急也。篤，篔也，厚也。言耿為河水圮壞，民至于蕩析離居，無所安止，將陷于凶，爾謂我何好為起發萬民以遷乎？蓋今天將復我成湯之德，以治理我國家，我汲汲敬順天意，恭奉民命以擇長安之地于茲新邑也。

肆予沖人，非廢厥謀，弔由靈各；非敢違卜，用宏茲賁。

沖，僮也，稺也。沖人，猶小子，謙詞也。弔，逴也，至也。由，以也，用也。靈，良也，善也。各，恪也，敬也。違，韋也，背也。宏，大也。賁，飾也，猶美也。言我小子非棄眾人守舊之謀，乃用謀之至善者。況卜稽龜，從敬而不敢背之，所以大此美績而承先王之德。

嗚呼！邦伯師長百執事之人，尚皆隱哉！

邦伯，天下諸侯之長，左右二伯也。師長，六卿也。百執事，統言在朝之臣也。隱，慁也，猶安也。言自遷之後，尚皆安于厥居哉。

予其懋簡相爾念敬我眾。

懋，楙也，猶美也。簡，柬也，擇也。相，瞂也，助理也。爾，謂舊臣也。眾，謂民也。言予優賢揚歷，簡擢于位，所以襄助爾政，庶幾各思所以敬我眾民而安輯之也。此誠舊臣也。

朕不肩好貨，敢恭生生。鞠人謀人之保居，敘欽。

肩，猶任也。貨，財利也。鞠，育也，養也。敘，次第也。言我所以遷此者，非利其地產富厚，惟敬生民于可生之地，有能養人謀人以安保其居者，我則次第而敬用之。此誠新用之臣也。

今我既羞告爾于朕志若否，罔有弗欽！無總于貨寶，生生自庸。式敷民德，永肩一心。」

羞，進也。若，順也。總，聚也。庸，用也。式，試也，用也。言我既進爾告我之心，我心順于道乎？否乎？爾眾臣愼毋弗敬念也。無聚貨寶，爲念自生其生以求足用，惟用此生生之念，敔之于民以爲德，庶幾長任國政，上下一德一心，以保此民也。

說命上

《書序》曰：「高宗夢得說，使百工營求諸野，得諸傅巖，作《說命》三篇。」三篇具亡于秦項之火。高宗，武丁也，繼父小乙之位。高宗于傅巖之得說，因命以傅爲氏。營，《說文》作𡃜，營，求也。尸子曰：「傅巖在北海之外。」按：傅巖在今山西解州平陸縣，濱于河爲通道，河水壞道，使胥靡刑人築之，說代之工作，故《孟子》曰：「版築」也。說，蓋高宗學于甘盤時布衣交，一旦舉而相之，慮人心不愜，故託之于夢，殷人尙鬼然也。《莊子》云：「文王知臧丈人賢，欲以爲相，恐羣臣眾庶之不服也，乃假諸夢，而稱先王之命以臨之。」其事正同。《荀子》曰：「傅說之狀，身如植鰭。」

王宅憂，亮陰三祀。既免喪，其惟弗言，羣臣咸諫于王曰：「嗚呼！知之曰明哲，明哲實作則。天子惟君萬邦，百官承式，王言惟作命，不言臣下罔攸稟令。」

「乃或亮陰，三年不言，其惟不言，言乃雍」，《周書·無逸》篇文也，亦見《禮·坊記·喪服四制》、《論語》，又見《尙書大傳》及《春秋繁露·竹林》篇、《家語·正論解》。所記「聖作則」，《左》昭六《傳》叔向引《書》辭也。「王言以出令也，若不言，是無所稟令也。」《楚語》白公子張述武丁之事也。

王庸作書以誥曰：「以台正于四方，台恐德弗類，茲故弗言。恭默思道，夢帝賚予良弼，其代予言。」

武丁于是作書曰：「以余正四方，余恐德之不類，茲故不言。」《楚語》白公子張述武丁之言也，又見《呂覽·重言》。「默以思道」，亦是篇文也。

乃審厥象，俾以形旁求于天下。說築傅巖之野，惟肖。爰立作相。王置諸其左右。

「乃使以象夢，求四方之賢聖，得傅說以來，升以爲公」，亦《楚語》文也。「天子三公者何，天子之相也」，見《公羊》隱五《傳》。

命之曰：「朝夕納誨，以輔台德。若金，用汝作礪；若濟巨川，用汝作舟楫；若歲大旱，用汝作霖雨。啟乃心，沃朕心，若藥弗瞑眩，厥疾弗瘳；若跣弗視地，厥足用傷。

　　而使朝夕規諫曰：「若金，用汝作礪；若津水，用汝作舟；若天旱，用汝作霖雨，啓乃心，沃朕心；若藥不瞑眩，厥疾不瘳；若跣不視地，厥足用傷」，皆《楚語》文也。「若藥」二句亦見《孟子》。

惟暨乃僚，罔不同心，以匡乃辟。俾率先王，迪我高后，以康兆民。嗚呼！欽予時命，其惟有終。」

　　「高后」，用《盤庚》文也。

說復于王曰：「惟木從繩則正，后從諫則聖。后克聖，臣不命其承，疇敢不祗若王之休命？」

　　「木負繩者正，君受諫者聖」，劉向《說苑·正諫》篇文也。「木受繩則直，人受諫則聖」，《說苑·建本》篇述孔子之言也，亦見王肅《家語》。此篇之文，又見《呂覽·重言》篇、《竹書紀年·商紀》、《史記·殷本紀》、《孟子·滕文公、告子》篇、《楚詞·離騷》篇、《墨子·尚賢中、下》篇、《說苑·善說》篇、《潛夫論·論榮》篇、《五德志》篇也。

說命中

惟說命總百官，乃進于王曰：「嗚呼！明王奉若天道，建邦設都，樹后王君公，承以大夫師長，不惟逸豫，惟以亂民。惟天聰明，惟聖時憲，惟臣欽若，惟民從乂。

　　「成王元年，命周文公總百官」，汲郡《紀年》古文亦有之。「相年之道曰天，建國設都乃作后王君公，否用泰也；輕大夫師長，否用佚也」，此《墨子·尚同》篇引先王之書也。「天聰明」，《皋陶謨》文也。「欽若昊天」，《堯典》文也。

惟口啟羞，惟甲胄起戎，惟衣裳在笥，惟干戈省厥躬。王惟戒茲，允茲克明，乃罔不休。

「惟口起羞，惟甲胄起兵，惟衣裳在笥，惟干戈省厥躬」，《禮記・緇衣》引《兌命》文也。

惟治亂在庶官。官不及私昵，惟其能；爵罔及惡德，惟其賢。

「爵無及惡德」，《禮記・緇衣》引《兌命》文也。

慮善以動，動惟厥時。有其善，喪厥善；矜其能，喪厥功。惟事事，乃其有備，有備無患。

「居安思危，思則有備，有備無患」，《左》襄十一《傳》晉魏絳引《書》也。

無啟寵納侮，無恥過作非。惟厥攸居，政事惟醇。

「啟寵納侮，其此之謂矣」，《左》定元《傳》晉士彌牟引古語也。

黷于祭祀，時謂弗欽。禮煩則亂，事神則難。」

「純而祭祀，是謂不敬。事煩則亂，事神則難」，《禮記・緇衣》引《兌命》文也。

王曰：「旨哉！說，乃言惟服。乃不良于言，予罔聞于行。」

「我言惟服」，《詩・大雅・板》之篇也。

說拜稽首曰：「非知之艱，行之惟艱。王忱不艱，允協于先王成德，惟說不言有厥咎。」

「非知之寔難，將在行之」，《左》昭十《傳》鄭子皮之言也。「非知之難，行之難」，《司馬法》文也。《周禮疏》引《大傳》：《詩》云「非知之艱，行之惟艱。」

說命下

王曰：「來！汝說。台小子舊學于甘盤，既乃遯于荒野，入宅于河。自河徂亳，暨厥罔顯。

「小乙六年，命世子武丁居于河，學于甘盤」，汲郡《紀年》古文亦有之。「昔殷武丁入于河，自河徂亳」，《楚語》文也。「舊為小人」，《無逸》篇文也。「在武丁時，則有若甘盤」，《君奭》篇文也，但據《楚語》「入于河」，即就

學于甘盤也。「自河徂亳」，入即位也。非此節之說。

爾惟訓于朕志，若作酒醴，爾惟麴糵；若作和羹，爾惟鹽梅。爾交修予，罔予棄，予惟克邁乃訓。」

「若作酒醴」四句，見《國語》。「亦有和羹」，《商頌‧那》之篇也。「如和羹焉，水火醯醢，鹽梅以烹魚肉」，《左》昭二十《傳》晏嬰之言也。「故使朝夕規誨箴諫曰：『必交修予，無余棄也。』」《楚語》白公子張述武丁之言也。

說曰：「王，人求多聞，時惟建事，學于古訓乃有獲。事不師古，以克永世，匪說攸聞。

「古人求多聞以監戒」，《逸周書‧芮良夫》篇文也。「古訓」，字見《詩》。「事不師古而能長久者，非所聞也」，《史記‧秦始皇本記》淳于越之言也。

惟學，遜志務時敏，厥修乃來。允懷于茲，道積于厥躬。惟斆學半，念終始典于學，厥德修罔覺。監于先王成憲，其永無愆。

「敬孫務時敏，厥修乃來」，又「學學半」，又「念終始典于學」，皆《禮記‧學記》引《兌命》文也。

惟說式克欽承，旁招俊乂，列于庶位。」

「式序在位」，《周頌‧時邁》之篇也。「俊乂式序」，《後漢書》傅毅迪志詩也。

王曰：「嗚呼！說，四海之內，咸仰朕德，時乃風。股肱惟人，良臣惟聖。昔先正保衡作我先王，乃曰：『予弗克俾厥后惟堯舜，其心愧恥，若撻于市。』一夫不獲，則曰時予之辜。佑我烈祖，格于皇天。爾尚明保予，罔俾阿衡專美有商。

「亦惟先正」，《周書‧文侯之命》文也。「袞公先正」，《大雅‧雲漢》之篇也。「昔我有先正」，《禮記‧緇衣》引逸詩也。「匹夫匹婦有不與被堯舜之澤者，若己推而納諸溝中」，《孟子‧萬章》之文也。「若撻之于市朝」，《孟子》文也。「伊尹恥其君不爲堯舜」，曹植《求通親親表》文也。「烈祖」見《商頌‧有若》。「伊尹格于皇天」，《君奭》文也。「公明保予沖子」，《洛誥》文也。「實惟阿衡，實左右商王」，《商頌‧長發》之篇也。

惟后非賢不乂，惟賢非后不食。其爾克紹乃辟于先王，永綏民。」說拜稽首曰：「敢對揚天子之休命。」

　　「敢再拜稽首，奉揚天子之丕顯休命」，《左》僖二十八《傳》晉重耳之言也。

高宗肜日

　　《書序》曰：「高宗祭成湯，有飛雉升鼎耳而雊，祖己訓諸王，作《高宗肜日》、《高宗之訓》。」按：此二篇作于武丁子祖庚之世，故書廟號也。《高宗之訓》一篇，亡于秦項之火。

高宗肜日，越有雊雉。

　　高宗，武丁也，盤庚弟小乙之子。肜者，融也，續也。祭之明日又祭之名，夏曰：「復胙」，周曰：「繹」。越，粵也，詞也。有者，不宜有也。雊，雄雉鳴也。武丁祭成湯之明日肜祭，有雄雉升鼎耳而鳴，爲異也。按：《尙書大傳》，祖己曰：「雉者，野鳥也。今升鼎者，欲爲用也，無則遠方將有來朝者乎？故武丁內反諸己，以思先王之道，三年，編髮重譯來朝者六國。」《史記》稱祖庚立，祖己嘉武丁之以祥雉爲德，立其廟爲高宗，遂作《高宗肜日》及《訓》。《漢書·五行志》劉向以爲近赤祥，劉歆以爲羽蟲之孽，野鳥自外來，入爲宗廟，器主是繼，嗣將易也。高宗修德弭災，反致重譯來朝之應，故孔子曰：「吾于《高宗肜日》，見德之有報之疾也。」武丁賢王，故爲立廟，祖己述其事而作此篇。

祖己曰：「惟先格王，正厥事。」

　　祖己，王之宗族也。格，閣也，止也。事，即下文豐于昵之事。此祖己將訓于王，告其同僚之言也。

乃訓于王，曰：「惟天監下民，典厥義。降年有永有不永，非天夭民，民中絕命。

　　監，臨視也。典，畟也，主也。義，誼也，人所宜也，行而宜之之謂誼。年，年命也。永，長也。少壯而絕曰夭，如取物中折也。言天臨視下民，皆主于義，以降修短之命，其有不長者，非天絕民，乃民之自絕也。言下民，而王可知，言年命，而享國之年命可知。不欲斥言尊者也。

民有不若德，不聽罪。天既孚命正厥德，乃曰：『其如台？』

若，順也。聽，猶服也。孚，付也，猶示也。乃曰者，天如諄諄然命之也。如台，奈何也。言民不知順德，不知服罪，天既付命罰之以正其德，而曰其奈何？不恐懼修省而改此也。

嗚呼！王司敬民，罔非天胤，典祀無豐于昵。」

司，嗣也，嗣國位也。胤，子孫相承續也。天胤，謂適長嗣位者也。典，戰也，主也。豐，猶厚也。昵，近也，字亦作禰，謂考廟也，當指小乙之廟。按：商王自湯子外丙、仲壬後，兄子太甲繼之，子沃丁、太庚繼之，子小甲、雍己、太戊繼之，子仲丁、外壬、河亶甲繼之，子祖乙繼之，子祖辛、沃甲繼之，兄子祖丁繼之，子陽甲、南庚、小辛、小乙繼之，子武丁繼之，是湯至武丁為王二十有二，為世十有一。《通典》引賀循議曰：「殷之盤庚不存陽甲之廟，而上繼先君，以弟不繼兄故也。」疑盤庚不為陽甲立廟，小辛、小乙值殷衰，未為修立。武丁繼父之位，仍不立世父廟，因感雉雊之異祖己之言，而後修建之也。《禮記・喪服四制》云：「武丁者，殷之賢王也，繼世即位而慈良于喪。當此之時，殷衰而復興，禮廢而復起。」《尚書大傳》云：「武丁思先王之政，繼絕世」，殆謂此也。又按：商制，六廟始祖契，受命王成湯及四親廟也。擬四親廟，論世不論及，盤庚時以祖丁、祖辛、祖乙、仲丁為四親。武丁時，初以小乙祧仲丁，後乃易以陽甲也。

高宗之訓

《書序》見前。此篇亡于秦項之火。

西伯戡黎

《書序》云：「殷始咎周，周人乘黎。祖伊恐，奔告于受，作《西伯戡黎》。」按：咎，惡也。乘，勝也，克也。受，紂也。紂聞文王斷虞芮之訟，又侵盂、克莒、舉酆，三伐皆勝，而始畏忌之。因崇侯虎之譖，拘之于羑里，散宜生以文馬、白狐、虞獸、大貝及羑女獻紂，紂釋文王。文王釋而伐黎，明年伐崇也。

西伯既戡黎，祖伊恐，奔告于王。

西伯，周文王也。為雍州諸侯之伯，南兼梁、荊，國在西岐，故曰西伯。

戡，殺也，勝也。黎，耆也，國名，封殷畿內，在今山西潞安府長治縣西南。祖伊，王之宗族也。恐，懼也。奔，走也。祖伊知文王德盛力強，天下將歸之，故懼而趨告于王也。

曰：「天子！天既訖我殷命。格人元龜，罔敢知吉。非先王不相我後人，惟王淫戲用自絕。

訖，止也。格，假也，借也。《曲禮》曰：「假爾泰龜有常。」元龜，天子寶龜也，長尺二寸。相，襄也，猶助也。淫，猶放濫也。戲，謔也，喜樂甚也。言殷天命將終，故今災異繁多，七十卜而皆凶，非先王在天之靈不佑其子孫，惟王淫蕩戲謔，不以天下為重，自絕于祖宗也。

故天棄我，不有康食。不虞天性，不迪率典。

棄，捐也。康，康也，安也。食，猶年穀也。虞，度也，慮也。天性，五常之性也。迪，道也，蹈也。率，律也，法也。典，五倫之典也。言王有惡德，故天捐棄我有殷，而使民不享康年之利，不生仁義之心，不尊朝廷之法，上下離邊。如下文所云也。

今我民罔弗欲喪，曰：『天曷不降威？大命不摯？』今王其如台？」

喪，亡也。摯，至也，臻也。如台，奈何也。言今我民無不欲殷之亡者，其言曰：「天何不降威于殷乎？受大命者何不至乎？」夫人心已去，天命已失，今王其奈何哉？欲王悔悟而儆懼修省也。

王曰：「嗚呼！我生不有命在天？」

言我生獨不有命在天乎？民何能為也？此遂惡之詞也。

祖伊反，曰：「嗚呼！乃罪多，參在上，乃能責命于天？

反，返也，還也。乃，汝也，詞也。參，當作絫，字之誤也。絫，增積也。責，嘖也，大呼也。祖伊以紂不可諫，故退而言曰：「汝罪眾多，聞于上者，層絫不可數計，汝尚能呼天而言命乎？」

殷之即喪，指乃功，不無戮于爾邦！」

即，就也，造也。指，猶示也。功，事也。戮，僇也，辱也。言殷之至于喪亡，指汝所為之事而可知矣。祖宗基業，一旦棄之，豈不辱爾大殷邦乎？

微　子

《書序》云：「殷既錯天命，微子作《誥父師》《少師》。」按：錯，措也，廢也，所謂自絕于天也。

微子若曰：「父師、少師！殷其弗或亂正四方。我祖底遂陳于上，我用沈酗于酒，用亂敗厥德于下。

微，畿內采地名，在今山西潞安府潞城縣東北。子，爵也。殷爵，公侯伯三等。畿內謂之子者，異于畿外治國之君也。微子，名啓，與紂同母，帝乙之長子，次仲衍，次受德，即紂也。當生微子時，母爲妾，既得正爲后而生紂，故帝乙始欲立微子，而太史據法爭之，乃立紂也。父師、少師，箕子也，名胥餘。按：胥餘，疊韻連語。鄭云「里落之壁」，或曰壁當爲甓，猶甄瓦也。箕子爲紂諸父，故儷父師。箕，亦畿內采地，在今山西遼州榆社縣東南。少師，王子比干也，亦紂諸父。或，有也，緐之反也。亂正之亂，治也。我祖，謂湯也。底，氐也，猶至也。遂，邃也，成也。陳，敶也，列也。上，上世也。我，我紂也。兄弟手足，故儷我。沈，淫也，湎也。酗當作酶，醉酱也。用亂之亂，斁也，紊也。敗，毀也。下，後世也。言殷今弗有治政以正四方，湯之功德所至成遂陳列于上世者，紂以湎酒而紊毀其德于後世矣。不言嬖妃、妲己者，爲親諱之，且糟邱酒池長夜之飲，亦所以媚婦人，則淫昏在其中矣。○按：《史記》以微子之去，在囚箕子、殺比干之後。此篇所云父師、少師爲抱樂器歸周之大師疵、少師強，非也。

殷罔不小大好草竊姦宄。卿士師師非度。凡有辜罪，乃罔恆獲，小民方興，相爲敵讎。

小，謂小民。大，爲庶臣。好，猶喜愛也。草，鈔也，掠也。竊，私取也，猶盜也。竊寶者爲宄，用宄之財者爲姦。師，達也，先導也。度，猶法也。凡，猶皆也。辜，亦皋也。乃，曳詞之難也。恆，長也。獲，猶得也。方，旁也，猶並也。興，起也。敵，匹也，當也。讎，仇也，怨也。言非但小民庶臣好爲寇略姦盜之事，雖卿士亦轉相師效，不循法度，是以有罪之人任其逋逃無獲，而小民並起，而怨怒于上，如爲國家之仇敵也。

今殷其淪喪，若涉大水，其無津涯。殷遂喪，越至于今！」

淪，當作典，常法也。喪，亡也。涉，徒行砅水也。津，濟渡處。涯，

當作厓，猶澼也。遂，豗也。越，粤也。言殷之官司濟惡六典已亡，上無道揆，下無法守，如冘冘大水，不見涯岸，濟渡者幾何而不沉溺乎？國之不可爲，何以異此？抑岌岌之勢，喪亡亦不遠，至于今日，殆其時矣。○淪喪，若依今本，則與下文「商其淪喪」同。淪，沒也。未知孰是？

曰：「父師、少師，我其發出狂？吾家耄遜于荒？今爾無指告予，顛隮，若之何其？」

發，猶起也。狂，往也，去也。《詩》曰：「出往遊衍。」耄，當作薹，八十曰耄，猶老也。遜，遁也。荒，蕪也，猶遠野也。指，恉也，意也。顛，蹎也，跋也。隮，當作躋，擠也，陷也。何其，詞也。微子又更端而問曰：吾意欲起而出往，吾乃家之長老，適有不幸，宗祀爲重，似當遁于荒野以存一綫，但君臣之分誼，與宗祀之存亡孰大？今汝無意訓誨于我，莫能自決，倘陷于非義，其若之何？蓋知殷之必亡，而身爲紂之親兄，其生死有萬難者，故傷痛而不能決也。○「耄遜于荒」，《史記》作「保于喪」。依史公之意，則古本之耄讀爲莫，無也。遜，當作巠，讀爲至，猶及也。荒，讀爲亡，猶滅也。顛隮者，隕墜吾家之宗祀也。

父師若曰：「王子！天毒降災荒殷邦，方興沈酗于酒，

箕子答而比干不答者，志在必死也。王子，偁微子也。毒，厚也。荒，亡也。方興，並起也。言天厚降災禍，將亡殷國，故君民皆沈湎于酒也。

乃罔畏畏，咈其耇長舊有位人。

畏畏，畏威也。咈，違也。耇長，老臣也。舊，久也。久在位之老成人，今致仕者也。言紂不畏天之威，愎諫自用，違逆忠言也。

今殷民乃攘竊神祇之犧牷牲用，以容將食無災。

攘，纕也，援臂也。有因而盜爲攘。天曰神，地曰祇。犧，毛純也。牷，體完也。牲，牛羊豕也。用，臝也。按：猶自食也。容，猶包涵也。將，牂也，猶持也。無災，不加之罪也。言政亂已極，祭祀天地之物，禮之最重，且有攘竊而食之者，君臣皆相容隱，不以爲異，故民無畏忌如此也。

降監殷民，用乂讎斂，召敵讎不怠。罪合于一，多瘠罔詔。

降監，下視也。乂，芟艸也，猶言草菅人命也。讎，稠也，多也。斂，

收也，謂賦稅也。斂讎，仇怨也。不怠，猶不已也。瘠，當作胔，骴也，殘骨也。詔，當作誥，告也。言刲殺其民，賦斂無度，召萬民之仇怨而不知止，其罪由于上下相蒙，若合爲一，故國多捐瘠，道殣相望，而民無所控告也。

商今其有災，我興受其敗；商其淪喪，我罔爲臣僕。詔王子出迪，我舊云刻子。王子弗出，我乃顛隮。

此言商不言殷者，將詔微子出，迪以宗祀爲重，故從先祖之偁也。我興，猶我生也。迪，猶行也。舊云，先時立紂之時，箕子曾有言也。刻，克也，猶肩任也。言商今有禍，我生適當敗壞之時，商若滅亡，我宗族不可爲人臣僕也。我所以爲王子告者，舍出行之外，更無他道。我昔時所云，能肩宗祀之任者惟子。今不幸而至于斯，王子若弗出，我商家之祀無乃隕墜乎？勸其定計無疑也。

自靖，人自獻于先王，我不顧行遯。」

靖，立也，猶安也。獻，讞也，議罪也，猶白也，清也。顧，及也，姑且之詞。遯，逃也。言人當自立，以求乎心之所安，雖各負其罪，而皆可以自白于先王，所行不必一轍也。若我，則于年爲長，于親爲輕，不可姑且逃避以求免者，所謂各行其是也。

尚書古注便讀　卷之四上

元和朱駿聲豐芑甫集訂

周　書

　　周，文王國號，武王伐殷，因以爲有天下之號也。周原，在今陝西鳳翔府岐山縣。書凡四十篇。

泰誓上

　　《書序》曰：「惟十又一年，武王伐殷。一月戊午，師渡孟津，作《泰誓》三篇。」皆亡于西晉永嘉之亂，遺文殘句，略見于《尚書大傳》及《史記》者才十一。○泰，大也。十有一年者，本文王受命而數之，太歲當在屠維大荒洛，後世所謂己巳年也。史以爲丙子，則太歲已超七辰。一月戊午者，十三年之子月也。上篇是十一年事，中、下二篇是十三年事。《序》十一年不書月日，一月戊午不書年者，眞古文經中當自有年月明晰，故《序》不具耳。

　　惟十有三年春，大會于孟津。王曰：「嗟！我友邦冢君越我御事庶士，明聽誓。

　　《春秋》例書時，《尚書》例不書時，言春非也。「嗟我友邦君」，《牧誓》文也。「越爾御事」，又「越尹氏庶士御事」，皆《大誥》文也。

　　惟天地萬物父母，惟人萬物之靈。亶聰明，作元后，元后作民父母。

　　「天地者，萬物之父母也」，《莊子・達生》文也。「人非天地，無以爲生，天地非人，無以爲靈」，《後漢書》劉陶之言也。「亶不聰」，《小雅・祈父》之篇也。「聰明睿知，足以有臨也」，《禮記・中庸》文也。「天子作民父母」，《洪範》文也。

今商王受，弗敬上天，降災下民。沈湎冒色，敢行暴虐，罪人以族，官人以世，惟宮室、臺榭、陂池、侈服，以殘害于爾萬姓。焚炙忠良，刳剔孕婦。

「今商王受」，《牧誓》文也。「以族論罪，以世舉賢」，《荀子·性惡》篇文也。「士無世官」，《孟子》文也。「志專在于宮室、臺榭、陂池、苑囿」，《淮南·主術》篇文也。「刳剔孕婦」，《墨子·明鬼下》篇文也。

皇天震怒，命我文考，肅將天威，大勳未集。

「帝乃震怒」，《洪範》文也。「誕將天威」，《君奭》文也。

肆予小子發，以爾友邦冢君，觀政于商。惟受罔有悛心，乃夷居，弗事上帝神祇，遺厥先宗廟弗祀。犧牲粢盛，既于凶盜。乃曰：『吾有民有命！』罔懲其侮。

「我有敝甲，欲以觀中國之政」，《史記·楚世家》文也。「紂夷居不肯事上帝，棄闕其先神而不祀，曰：『我民有命，毋僇其務』」，《墨子·非命中》篇引《泰誓》文也，上篇及《天志中》篇所引略同。「今殷民乃攘竊神祇之犧牷牲」，《微子》文也。

天佑下民，作之君，作之師，惟其克相上帝，寵綏四方。有罪無罪，予曷敢有越厥志？

「天降下民，作之君，作之師，惟曰：『其助上帝，寵之四方，有罪無罪，惟我在天下，曷敢有越厥志，一人衡行于天下？』武王恥之」，《孟子》引《書》詞也。今入武王口中，故節去末二句。「底綏四方」，《盤庚》文也。

同力，度德；同德，度義。受有臣億萬，惟億萬心；予有臣三千，惟一心。

「不度德」，《左》隱十一《傳》文也。「同德度義，《太誓》曰：『紂有億兆夷人，亦有離德，余有亂臣十人，同心同德』」，《左》昭二十四《傳》萇宏之言也。「紂有臣億萬人，亦有億萬之心。武王有臣三千而一心」，《管子·法禁》篇引《泰誓》文也。

商罪貫盈，天命誅之。予弗順天，厥罪惟鈞。

「使疾其民以盈其貫」，《左》宣六《傳》中文桓子之言也。「天命殛之，

予畏上帝，不敢不正」，《湯誓》文也。「小人見姦巧，乃聞不言也，發罪鈞」，《墨子・尙同下》篇引《太誓》文也。

予小子夙夜祇懼，受命文考，類于上帝，宜于冢土，以爾有眾，底天之罰。

「天子將出，類乎上帝，宜乎社，造乎禰，受命于祖」，《禮記・王制》文也。「迺立冢土」，《大雅・緜》之篇也。「今爾有眾」，「致天之罰」，皆《湯誓》文也。

天矜于民，民之所欲，天必從之。

「民之所欲，天必從之」，《左》襄三十一年魯穆叔引《泰誓》文也，昭元《傳》同。

爾尚弼予一人，永清四海，時哉弗可失！」

「爾尚輔予一人」，《商書・湯誓》文也。「此時也，弗可失也」，《左》昭二十七年《傳》吳公子光之言也。

泰誓中

惟戊午，王次于河朔，羣后以師畢會。王乃徇師而誓曰：「嗚呼！西土有眾，咸聽朕言。我聞吉人為善，惟日不足。凶人為不善，亦惟日不足。

「悉聽朕言」，《湯誓》文也。「藹藹王多吉人」，《大雅・卷阿》之篇也。「四門穆穆，無凶人也」，《左》文十八《傳》史克之言也。「惟日不足」，《小雅・天保》之篇也。

今商王受，力行無度，播棄犁老，昵比罪人。淫酗肆虐，臣下化之，朋家作仇，脅權相滅。無辜籲天，穢德彰聞。

「肆行非度」，《左》昭二十《傳》文。「昔商紂有臣曰：『王子須棄黎老之言而用姑息之謀』」，《尸子》之言也。「今王播棄黎老，而孩童焉比謀」，《吳語》申胥之言也。「殷王紂播棄黎老，賊誅孩子，誓毒無眾」，《墨子・尙鬼》篇文也。「朋淫于家」，《虞書》文也。「小民方興，相為敵仇」，《微子》文也。

惟天惠民，惟辟奉天。有夏桀弗克若天，流毒下國。天乃佑命成湯，降黜夏命。

「成王既黜殷命，微子之命」，《書序》也。

惟受罪浮于桀。剝喪元良，賊虐諫輔。謂己有天命，謂敬不足行，謂祭無益，謂暴無傷。厥鑒惟不遠，在彼夏王。

「天有顯德，其行甚章，爲鑑不遠，在彼殷王。謂人有命，謂敬不可行，謂祭無益，謂暴無傷，上帝不常，九有以亡，上帝不順，祝降其喪，惟我有周，受之大常」，《墨子・非命下》篇引《太誓》之言也。「殷鑒不遠，在夏后之世」，《詩・蕩蕩》篇也。

天其以予乂民，朕夢協朕卜，襲于休祥，戎商必克。

「朕夢協于朕卜，襲于休祥，戎商必克」，《周語》單襄引太公《太誓》故文也。「筮襲于夢，武王所用也」，《左》昭七《傳》衛史朝之言也。

受有億兆夷人，離心離德。予有亂臣十人，同心同德。

「商兆民離，周十人同」，《左》成二年《傳》引《太誓》而櫽栝其文也。「予有亂臣十人」，《論語》引武王之言也。

雖有周親，不如仁人。天視自我民視，天聽自我民聽。百姓有過，在予一人，今朕必往。

「雖有周親，不如仁人」，《論語》文也。孔安國注《論語》，以親爲管、蔡，仁人爲微、箕，與《書傳》何大相懸絕乎？二語又見《墨子・兼愛中》篇，則稱《傳》曰，不言《太誓》之詞。「天視自我民視，天聽自我民聽」，《孟子》引《太誓》文也。「百姓有過，在予一人」，《論語》文也。「雖有周親，不若仁人，萬方有罪，維予一人」，《墨子・兼愛中》篇引《傳》也。「百姓有罪，在予一人」，《說苑》文也。「今朕必往」，《湯誓》文也。

我武維揚，侵于之疆，取彼凶殘。我伐用張，于湯有光。

「我武惟揚，侵于之疆，則取于殘，殺伐用張，于湯有光」，《孟子》引《太誓》文也。

勖哉夫子！罔或無畏，寧執非敵。百姓懍懍，若崩厥角。

「勖哉夫子」，《牧誓》文也。「無畏寧爾也，非敵百姓也，若崩厥角，稽首」，《孟子》引武王之言及史臣敘事之詞也。今以商民作周民，以敘事入口氣。

嗚呼！乃一德一心，立定厥功，惟克永世。」

　　「立功立事，可以永年」，《漢書・郊祀志下》引《太誓》文也。

泰誓下

時厥明，王乃大巡六師，明誓眾士。王曰：「嗚呼！我西土君子。天有顯道，厥類惟彰。

　　「天有顯道，其行甚章」，《墨子・非命下》篇引《太誓》之文也。

今商王受，狎侮五常，荒怠弗敬。自絕于天，結怨于民。斮朝涉之脛，剖賢人之心，作威殺戮，毒痡四海。崇信姦回，放黜師保，屏棄典刑，囚奴正士，郊社不修，宗廟不享，作奇技淫巧以悅婦人。

　　斮脛剖心事，見于子史者不一，每以刳、淫、婦連言之，謂之「三淫」。「是崇、是長、是信、是使」，見《牧誓》。「姦回、昏亂」，見《左》宣四《傳》。「作淫聲、異服、奇技、奇器」，《禮記・王制》文也。「毋或作爲淫巧，以蕩上心」，《月令》文也。「乃用其婦人之言自絕于天」，又「乃爲淫聲，用變亂正聲以悅婦人」，《史記・周本紀》文也。

上帝弗順，祝降時喪。爾其孜孜，奉予一人，恭行天罰。

　　「上帝不順，祝降其喪」，《墨子・非命下》篇引《太誓》文也。「予思日孜孜」，《皋陶謨》文也。「爾尚輔予一人，致天之罰」，《湯誓》文也。「今予發惟恭行天之罰」，《牧誓》文也。

古人有言曰：『撫我則后，虐我則讎。』獨夫受洪惟作威，乃汝世讎。

　　「古人有言曰」，《牧誓》文也。「民善之則畜也，不善則讎也」，《呂覽・適威》引《周書》文也。「獨夫紂」，《荀子・議兵》引《太誓》文也。

樹德務滋，除惡務本，肆予小子誕以爾眾士，殄殲乃讎。

　　「樹德莫如滋，去疾莫如盡」，《左》哀元《傳》伍員述古之言也。《詩》云：「樹德莫如滋，除害莫如盡」，《戰國策》秦客之言也。

爾眾士其尚迪果毅，以登乃辟。功多有厚賞，不迪有顯戮。嗚呼！惟我文考若日月之照臨，光于四方，顯于西土。惟我有周，誕受多方。

　　「殺敵爲果，致果爲毅」，《左》宣二《傳》稱君子之言也。「文王若日

若月，乍照光于四方、于西土」，《墨子·兼愛下》篇引《太誓》文也。「斯
用顯我西土」，《逸周書·商誓》文也。「惟我有周，受之大帝」，《墨子·非
命下》篇引《太誓》文也。「誕受羑若」，《顧命》文也。「尹而多方」，《多
方》文也。

**予克受，非予武，惟朕文考無罪；受克予，非朕文考有罪，惟予小子無
良。」**

此六句，《禮記·坊記》引《太誓》文也。

牧　誓

《書序》曰：「武王戎車三百兩，虎賁三百人，與受戰于牧野，作《牧誓》。」
按：三百人，當作三千人，見《孟子》。《司馬法》曰：「革車一乘，士十人，
徒二十人」，即虎賁之士也。

時甲子昧爽，王朝至于商郊牧野，乃誓。

甲子，當為紂之三十二年正月，周之十三年。辛未，二月六日也。昧爽，
旦明也。《詩》曰：「肆伐大商，會朝清明。」朝，旦也，日出也。牧，坶也，
郊外謂之野。坶野，商之遠郊，在朝歌南七十里。今河南衛輝府汲縣、洪縣
之間，皆其地也。癸亥至遠郊停，止宿夜，士卒皆歡樂歌舞以待旦，因名其
樂為《武》。宿夜至甲子朝起行，至坶野乃誓也。

王左杖黃鉞，右秉白旄以麾，曰：「逖矣，西土之人！」

左，ナ也，左手也。杖、秉，皆持也。鉞，戉也，大斧也。右，又也，
右手也。旄，氂也，犛牛尾注于旗竿之首者也。麾，當作摩，指摩也。逖，遠
也。言西土至此，道路遼遠。慰勞之詞也。

**王曰：「嗟！我友邦冢君御事，司徒、司馬、司空，亞旅、師氏，千夫
長、百夫長。**

同志為友。冢，長也，大也。此評八百諸侯也。御，治也。司徒、司馬、
司空，三卿也。亞，敘也，次也。旅，眾也，再命之大夫也。師氏，中大夫
以媺詔王，王舉則從，朝在野外則守內列者也。千夫長，二千五百人之長，
所謂師帥也。百夫長，五百人之長，所謂旅帥也。此評羣臣也。

及庸、蜀、羌、髳、微、盧、彭、濮人。

此評戎蠻之人也。凡師出，與謀曰及。八國，皆武王率以來伐紂者也。庸，在今湖北鄖陽府。蜀，在今四川成都府。羌，在今甘肅鞏昌府。髳與微，皆在今四川重慶府。盧，在今湖北襄陽府。彭，在今四川眉州。濮，在今湖北荊州府。八國，皆素臣服于周者，故獨評之也。

稱爾戈，比爾干，立爾矛，予其誓。」

稱，舉也，舉也。戈，平頭戟也，可勾可擊。比，相次也。干，戟也，盾也，所以自衛。矛，酋矛也，刺兵，長二丈，建于兵車者。

王曰：「古人有言曰：『牝鷄無晨；牝鷄之晨，惟家之索。』

牝，畜母也。鷄，知時畜，當晨而鳴。牝鷄不鳴，喻婦人無男事也。索，素也，空也，先稱古賢之言以爲證。昔人立言，必有依據，古書皆然也。

今商王受惟婦言是用，昏棄厥肆祀弗答，昏棄厥遺王父母弟不迪，乃惟四方之多罪逋逃，是崇是長，是信是使，是以為大夫卿士。俾暴虐于百姓，以姦宄于商邑。

婦，謂姐己也。姐，字，己姓，有蘇國之女也。紂伐有蘇，因以女獻，有寵。昏，惛也，迷惑也。棄，捐也。肆，鬃也。《周禮・典瑞》「以肆先王」，祭名也。答，當作荅，合也，猶問也。遺，貤也，猶畱也。《左傳》：「遺姑姊妹若而人」是也。王，謂紂也。父母弟，當謂比干、箕子也。迪，以也，用也。逋，亡也。崇，重也。長，養也。俾，使也。暴，曓也，疾也，虐殘也。言紂惟姐己之言是從，不敬祭祀，不用賢臣，惟是飛廉、惡來之輩，尊信以擢在位，使之殘害百姓，爲姦宄于商國，《左傳》所謂「紂爲天下逋逃主也」。

今予發惟恭行天之罰。今日之事，不愆于六步、七步，乃止齊焉。

發，武王名也。對友邦冢君，故稱名。愆，過也。步，行也。《司馬法》：「六尺爲步。」止齊者，正行列也。言行軍之際，不可亂行。《左傳》欒鍼云：「好以眾整。」又云：「好以暇。」是以六步七步即止，相齊而後行，必疾趨急迫爲貴也。此言進軍之時也。

夫子勖哉！不愆于四伐、五伐、六伐、七伐，乃止齊焉。

夫子，將士也。勖，勉也。伐，謂擊刺也。擊用戈，刺用矛，一擊一刺

爲一伐。《司馬法》云：「軍以舒爲主，雖交兵致刃，徒不趨，車不馳，不踰列，是以不亂。」此言交兵之時也。

勖哉夫子！尚桓桓如虎、如貔、如熊、如羆，于商郊弗迓克奔，以役西土。

桓桓，重言形況字，威武之貌。《周頌》「桓桓武王」是也。虎，山獸之君。貔，白豹，猛獸也。熊，蟄獸也，似豕。羆，如熊，皆黃白文，四獸善攫搏者也。于，如也，往也。商郊，謂近郊也。迓，御也，猶止也。克，殺也。奔，走而來降者也。役，使也，猶助也。言將士皆當勇猛精進以往商郊，商郊之民如有奔走來降者，勿止而殺之，是即可以爲西土之兵也。陳師不襲，見其正；行軍不亂，見其整；降兵不殺，見其仁。王者之師如此，血流漂杵，孟子所以不信也。

勖哉夫子！爾所弗勖，其于爾躬有戮！」

所，猶且也。戮，殺也。誓師之常語也。不從殷法言孥戮者，周之仁也。

武　成

《書序》曰：「武王伐殷，往伐歸獸，識其政事，作《武成》。」按：「伐殷」當作「伐紂」，字之誤也。往伐者，孟子所謂滅國者五十；歸獸者，驅虎豹犀象而遠之也。《逸周書‧世俘》篇即《武成》之情事，殆猶《春秋》《國語》之與《左傳》耳。雖未可即以當《武成》一篇，然大略如此，不如僞孔所云也。此篇亡于東漢建武之際。

惟一月壬辰，旁死魄。越翼日，癸巳，王朝步自周，于征伐商。

「惟一月壬辰，旁死霸。若翌日，癸巳，武王乃朝步自周，于征伐紂」，《漢書‧律曆志》所引《武成》文也。《逸周書‧世俘》篇略同，惟「壬辰」作「丙辰」，「死霸」作「生魄」，「癸巳」作「丁巳」，爲誤耳。一月，子月也。旁，傍也，近也。霸，月始生魄然也。凡曰死霸，朔也。曰傍死霸，二日也。曰載生霸，即朏，謂三日也。曰生魄，望也。曰旁生魄，十有六日也。翌，昱也，明也。翌日，明日也。周，鎬京也，在今陝西西安府長安縣。

厥四月，哉生明，王來自商，至于豐。

古書未有以「生明」紀日者，蓋魄即明之始生也。孟康以魄爲月質者，

一綫之明，全體皆闇，亦可通，但斷不宜別立一明字與魄爲對也。

乃偃武修文，歸馬于華山之陽，放牛于桃林之野，示天下弗服。

「濟河而西，馬散于華山之陽而弗復乘，牛散于桃林之野而弗復服」，《禮·樂記》賓牟賈之言也。又「稅馬于華山，稅牛于桃林，馬弗復乘，牛弗復服」，《呂覽·愼大》篇文也。

丁未，祀于周廟，邦甸、侯、衞，駿奔走，執豆、籩。越三日，庚戌，柴、望，大告武成。

丁未之越三日爲己酉，古書之例皆從前至今爲計，今日庚戌，非也。「庚戌，武王燎于周廟」，《漢書·律曆志》引《武成》文也，非丁未也。「既事而退，柴于上帝。祈于社，設奠于牧室，遂率天下諸侯執豆籩駿奔走」，《禮記》《大傳》文也。

既生魄，庶邦冢君暨百工，受命于周。

丁未已爲是月十九日，追敘十六日事何也？

王若曰：「嗚呼，羣后！惟先王建邦啟土，公劉克篤前烈，至于大王肇基王迹，王季其勤王家。我文考文王克成厥勳，[一]誕膺天命，以撫方夏。大邦畏其力，小邦懷其德。惟九年，大統未集，

「其勤公家」，《禮記·祭統》衞孔悝鼎銘文也。「大國畏其力，小國懷其德」，《左》襄三十一《傳》北宮文子引《周書》言文王之德也。「文王受命九年而崩」，則本《逸周書·文傳》篇及《漢書·律曆志》也。

校勘記
[一] 我文考文王克成厥勳，原書作「我文考先王」，據他本改。（原書第 122 頁第 2 行下）

予小子其承厥志。底商之罪，告于皇天、后土、所過名山、大川，曰：『惟有道曾孫周王發，將有大正于商。今商王受無道，暴殄天物，害虐烝民，為天下逋逃主，萃淵藪。

「善繼人之志」，見《禮記·中庸》。「布令于商，底周之多罪」，《周語》文也。「皇天后土」，見僖十五《傳》。「武王將事泰山隧，《傳》曰：『泰山有道，曾孫周王有事。大事』」，《墨子·兼愛中》篇文也。但有道乃侕泰山之神，非武王自侕也。且紂尚在，武不得侕王，故《大明》之詩曰：「維予侯興」。「田

不以禮，曰暴天物」，《禮記・王制》文也。「昔武王數紂之罪以告諸侯曰：『紂爲天下逋逃主，萃淵藪』」，《左》昭七《傳》楚芋尹無宇之言也。

予小子既獲仁人，敢祗承上帝，以遏亂略。華夏蠻貊，罔不率俾。恭天成命。

「既獲仁人，尚作以祗商夏蠻夷醜貉」，《墨子・兼愛中》篇引《傳》文也。「以紂亂略」，《左》襄八《傳》文也。「罔不率俾」，《君奭》文也。「昊天有成命」，《詩・周頌》之篇也。

肆予東征，綏厥士女。惟其士女，篚厥玄黃，昭我周王。天休震動，用附我大邑周。

「有攸不惟臣，東征，綏厥士女，篚厥元黃，紹我周王見休，惟臣附于大邑周」，《孟子》文也。「釗我周王」，《爾雅》郭注引《逸周書》也。

惟爾有神，尚克相予以濟兆民，無作神羞！

「苟捷有功，無作神羞」，又曰：「惟爾有神裁之」，《左》襄十八《傳》中行獻子濟河之禱也。「平公之靈尚輔相予」，昭二十一《傳》公子城之言也。「以集大事，無作三祖羞，」哀二《傳》衛蒯聵言也。

既戊午，師逾孟津。癸亥，陳于商郊，俟天休命。甲子昧爽，受率其旅若林，會于牧野。罔有敵于我師，前徒倒戈，攻于後以北，血流漂杵。一戎衣，天下大定。

「一月戊午，師渡孟津，至庚申，二月朔日也。四日癸亥至牧野，夜陳，甲子昧爽而合矣」，《漢書・律曆志》序文也。「王朝至于商郊」，《牧誓》文也。「順天休命」，《易・大有・象》傳文也。「時甲子昧爽」，《牧誓》文也。「殷商之旅，其會如林，矢于牧野，維予侯興」，《大雅・大明》之篇也。《荀子・儒效》及《成相》篇皆云：「紂卒易鄉。」《史記・周本紀》云：「紂師皆倒兵以戰。」即前徒倒戈之意也。「而何其血之流杵也」，《孟子》文也。「壹戎衣，而有天下」，《禮記・中庸》文也。

乃反商政，政由舊。釋箕子囚，封比干墓，式商容閭。散鹿臺之財，發鉅橋之粟，大賚于四海，而萬姓悅服。」

「武王于是復盤庚之政，發鉅橋之粟，賦鹿臺之錢，以示民無私，又封

比干之墓，靖箕子之宮，表商容之閭」，《呂覽・慎大》篇文也。「反商之政」，見《家語》。「命召公釋箕子之囚，命畢公釋百姓之囚，表商容之閭，命閎夭封比干之墓，命南宮括散鹿臺之錢，發鉅橋之粟」，《史記・周本紀》文也。「武王代紂入殷之日，決鉅橋之粟，散鹿臺之錢，殷民大說」，《管子・取法》解文也。「周有大賚」，《論語・堯曰》篇文也。

列爵惟五，分土惟三。建官惟賢，位事惟能。重民五教，惟食、喪、祭。惇信明義，崇德報功。垂拱而天下治。

「周爵五等，而土三等」，《漢書・地理志》說也。「所重民食、喪、祭」，《論語》文也。彼處眞孔注謂：「總言二帝三王之治道也。」「垂衣裳而天下治」，《易・繫詞》文也。「垂拱而天下治」，《管子・任法》篇文也。按：晉人所傳《尚書》二十五篇，皆文從字順。此篇「既戊午」以下顛倒錯亂，或自嫌其過于完整，而故乖其前後之節；或「既戊午」至「天下大定」，皆作武王追述前事之語，殆不可知。而後儒乃復取而考定之，其亦可以不必也。

洪　範

《書序》曰：「武王勝殷，殺受，立武庚，以箕子歸。作《洪範》。」按：武庚，字祿甫，紂子也。立以爲殷後。殷亡時，箕子不忍爲周之釋，走之朝鮮，後聞武王立殷後，遂來歸，承武王問，武王以箕子之來歸而作此篇。洪，猶大也。範，笵也，法也。《左傳》《說文》引此經皆云《商書》，或疑箕子自作焉。

惟十有三祀，王訪于箕子。

殷曰祀，周曰年。武王克殷滅紂，爲文王受命之十三年正月六日甲子，後世所謂辛未歲也。周已代殷，而此篇稱祀者，寵異箕子，示以不臣之義也。訪，汎謀也，或以箕子既受朝鮮之封，不得無臣禮，因而來朝。按：唐虞夏商之朝鮮，世號檀君。箕子封，而檀君隱箕子，傳四十一代而燕人衛滿奪之，其孫爲漢武所滅，置樂浪郡，復置四郡二府，自是三韓瓜分。馬韓統五十四國，辰韓、卞韓各統十二國。厥後新羅、高麗、百濟三國鼎峙，唐高宗滅其地，而不能守，新羅遂並之。及其季世而有裔據銕原，稱後高麗，數傳復統合三韓爲一大國。高麗，今去中國萬里，周以二月五日釋箕子囚，然後走之朝鮮，一萬里；武王在周，確知箕子在朝鮮之信，二萬里；再遣使封之，三萬里；箕子受封而來，

四萬里。雖海道難計，殆未必一年中情事。此稱其舊爵邑者，知未封也。箕，采地，子爵也。箕子，名胥餘，俱見于《微子》篇也。

王乃言曰：「嗚呼！箕子，惟天陰騭下民，相協厥居，我不知其彝倫攸敘。」

陰，蔭也，覆也。騭，正也，定也。相，襄也，助也。協，和也。居，尻也，處也。彝，猶常也，長也。倫，猶理也。攸，猶所也。敘，次弟也。言天覆定下民，王者助天以和合其所處之性，我不識其常理之所以次弟。蓋即下文九疇之敘也。

箕子乃言曰：「我聞在昔，鯀陻洪水，汨陳其五行。帝乃震怒，不畀洪範九疇，彝倫攸斁。鯀則殛死，禹乃嗣興，天乃錫禹洪範九疇，彝倫攸敘。

古曰在昔、昔曰先民，古人立言之體也。陻，當作堙，塞也。汨，當作汩，洄也，亂也。陳，敶也，列也。帝，天也。震，跱也，動也。畀，與也。疇，當作眓，猶類也。蓋《洛書》者，龜背所列之文，縱橫錯落，象耕田詰詘之形。俗傳戴九履一，左三右七，二四為肩，六八為足，五為中心，即下文六十五字是也。斁，斁也，敗也。殛，極也，猶窮也。窮極之于遠方，至死未返也。嗣，繼。興，起也。錫，賜也。言鯀治水而障塞之，失其本性，故凡五行之陳列皆亂，天乃震動其威怒，弗予大法九類，此常理之所由敗亂也。舜窮之于羽山，死于其地，至于禹繼起而成其功，天乃賜之大疇，此常之所由次第也。

初一曰五行，次二曰敬用五事，次三曰農用八政，次四曰協用五紀，次五曰建用皇極，次六曰乂用三德，次七曰明用稽疑，次八曰念用庶徵，次九曰嚮用五福，威用六極。

播五行于四時，迭相休王，為天行氣也。故曰「行用卜中，可施行也」。五事切于人身，故曰：「敬用」。敬，漢人皆作羞，蓋着字之誤。着者，自亟救也，即敬字之左傍。訓羞為進者，非也。農，醲也，厚也。八政所以厚生，故曰「農用」。協，合也。紀，如絲之細別也。五紀所以合天，故曰：「協用」。建，立也。皇，大君也。極，猶中也。君所以立民極，故曰「建用」。乂，嬖也，治理也。三德所以治民，故曰「乂用」。稽，卜也，卜以問疑也。疑，矩

也，惑也。蓍龜所以辨或，故曰「明用」。念，常思也。庶，猶衆也。徵，證
也。庶徵所以自省，故曰「念用」。嚮，向也，猶獎也。五福，天所以勸人，
故曰「嚮用」。威，畏也。六極，天所以懼人，故曰「威用」。此節六十五字，
或以「五行」等三十八字爲《洛書》原文；「初一曰」等爲禹所第敘。或以「敬
用」等十八字亦禹所加，原文止二十字。未詳孰是。

一、五行：一曰水，二曰火，三曰木，四曰金，五曰土。水曰潤下，火
曰炎上，木曰曲直，金曰從革，土爰稼穡。潤下作鹹，炎上作苦，曲直
作酸，從革作辛，稼穡作甘。

　　此節以下皆箕子演說之言也。天一生水，地六成之。地二生火，天七成
之。天三生木，地八成之。地四生金，天九成之。天五生土，地十成之。《禮
記・月令》春夏秋冬以成數言，中央以生數言者，土以生爲本者。《春秋繁露》
以木火土金水爲序，此五行自相生之次。《左》昭二十五《傳》六府以水火金
木土爲序，此五行自相克之次。潤下，漬濕而就下；炎上，爛熱而升上；曲
直，揉曲而削直；從革，合并而變更；稼穡，春種而秋斂，皆言其自然之性
也。爰，于也。土變曰爲爰者，以其吐生之五穀言，非土質也。鹹苦酸辛甘
者，五行之味也。五行有聲色臭味，獨言味者，以其切于民用也。

二、五事：一曰貌，二曰言，三曰視，四曰聽，五曰思。貌曰恭，言曰
從，視曰明，聽曰聰，思曰睿。恭作肅，從作乂，明作哲，聰作謀，睿
作聖。

　　《書大傳》：「貌屬木，言屬金，視屬火，聽屬水，思屬土。」宋吳仁傑
曰：「貌水、言火、視木、聽金、思土，此則人與人相見之次也。見面而後有
言，言而見精神之所屬，彼此相聽以耳，而各有其用心也。」恭，敬也。從，
從也，順也。明，古讀爲蒙，照也。聰，察也。睿，當作容，寬大包容也。
董仲舒曰：「容者，言無不容。」此五字，韻語也。肅，持事振敬也。乂，劈
也，治理也。哲，晢也。昭，明也。謀，謨也。聖，通也。言君貌恭則臣禮
肅，君言從則臣職理，君視明則臣照哲，君聽聰則臣進謀，君思容則臣賢智
也。《詩・小雅》：「國雖靡止，或聖或否。民雖靡膴，或哲或謀，或肅或艾。」
亦此意也。

三、八政：一曰食，二曰貨，三曰祀，四曰司空，五曰司徒，六曰司寇，

七曰賓，八曰師。

此本諸其職，先後之誼也。食，謂長民食之官，若后稷者也。貨，掌金帛之官，若《周禮·天官》四府是也。祀，掌祭祀之官，若宗伯也。司空，掌居民之官。司徒，掌教民之官。司寇，掌詰盜賊之官也。賓，掌諸侯朝覲之官，若《周禮》大行人也。師，掌軍旅之官，若司馬也。食者，民之天，貨利民用，成民而後致力于神，故三者居先。食節事時，民咸安其居，樂事勸功，尊君親上，然後興學。其不帥教者，教之不改，而後誅之，故三者相次。德立刑行，遠方賓服，其有暴虐無道不遵王化者，則六師移之，故二者相次。此八政之序也。

四、五紀：一曰歲，二曰月，三曰日，四曰星辰，五曰曆數。

分至啓閉，八節以紀歲，朔望晦霸，以紀永短，昕昏以紀日。星，五星也。辰，曆也。日月所會，二十八宿也。伏見以紀星，昏中旦中以紀辰，太陰太陽之贏縮，恒星之歲差以紀曆數。歲、月、日、星辰者，所以紀一年之氣候，而曆數者，所以紀千萬年之章蔀也。○吾吳余薷上書，欲以「王省惟歲」至「則以風雨」繫于「五曰曆數」之下。謂九疇皆有闕文，惟四五紀無之。爲給諫所彈，不果施行。見宋龔明之《中吳紀聞》，附參。

五、皇極：皇建其有極。斂時五福，用敷錫厥庶民。惟時厥庶民于汝極。錫汝保極。

建，立也。斂，聚。時，是也。用，以也。敷，敆也。錫，賜也，與也。保，守也。言大君立中于上，正心以正四方，而諸福之物、可致之祥，莫不畢至，所謂聚也。聚此壽富康寧好德考終之五福，而即以敆與其眾民，故眾民亦皆歸心以取中，與其大君共守此中也。

凡厥庶民，無有淫朋，人無有比德，惟皇作極。

淫，佚也。朋，佣也，侕也。人，謂臣也。比，阿黨也。德，悳也。維，詞也。凡眾民無有淫泆爲朋者，臣無有阿黨爲悳者，皆維大君爲中道以示之則故也。

凡厥庶民，有猷有爲有守，汝則念之。不協于極，不罹于咎，皇則受之。而康而色，曰予攸好德，汝則錫之福。時人斯其惟皇之極。

猷，當作猶，儀也，謀也。爲，僞也，作也。守，法度也。念，常思也。

協，合也。羅，當作羅，猶麗也。咎，惡也。而，爾，詞也。康，康也，安也。色，容貌也。曰，詞氣也。攸，修也。好德，美惪也。福，爵祿也。時人，是人也。惟，維也，猶持也。言眾人中有智謀、有作爲、有操守者，汝當常思之于心，而不忘其行。雖不合于中，而亦不附于惡。是中人可教者，當容受之，而勿拒焉。若容貌顏色間有安和之象，詞氣間皆有德之言，則當予之爵祿，相與圖治。此三等之人，皆能維持大君之中道者也。

無虐煢獨而畏高明，

無，毋也。虐，殘暴也。煢，憐也。孤單無兄弟曰煢，老而無子曰獨。畏，懼也。高明，顯寵有權勢者也。無虐無畏，所謂柔亦不茹，剛亦不吐，不侮鰥寡，不畏強禦也。

人之有能有為，使羞其行，而邦其昌。凡厥正人，既富方穀，汝弗能使有好於而家，時人斯其辜。于其無好德，汝雖錫之福，其作汝用咎。

能，才能。爲，作爲。羞，進也。行，猶用也。正人，正直之人，即上文所言也。富，祿也。方，始，詞也。穀，猶善也。有好之「好」，畜也，養也。辜，苦也，勞苦窮極也。言有能有爲者，使進其用，任之以政，則國爲之昌。凡正直之人，有祿以代其耕，以馭其富，始能自善而心乎爲國，若弗能使畜養其家，是人斯勞苦困窮矣。彼無好德之人，則雖予之以爵祿而用之，徒爲汝用惡，所謂侵削眾庶兆民，以爲天子取怨于下也。進賢退不肖，大君之急務，故再三陳之。

無偏無陂，遵王之義；無有作好，遵王之道；無有作惡，遵王之路。無偏無黨，王道蕩蕩；無黨無偏，王道平平；無反無側，王道正直。會其有極，歸其有極。

無，羋也。偏，頗也。陂，古作頗，唐明皇疑頗與義不協，改爲陂。其實，義古讀如莪。頗、陂，亦皆从皮聲也。頗，頭偏也。遵，循也。王者，天下所歸往也。義，誼也，人所宜也。無作好作惡，好所當好，惡所當惡也。黨，攩也，朋羣也。蕩蕩、平平，皆重言形況字。蕩蕩，寬廣之意；平，當作平，字之誤也，辨治之意。《史記》作「便便」，《詩》「平平左右」，《左傳》作「便蕃」，皆同。反，復也。側，仄也，傾也。正，不反也。直，不傾也。會，合也，謂君當合聚有中之人以爲臣。歸，猶就也，謂臣當就向有中之君

而事之也。此承上文而言。建極之王，無偏頗好惡、偏黨反側之行，則臣下皆率由于義，道路之中而成蕩平正直之治。蓋君能用中，臣能就中，則庶民之錫汝保極，又不待言矣。

曰：皇極之敷言，是彝是訓，于帝其訓。

曰者，箕子更端之言也。彝，猶常也。上「訓」，說教也；下「訓」，順也，理也。帝，天也。箕子乃復申言之曰：此皇極敷衍之言，勿謂繁多，是常道也，是大訓也，是于天理爲順也。

凡厥庶民，極之敷言，是訓是行，以近天子之光。

近，附也。言凡眾民能以皇極之敷言順而行之，亦所以附合天子之光，而發其菁華也。

曰：天子作民父母，以為天下王。

曰，亦箕子更端之言也。言君仁莫不仁，君義莫不義，君正莫不正。天子者，首出庶物，固爲民之父母，而爲天下歸往之王也。箕子獨于五疇之皇極反覆詳盡者，五行、五事、八政、五紀，無非君之修其身，齊其政，先乎天下以建其極者也。三德稽疑，庶徵福極，無非君之敬其事，攷其效，推之天下以用其極者也。故《洛書》雖始于一，終于九，而必以五居中。《洪範》雖本于五行，究于福極，而必以皇極爲主。箕子所以敷陳于武王者，尤深切注明也。

六、三德：一曰正直，二曰剛克，三曰柔克。平康，正直；彊弗友剛克；燮友柔克。沈潛，剛克；高明，柔克。

此言人臣有三德，惟天子擇而用之，以成治功也。正直之而溫者，中和之德也。克，勝也。剛克，剛而塞者，強毅之德也。柔克，柔而立者，寬仁之德也。安平之民，則使正直之人治之，猶刑平國用中典也。友，順也。強暴之民，則使剛勝之人治之，猶刑亂國用重典也。燮，和也。和順之民，則使柔勝之人治之，猶刑新國用輕典也。沈，湛也，深也。潛，猶伏也。南方風氣滯弱，則使剛勝之人振起之。高明，猶亢爽也。北方風氣剽悍，則使柔勝之人涵養之。因地以施其教，因人以盡其才，此天下所用乂安也。

惟辟作福，惟辟作威，惟辟玉食。臣無有作福、作威、玉食。臣之有作

福、作威、玉食，其害于而家，凶于而國。人用側頗僻，民用僭忒。

辟，君也。作福，專爵賞也；作威，擅刑罰也；玉食，備珍異也。《周禮·玉府》：「王齋則供食玉，舉食味之最貴者，以該君之膳飲，尊異于人也。」若臣而上僭于君，則大夫必自害汝之家，諸侯必自殃汝之國。大臣不法，則小臣不廉，而所由以多傾仄偏倚衺僻之人矣。上無道揆，斯下無法守，而所由以多踰節悖常之民矣。此言人君當以德行權，而柄不可下移，人臣當以德副位，而分不可上僭。三代用此疇，所以政令一而有道長，後人失之，而遂爲春秋戰國之世也。

七、稽疑：擇建立卜筮人，

擇，柬選也。建，亦立也，古人自有複語。龜曰卜，蓍曰筮，皆所以紹天明而前民用者。《周禮·春官·序官》有「卜人、筮人」，皆中士爲之。必特立者，一以精其術，一所以專其職也。

乃命卜筮。曰雨，曰霽，曰蒙，曰驛，曰克，曰貞，曰悔，凡七。卜五，佔用。二衍忒。

兆卦各有名以命之。凡卜，灼龜以觀其體色，墨坼之兆，雨，體氣如雨然也。霽，雨止也。其光明如雨止，雲氣在上也。蒙，雺也，色不澤如霧之鬱而冥冥也。按：下文恒風爲雺，則屬土也。驛，圛也，回行也，色澤而光明也。克者，如祲氣之色相犯也。或曰兆配五行，則雨水，霽火，蒙木，驛金，克土也。凡筮，以四十九蓍揲扐，十有八變而成卦。貞，正也，內封爲主也。悔，卦也，猶晦也，外卦爲終也。筮之畫卦，從下起，故下卦爲內，上卦爲外，其名凡七，卜則有五，以爲占之用。筮惟有二，以爲忒之衍，所謂筮短龜長也。衍，猶推廣也；忒，更變也。觀變于陰陽而立卦，故筮以變爲用。若卦有動爻者，必參詳于所變之卦，後世又即以名遇卦爲貞之卦，爲悔矣。

立時人作卜筮，三人占，則從二人之言。

有事卜筮之時，于卜筮官人中擇立三人以作之。《周禮·太卜》：「掌三兆之法：一曰玉兆，二曰瓦兆，三曰原兆。」杜子春注：「玉兆，顓帝之兆；瓦兆，堯之兆；原兆，周之兆。」愚按：原兆，舜之兆也。《太卜》又云：「掌三易之法：一曰《連山》；二曰《歸藏》，三曰《周易》。」杜子春注：「《連山》，伏羲；《歸藏》，黃帝。」愚按：《周易》，顓帝。周者，匊之借字；易者，易

之誤字。《連山》首艮，夏人因之。《歸藏》首坤，商人因之。《𠕂易》首乾，周人因之。《𠕂易》者，帀六爻皆易也。三人占者，《儀禮》所謂旅占也。從，從也，相聽也。三人同則從，固不待言。有吉有凶，則從其多者，不以私意參也。

汝則有大疑，謀及乃心，謀及卿士，謀及庶人，謀及卜筮。

汝、乃，皆謂君也。疑，㿪也，未定也。咨難曰謀。士，事也，六卿掌事者也。《國語》云：「庶人傳語。」《周禮》亦有外朝致民之法，所謂謀及庶人也。凡事精微無端緒，雖聖人亦有所不知，先盡人事，然後及于蓍龜，示不自專也。

汝則從，龜從，筮從，卿士從，庶民從，是之謂大同。身其康彊，子孫其逢。吉。

從，從也，相聽也。同，合會也。逢，隆也，豐大也。彊、逢古韻叶。人謀鬼謀，無不配合，此上吉也。

汝則從，龜從，筮從，卿士逆，庶民逆，吉。

逆，屰也，不順也。三從二逆，如盤庚之遷都也。

卿士從，龜從，筮從，汝則逆，庶民逆，吉。

亦三從二逆，如周公之東征也。

庶民從，龜從，筮從，汝則逆，卿士逆，吉。

亦三從二逆。以上三者，皆中吉也。

汝則從，龜從，筮逆，卿士逆，庶民逆，作內吉，作外凶。

此二從三逆，逆者多也。內為祭祀冠婚，凡境內之事。外為會盟征伐，凡境外之事。但筮短龜長，故有吉有凶。古者大事卜，小事筮也。

龜筮共違于人，用靜吉，用作凶。

違，韋也，相背也。靜，竫也，亭安也。作，猶動，為也，此不吉也。三從二逆而不吉者，稽疑則以龜筮為重，故不疑何卜。既請命于神，而神示之，則必有人所不及知者。聽命于神，而偏徇于人可也。按：二從三逆，經無言人共違于龜筮者。人事皆逆，故無煩卜筮也。

八、庶徵：曰雨，曰暘，曰燠，曰寒，曰風。

　　鄭氏曰：「雨，木氣也。春始施生，故木氣爲雨。暘，金氣也。秋物成而堅，故金氣爲暘。燠，火氣也。寒，水氣也。風，土氣也。凡氣非風不行，猶金木水火非土不處，故土氣爲風。」宋吳仁傑曰：「雨水暘火燠，木寒金風土也。」

曰時五者來備，各以其敘，庶草蕃廡。一極備，凶；一極無，凶。

　　曰者，亦箕子詳說之言也。時，是也。來，麥也，至也。備，蔔也，具也。草，艸也。蕃，草茂也。廡，𣫺也，豐也。極，至也。無，𣅜也，亡也。言五者具至，各順其次弟，則眾草繁滋豐殖。草，該百穀而言也。極備，即下文之恒雨。極備則無暘恒燠，極備則無寒，必相因也。

曰休徵：曰肅，時雨若；曰乂，時暘若；曰哲，時燠若；曰謀，時寒若；曰聖，時風若。

　　休，喜也，美也。若，順也。古誼皃木言金視火聽水思土，宋人易爲貌水言火視木聽金思土，亦通。在天爲五行，在人爲五事，感應之機，各以類從，其理固然。必如《漢書‧五行志》枝枝節節以求之，則固也。

曰咎徵：曰狂，恒雨若；曰僭，恒暘若；曰豫，恒燠若；曰急，恒寒若；曰蒙，恒風若。

　　咎，災也，猶惡也。狂，癡也，倨慢無常之意，不敬也。恒，長久也。僭，差也，不信則不治也。豫，紓也，緩也，怠緩無識見也。急，褊也，迫促自用之意，不愼思也。蒙，冡也，冒而前不通明也。五事不得，則咎氣順應之如此也。

曰王省惟歲，卿士惟月，師尹惟日。

　　曰者，亦箕子申言之也。省，察視也。言休咎之應，不徒雨暘燠寒風而已。王職如歲之兼四時而總其成，卿士職如月之分十二而專其守。師，猶眾也。尹，治事也。眾官治事者，如十日之統于時與歲而效其職，得失之應，又于斯徵之。

歲月日時無易，百穀用成，乂用明，俊民用章，家用平康。

　　當其可之謂時。易，傷也，猶變也。乂，嬖也，治也。才過千人曰俊。

章，彰也，纍也。言歲月日不失其時，則君明臣良之世。天時生而地利養，五辰撫而庶績凝，天地交而賢人出，陰陽和而家道昌也。

日月歲時既易，百穀用不成，乂用昏不明，俊民用微，家用不寧。

既，已詞也。昏，惛也，不憭也。微，散也，猶隱也。寧，窴也，安也。言日月歲已失其時則反是，休徵起于歲者，見善之所積者厚，咎徵起于日者，見惡之由來者漸也。

庶民惟星，星有好風，星有好雨。日月之行，則有冬有夏。月之從星，則以風雨。

星，恒星也。七百八十有三座，大小一千八百七十有八，民之眾似之。好風謂箕，好雨謂畢，故《周禮‧大宗伯》：「箕爲風師，畢爲雨師。」風，土氣也，土爲木妃。雨，木氣也，木爲金妃。箕，東方木宿，尚妻之所好，故好風。畢，西方金宿，尚妻之所好，故好雨也。推此而南方宿好暘，北方宿好燠，中宮四季好寒，可知日有中道。中道者，黃道，一曰光道也。日冬則南，夏則北。極南至于牽牛，爲冬至。極北至于東井，爲夏至。南不極則溫爲害；北不極則寒爲害。今時冬至日在箕，夏至日在參，蓋恒性（星）之差距周初紀四十二度矣。月有九行，皆交于黃道。黑道二出黃道北，朱道二出黃道南，白道二出黃道西，青道二出黃道東，立春、春分行青道，立秋、秋分行白道，立冬、冬至行黑道，立夏、夏至行朱道，而四季土王之間，皆與日同行黃道也。然月出入黃道內外二十七日有奇而交道一終，交終不復于原處。如其差一度又幾半度，每年之差，自東而西十九度奇，古有九道之說，借以攷其差也。按：太陽之差約二萬四千五百餘年而一終，太陰之差則十九年弱而一終也。若月失節度而妄行，出陽道則旱風，出陰道則陰雨。故月去中道移而東北入箕，或東南入軫，則多風；移而西入畢，則多雨。《詩》曰：「月離于畢，俾滂沱矣。」《春秋緯》曰：「月離于箕，則風揚沙。」不兼言日者，日從星則星不可見也。按：此申言雨暘燠寒風也。舉星以說風雨，舉日月以說暘，舉冬夏以說寒燠。月亦以日光爲光，故曰月政。言以諭王者，政令四時，各有所宜。政教失中，則不能無亂也。然日月有常度，星辰無嗜好，而古必以天象爲人君法戒者，天子尊無二，上當臨以天之尊而已，非天學古疎而今密也。

九、五福：一曰壽，二曰富，三曰康寧，四曰攸好德，五曰考終命。

攸，修也。考，有子爲後之偁也。君子曰終，小人曰死。終命，終天所命，順受其正不強死也。按：五福不言貴者，福統天下而言，自天子達于庶人皆可備之。君賜福，民保極，非古者貴而後富之謂也。

六極：一曰凶、短、折，二曰疾，三曰憂，四曰貧，五曰惡，六曰弱。

七歲以下未齔曰凶，二十以下未冠曰短，三十以下未婚曰折，壽與考，終命之反也。疾，疒也，痾也。憂，愮也，愁也。謂疾病死喪，康寧之反也。貧，財少，富之反也。剛過者，惡其性暴鷙；柔過者，弱其性愚懦，皆不能進于善，攸好德之反也。《洪範·九疇》皆人君之道，皇極居五爲綱，前後八者爲紀。五行以法天，五事以修身，八政以治民，五紀以順時，三德以用人，稽疑以事神，庶徵福極以爲考驗。蓋人君不以一身爲福極，而以天下爲福極，故究言之。

分　器

《書序》曰：「武王既勝殷，邦諸侯，班宗彝，作《分器》。」按：邦，古封字同。宗彝，宗廟盛鬱鬯之尊也。分封諸侯，箸王之命及所受物也。此篇亡于秦項之火。

旅　獒

《書序》曰：「西旅獻獒，大保作《旅獒》。」按：旅，廬也，羈旅之人也。獒，讀爲豪，西戎無君名，彊大有政者爲酋豪。太保，召公奭也。僞《書》乃眞以犬高四尺之獒當之。此篇亡于西晉永嘉之亂。

惟克商二年，遂通道于九夷八蠻。西旅底貢厥獒，太保乃作《旅獒》，用訓于王。

「昔武王克商，通道于九夷、百蠻，使各以其方賄來貢也。使無忘職業，于是肅愼氏貢楛、矢、石砮。」《魯語》孔子之言也。

曰：「嗚呼！明王愼德，西夷咸賓。無有遠邇，畢獻方物，惟服食器用。王乃昭德之致于異姓之邦，無替厥服；分寶玉于伯叔之國，時庸展親。

「無有遠邇」，《盤庚》文也。「諸侯、官受方物」，《左》僖七《傳》文也。「先王欲照其令德之致遠也，故銘其楛以示後人。」又「古者分同姓以珍玉，展親也。分異姓以遠方之職貢，使無忘服也」，亦《魯語》孔子言也。

人不易物，惟德其物！德盛不狎侮。狎侮君子，罔以盡人心；狎侮小人，罔以盡其力。

「民不易物，惟德繄物」，《左》僖五《傳》宮之奇引《周書》也。「狎侮死焉，而不畏也」，《禮‧表記》之文也。

不役耳目，百度惟貞。玩人喪德，玩物喪志。志以道寧，言以道接。不作無益害有益，功乃成；不貴異物賤用物，民乃足。犬馬非其土性不畜，珍禽奇獸不育于國，不寶遠物，則遠人格；所寶惟賢，則邇人安。

「百度」、「喪志」，字皆見《左》昭元《傳》。「不貴難得之物，而器無用之物」，《淮南‧精神訓》文也。「古者大事必乘其產，生其水土，而知其人心」，《左》僖十五《傳》慶鄭之言也。

嗚呼！夙夜罔或不勤，不矜細行，終累大德。為山九仞，功虧一簣。允迪茲，生民保厥居，惟乃世王。

「譬如為山，未成一簣」，《論語》文也。「掘井九軔」，《孟子》文也。但七尺曰仞，周尺當今六寸。九仞，不及四丈，何足為山，且孔子譬語，今用之竟去「譬」字。

旅巢命

《書序》云：「巢伯來朝，芮伯作《旅巢命》。」鄭注：「巢伯，南方之國。世一見者，以武王即位來朝。」按：旅者，遠人羈旅之偁，與《旅獒》同。此篇亡于秦項之火。

金　縢

《書序》曰：「武王有疾，周公作《金縢》。」按：此篇蓋史臣所記，非周公作也。《序》云「作」者，作冊納《金縢》也。

既克商二年，王有疾，弗豫。

武王克商之年，歲星次鶉火，則歲陰紀大荒落，而太歲為今辛未也，史以為戊寅。其後二年，歲次壽星，則歲陰在協洽，而太歲為今之癸酉也。疾，疒也，痀也。弗者，不之深也。豫，忩也，喜也。《曲禮》疏引《白虎通》曰：「天子病曰不豫」，言不復豫政也，則謂借為與。存參。

二公曰：「我其為王穆卜。」周公曰：「未可以戚我先王。」

　　二公，太公、召公也。穆，廖也，猶幽隱也。鄭注：欲就文王廟卜，謂昭穆之穆。存參。偽傳本《爾雅》訓敬，不知《釋訓》穆穆是重言形況字，穆無敬誼也。或曰即《周書・文酌》篇「伐有三穆」之穆，謂絕靈一、筮奇二、龜從三，亦非。戚，慼也，憂也。傳訓「近」，謂借為「促」，非是。公托詞以止二公者，不欲以身代事為眾知也。

公乃自以為功，為三壇同墠。為壇于南方，北面，周公立焉。植璧秉珪，乃告太王、王季、文王。

　　功，工也，猶事也。封土為壇，除地為墠。植，置也，置于神前以禮神也。方中圓外曰璧，方下圓上曰圭。秉，執也。公執桓圭告，即下文祝詞也。言公不于廟而為壇于鄙，築三壇以依三祖之神同在一墠，而又自為壇于南，北面而立，植璧于神前，而自執圭以告也。

史乃冊，祝曰：「惟爾元孫某，遘厲虐疾。若爾三王是有丕子之責于天，

　　冊，謂簡書，編竹簡為之。百名以上書于冊，不及百名書于方。此祝詞凡百二十有八字，故史為冊書而祝讀之也。祝詞，蓋周公所作，非史為之。元，首也，猶長也，如《召誥》之偁元子也。某，武王名也，後成王讀而諱之。遘，遇也。厲，瘛也，時氣不和之疾。虐，猶惡也。丕，不也。子，慈也。責，謫也，罰也。言若不救是，將有不慈之過，為天所責，蓋迫欲三王為之請命也。丕，《史記》作「負」。《白虎通》曰：「諸侯疾曰『負子』。」《公羊傳》「屬負茲」是也。或謂負子，有背棄子民之咎而將死，傳則訓「丕」為「大」，謂負天以大予之責，故疾不可救。或又謂天責其子來服事左右。皆非。

以旦代某之身。予仁若考能，多材多藝，能事鬼神。乃元孫不若旦多材多藝，不能事鬼神。

　　旦，周公名。非不知死不可代，特出于忠孝之誠不忍默視，計無所出，不得已而為此也。仁，親也。若，猶而也，詞也。考，巧也，技也。能，態也，姿也。材，猶才德也。藝，當作埶，猶材也。言事鬼神之能多于武王，必欲三王之代為請也。

乃命于帝庭，敷佑四方，用能定爾子孫于下地。四方之民罔不祗畏。嗚呼！無墜天之降寶命，我先王亦永有依歸。

　　帝，天也。庭，宮中也。敷，徧也。佑，當作右，助也。下地，對天帝言也。祗，敬也。墜，當作隊，猶隕也。降，下也。寶，瑞也，聖人之大寶曰位。依，亦歸也。言武王受命于天帝之庭，施其道以右助天下，用能定爾子孫于下地，使四方之民無不敬畏。其任至大，其係至重。新受大命，不可以死，故又嘆息。言不死則不失天所降之瑞命，得以保守宗廟，斯我先王亦長有依歸也。

今我即命于元龜，爾之許我，我其以璧與珪歸俟爾命；爾不許我，我乃屏璧與珪。」

　　即，猶就也。爾，所謂假爾泰龜也。以下皆命龜之詞。許，聽從其言也。俟，竢也，待也。屏，屏也，藏也。歸待汝命者，言武王當瘳，我當代也。藏璧與珪者，言武王若喪，周之大業將墜，雖欲事神不可得也。

乃卜三龜，一習吉。啟籥見書，乃并是吉。

　　龜本三人占之，今各就三王之前而卜也。習，疊也，繩也。啓，启也，開也。籥，鑰也，關下牡也，管以開之。書，兆書也。《周禮》：「太卜掌三兆之法，其經兆之體，皆百有二十，其頌皆千有二百。」是兆各有籀詞，略如漢焦氏《易林》之筮詞也。并，猶合也。言三卜皆吉，開兆書之室而合諸籀詞，其吉皆同于是也。

公曰：「體！王其罔害。予小子新命于三王，惟永終是圖；茲攸俟，能念予一人。」

　　體，兆象也。《周禮・占人》：「君占體，大夫占色，史占墨，卜人占坼。」按：凡卜，四時灼龜四足，春後左、夏前左、秋前右、冬後右，直上向背者為木兆，直下向足者為水兆，邪向背者為火兆，邪向下者為金兆，橫者為土兆，所謂體也。色則兆氣，《洪範》所言「雨霽蒙驛克」是也。墨則兆廣，謂正纑處。坼則兆坼，謂旁纑處也。新，鬵也，猶初也。永、終，皆長也。圖，謀也。茲，此，詞也。攸，安其所也。俟，竢也。一人，天子也。周公喜，言「王疾無害，我新受三王之命，惟長享天祿是謀。」蓋繇詞有永終之言，故云然也。此時安以待之，知三王必能常念我天子而永保其命焉。此節《史

記》以爲入賀武王之詞，亦或然也。

公歸，乃納冊于金縢之匱中。王翼日乃瘳。

納，內也，入也。縢，緘也，以金束匱之外也，如今包銅然。匱，匣也，《漢書・司馬遷傳》所謂「金鐀之書」也。翼，翌也，明也。瘳，疾瘉也。占人凡卜既事，則繫帛以比其命。是卜而藏其命龜之書于兆書之篋，常禮固然。凡秘書所藏，皆金帶其外也。

武王既喪，

按：此下史臣追述後事而繫之于篇也。鄭氏曰：「文王十五生武王，年九十七而終，時武王八十三矣。于文王受命爲七年，後六年伐紂，後二年有疾，疾瘳。」後二年冬十二月崩，時年九十三，成王才十歲。蓋按《文王世子》之文。是年歲星當在大火，歲陰在作噩，而太歲爲今之乙亥也。喪，亡也，猶隱避也。凡死僻喪者，爲小子之心所不忍言，謂如亡人之不可得見也。

管叔及其羣弟乃流言于國，曰：「公將不利于孺子。」

管，國名，在今河南開封府鄭州。管叔，周公兄也，名鮮。武王同母兄弟十人，皆太姒所出。長伯邑考，次武王發，次管叔鮮，次周公旦，次蔡叔度，次曹叔振鐸，次郕叔武，次霍叔處，次康叔封，次聃季載。武王克殷，立王子祿父，俾守商祀，建管叔于東，蔡叔、霍叔于殷，以監之。羊三爲羣，人三爲眾，通言之人亦僻羣也。流言，浮游不根之言，流傳于王都也。孺子，成王時年十三也。禮，君薨，百官總己以聽于冢宰三年，周公爲太宰，攝政固無可議。至終喪後，公不返政，而管叔又習聞商家覆法兄弟相及爲多，意嗣王幼沖，次當及己。今武王時，周公豫使監殷于外，疑公有異志，故爲是流言也。

周公乃告二公曰：「我之弗辟，我無以告我先王。」

辟，避也，避于位也。言流言之起，是欲離間我君臣，傾舊我國家，我今弗避，則此心不白，無以對我先王，故以攝政諄告二公而已，居東以審察流言之所自起也。付託之言，文不具耳。《說文》引「辟」作嬖，訓治，則當謂治此流言之事。存參。《史記》云：「我之所以弗避而攝政者，恐天下畔周，無以告先王，于是卒相成王。」此以居東爲東征，恐非。

周公居東二年，則罪人斯得。

居東，居商奄也。罪，皋也。秦始以罪為皋字。公居東都以避位，釋朝庭之疑。以近殷，察流言之起。久得其寔，乃知出于三叔，故曰皋人斯得也。按：公以成王終喪之年出居，至己卯歲而察知三叔之惛，乃為詩詒王。而是時奄君薄姑因公見疑，即勸武庚舉事，故公返國後即興師東征，以平其大難也。

于後，公乃為詩以貽王，名之曰《鴟鴞》。王亦未敢誚公。

于後，既得皋人之後也。貽，當作詒，遺也，饋也。誚，嬈譊也，讓也。詩在《豳風》。鴟鴞，桃蟲鷦鶄也。按：小鳥喻祿父，小膍我子喻三叔，我室喻周室，鬻子喻成王。「未陰雨」章，勸成王也。「拮据」二章，公自明也。未敢誚公者，疑信參半，意未能決也。

秋，大熟，未穫。天大雷電以風，禾盡偃，大木斯拔，邦人大恐。

熟，當作孰。大熟，大有年也。穫，刈穀也。以，與也。偃，仆也。按：公居東，在成王三年，詒詩當在五年庚辰之夏，郊迎在秋，成王年十五，東征又在其後也。

王與大夫盡弁以啟金縢之書，乃得周公所自以為功代武王之說。二公及王乃問諸史與百執事。對曰：「信。噫！公命，我勿敢言。」

弁，爵弁也。天子、諸侯十二而冠，成王時年十五，于禮已冠。必爵弁者，承天變，故降服也。按：以天變將卜，東求兆書，因得周公請命之書。此事二公及王非所素知，故問諸史、百執事，而皆對「信有其事。」又嘆息，言公當日誠我，勿敢言，故王與二公不及知也。

王執書以泣，曰：「其勿穆卜！昔公勤勞王家，惟予沖人弗及知。今天動威，以彰周公之德，惟朕小子其新迎，我國家禮亦宜之。」

勿穆卜者，言不必卜也。沖，僮也，年十九以下為僮。德，悳也。新，親也。執書以泣者，感周公忠孝如是而不知也。禮亦宜者，襃德、報功、尊重，禮之所宜然也。

王出郊，天乃雨，反風，禾則盡起。二公命邦人，凡大木所偃，盡起而築之。歲則大熟。

國外曰郊，出郊迎周公也。反風，風還反也，迎禾秒而來，如扶之起也。

築，叔也，拾也。其禾為大木所偃者，起其木，拾其下之禾，無所損失，而歲仍大熟也。按：此篇「既克商」以下，武王代商後二年事也。「武王既喪」以下，成王三年事也。「于後」以下，成王五年事也。公返國後仍居攝，武庚叛，作《大誥》。東征當即在是年之冬或六年之春，至成王八年而底定也。

大　誥

《書序》曰：「武王崩，三監及淮夷叛，周公相成王，將黜殷，作《大誥》。」按：「殷」下脫「命」字，當補。三監者，武庚封邶，管叔封鄘，蔡叔封衛也。《周書・作雒》、《商子・刑賞》，以蔡叔為霍叔，非。鄭氏以三監為管、蔡、霍，不數武庚，此私說也，亦非。武王崩後，成王嗣位之五年，周公自東返國，居攝如初，管、蔡不自安，乃以武庚叛，並導淮夷、商奄助惡，王將興師征之，而作《大誥》。黜，貶退也。誥，告也。告上曰告，發下曰誥，秦始造「詔」字以當之。

王若曰：「猷大誥爾多邦越爾御事，弗弔天降割于我家，不少延。洪惟我幼沖人，嗣無疆大歷服。弗造哲，迪民康，矧曰其有能格知天命！

是時周公居攝，《誥》稱王者，征伐自有天子出也。猷，即猶字，繇也、道也，「猷」字當在「大誥」之下，「而多邦」之上。越，粵也，於詞也。御，猶治理也。言《大誥》天道于汝眾國及汝治事之臣也。弔，猶恤也，古讀為俶，善也。猶《詩》言「不弔昊天」也。割，害也。少，猶微也。延，長也。洪惟者，助語之詞，猶《多方》云「洪惟圖天之命」也。沖人，王自謂也。嗣，繼。疆，竟也。歷，數也。服，及也，九服也。造，遭也。迪，導也。矧，況詞也。有，又也，再也。格，度也，猶計量也。言天降凶害于我家，武王之命不少延長之，而使幼沖人承繼無疆之大業，天下弗逢明智之君導民于安，至有此變亂之事，況又能量度而知天命之何如乎？

已！予惟小子，若涉淵水，予惟往求朕攸濟。敷賁敷前人受命，茲不忘大功。予不敢閉于天降威用，

已，噫也，嘆詞也。淵，回水也。涉、攸，皆行水也。濟，渡。敷，俌也，《詩》所謂「疏附」也。賁，奔也，《詩》所謂「奔走」也。閉，猶距也。威用，猶作威也。言予嗣服以來，夙夜祗懼，若臨深潭，求相與共濟者，疏附奔走之臣，以助先人所受之天命，不敢忘先人之大業，今武庚不靖，殆天

欲黜之，予又何敢拒卻天之威用乎？

寧王遺我大寶龜，紹天明。即命曰：「有大艱于西土，西土人亦不靖，粵茲蠢。

受命曰寧。王，謂文、武也。大寶龜，國之守龜也。紹，猶導也，傳述之意。即，就也，造也，造而請命也。蠢，如蟲之動也。言先王遺貽我元龜，足以昭天之明，意曩嘗造而請命，其兆早明示之曰：將有大難于京師，京師之民心亦擾動不安。及此而果有東方蠢動之事，是龜之神靈，大可見也。

殷小腆誕敢紀其敘。天降威，知我國有疵，民不康，曰：予復！反。鄙我周邦。

腆，厚也，主也。誕，欺詐也。紀，猶理也。敘，緒也。疵，病也。予，殷自予也。復，夏也，行故道也。反，返也，還也。鄙，猶邊也。言今殷為小主而敢欺妄，欲理其已絕之緒，是故天之降威，將黜其命。然亦知我國有流言之病，民心不安，而言殷當復反其王業，以鄙我周邦也。周之先，蓋世為殷家西陲荒裔之君，則武庚必有鄙周之言可知。

今蠢今翼。日，民獻有十夫予翼，以于敉寧、武圖功。我有大事，休？朕卜并吉。」

「今翼」之「翼」，冀也，覬幸也。日，往日也。獻，賢也。夫，丈夫也。翼，敬也。于，往也。敉，撫。寧，安。武，繼。圖，謀也。大事，戎事也。休，喜也，美也。并吉，三兆皆吉也。言今既蠢動而覬幸矣，我周則向日有為民儀表者十臣，足以戡亂定功。今予敬以之往撫，安國難，繼前動而謀大功。我何懼哉！我有戎事，已預知休美，蓋卜三龜皆吉也。

肆予告我友邦君越尹氏、庶士、御事，曰：「予得吉卜，予惟以爾庶邦于代殷逋播臣。」

肆，故詞也。于，往也。逋，亡也。播，判也、散也。以武庚為殷逋播臣者，殷雖于周為客，既受周之封，不得無臣禮，今乃叛逆，則是叛亡之臣矣。

爾庶邦君越庶士、御事罔不反曰：「艱大，民不靜，亦惟在王宮邦君室。越予小子考，翼不可征，王害不違卜？」

罔，靡也。靜，竫也、安也。越，粵也，于詞也。考，父。翼，敬也。害，曷也，詞也。言汝國君及羣臣無不反我之意，曰：其勢難，其事大，民復不安，況武庚之叛，亦惟三監是從，三監在王之宮，在邦君之室，于予爲父行，所常敬禮者，不可征也，則何不違卜乎？

肆予沖人永思艱，曰：嗚呼！允蠢鰥寡，哀哉！予造天役，遺大投艱于朕身，越予沖人，不卬自恤。義爾邦君，越爾多士、尹氏、御事綏予曰：「無毖于恤，不可不成乃寧考圖功！」

永，長也。允，㐱也，進也。蠢，動也。哉，語詞也。造，遭也。役，使也。遺，饋也。投，擿也，猶與也。不，豈不也。卬，我詞也。恤，憂也。義，宜也，所安也。綏，當爲妥，猶左助也。毖，宓也，安也。寧考，武王也。言我非不長思其勢之難而嘆息，進動師旅擾及鰥寡，誠爲可哀。然我既遭天之使令，與以重大艱難之任于我沖人，豈不憂懼乎！爾邦君及羣臣宜助予，曰：「無偷安，而但憂懼，不可不黽勉自奮以成汝武王圖謀之大功，相與勠力致討也。」蓋責其不然。

已！予惟小子，不敢替上帝命。天休于寧王，興我小邦周，寧王惟卜用，克綏受茲命。今天其相民，矧亦惟卜用。嗚呼！天明畏，弼我丕丕基！

已，嘆詞。替，廢也。休，美也。綏，安也。相，瞡也，助也。弼，猶輔也。丕，大也。基，猶始業也。言卜征而吉，是天所命，予不敢廢棄也。昔天降休美于武王，以百里之小邦而有天下，惟卜之用以能安受此命。今天相助下民，予亦得吉卜，則天意可知。又嘆息，言天之明命可畏，卜不可違，爾邦君、多士，尚輔予以大此大業也。

王曰：「爾惟舊人，爾丕克遠省，爾知寧王若勤哉！天閟毖我成功所，予不敢不極卒寧王圖事。肆予大化誘我友邦君，天棐忱辭，其考我民，予曷其不與前寧人圖功攸終？天亦惟用勤毖我民，若有疾，予曷敢不于前寧人攸受休畢！」

此邦君御事中有武王之舊臣，又進而申誥之也。舊，久也，猶老也。丕，不也。寧王，武王也。閟，毖也，慎也。毖者，勞之誤字，勞，古文勞也。所，處也。極，亟也。敏，疾也。卒，殚也，終也。肆，故今也。化，猶教也。誘，羑也，猶導也。棐，輔也，猶備也。忱，誠信也。辭，嗣也，猶新君也。考，

就也，成也。前，牸也。寧人，武王亂臣十人也。攸，所詞也。惟，思也。勤毖，猶閔毖也。疾，疒也，疴也。休，已止也，猶治也。畢，戰也，盡也。言汝皆我國之舊人，汝不能遠察古帝王之事，汝豈不知武王若彼其勞哉！天愍勞我周家功之所成，予不敢不急疾，以竟武王若謀之事。今予大告導我友邦君，天心可見，當輔助誠信之嗣，以成就我新定民，予何可不于前寧人開國之功謀所終乎！今日之事，天亦思以勞愍我民絕此後患耳，譬如人身有疾，起于旦夕，自當除而去之。予何敢不以所受于前寧人者，止其疾之忽發，而去除務盡乎？

王曰：「若昔朕其逝，朕言艱日思。若考作室，既底法，厥子乃弗肯堂，矧肯構？厥父菑，厥子乃弗肯播，矧肯穫？厥考翼其肯曰：予有後弗棄基？肆予曷敢不越卬敉寧王大命？

　　王曰者，更端之言也。若，順也。昔，夕也，猶前日也。逝，往也。肯，當作肎，可詞也；或曰克也，能也。矧，況詞也。構，蓋也。菑，才耕田也，反艸曰菑，故田一歲為菑。播，種也。考，老也，亦父也。古存歿通稱考妣，後世則生曰父母，死曰考妣。翼，敬也。越，粵也，于詞也。卬，我也。敉，安撫也。言順承寧王前日之功，則我其當往征。往征之事我亦言難而日思之，然為子者，棄父之業，其何以對先人？譬若作室，父既底定其法，其子弗克為堂之基，況能蓋堂之屋乎？譬若治田，其父既耕其荒，其子弗克播穀之種，況能斂禾之菑乎？如此，則父之敬事以啓我後人者，其能曰「予有後，勿棄其始基」乎？故今予不敢不于我之身，撫武王所受之大命而安定之也。

若兄考，乃有友伐厥子，民養其勸弗救？」

　　此因邦君御事有考翼不可征之言而譬喻之也。管叔于周公為兄，于成王為諸父，兄考譬管叔也。有，以也，用也。同志曰友，與管叔同志，譬武庚也。管叔啓商惎間王室，是以兄考而伐其子弟也。伐，擊也。養，古文作羕，使也，讀如事君就養有方之養，謂臣僕也。言兄考當覆翼其子，乃反與不逞之徒相親友，以自攻殺其子，則于天理人情悖逆已甚。凡為子之臣僕者，豈尚可以父兄不可拒之說相為勸止，遂坐視而不救乎！蓋以家之常情，喻國之變故也。

王曰：「嗚呼！肆哉爾庶邦君越爾御事。爽邦由哲，亦惟十人迪知上帝命越天棐忱，爾時罔敢易法，矧今天降戾于周邦？惟大艱人誕鄰胥伐于厥室，爾亦不知天命不易。」

此勸勉邦君御事同心勠力以成大功也。肆，力也，猶勉也。爽，明也。十人，即寧人，武王亂臣也。迪，進也。越，粵也，于詞也。爾時，彼時也。易，傷也，變更之意。法，《漢書・翟方進傳》作「定」，蓋「金」之誤字，金，古文法也。戾，觺也，拂逆也。[一]誕，大也。鄰，近。胥，相詞也。言爾邦君御事尚其勉哉，昔治明我新造邦者，皆由聖哲之士，亦惟亂臣十人，進而知天命，輔信我周，故彼時無敢變易武王之法，共成大功。況今天降拂逆，惟茲發大難之人，乃親近如三監，自相攻擊于其室家，不容不討。爾忿于征伐，爾亦不知天右我有周，其命不變也。

校勘記
[一] 疾，當是「戾」字之誤，此段原文無「疾」字。戾，觺也，拂逆也。

予永念曰：天惟喪殷，若穡夫，予曷敢不終朕畝？

穡夫，田夫也。言我長念曰：天之喪殷，如田夫之務去草焉。絕其本根，勿使復植，我何敢不順天意以終竟我田畝之事乎。

天亦惟休于前寧人，予曷其極卜？敢弗于從率寧人有指疆土？矧今卜並吉？肆朕誕以爾東征。天命不僭，卜陳惟若茲。」

休，息止也。極，亟也。于，往也。率，循也。指，旨也，美也。僭，差也。陳，敶也，列也。言前寧人勤勞開國，天亦宜休息之，以與我同安樂。故變亂之生，我何嘗不卜其當征不當征乎？卜既宜往，敢弗從之而往率循寧人之前功以美茲疆土乎！況三龜並吉，更無可疑，故今我大以爾東征也。天命焯然可信，罔有僭差，卜兆之所陳列者，彰彰如此，則往必有功，爾無疑慮。此篇多以卜言，蓋《周禮》太卜之職，凡國大師則貞龜。古者重卜，是以反覆明之也。

微子之命

《書序》曰：「成王既黜殷命，殺武庚，命微子啓代殷後，[一]作《微子之命》。」按：武王先徙微子于宋，爲諸侯。今武庚既誅，因命之承湯祀，封爲宋公。《發墨守》云：「六年制禮作樂，封殷之後，稱公于宋」是也。是篇亡于秦項之火。

校勘記
[一] 原文「命微子啓伐殷後」，當是「命微子啓代殷後」之誤，「代」誤作「伐」，排版錯誤。

王若曰：「猷！殷王元子。惟稽古，崇德象賢。統承先王，修其禮物，作賓于王家，與國咸休，永世無窮。

　　「王若曰：『猷』」，《大誥》到文也。「微子啓，帝乙之元子也」，《左》哀九《傳》陽虎言也。「謂之崇德」，《左》文二《傳》文也。「繼世以立諸侯象賢也」，《士冠禮》文也。「利用賓于文」，《易・觀卦》爻詞也。「宋于周爲客」，《左》僖二十四《傳》文也。

嗚呼！乃祖成湯克齊聖廣淵，皇天眷佑，誕受厥命。撫民以寬，除其邪虐，功加于時，德垂後裔。

　　「乃祖、乃父」，《盤庚》文也。「齊聖廣淵」，《左》文十八《傳》文也。「皇天眷佑」及「誕受厥命」，皆《逸周書》文也。「誕受厥命」，《康誥》文也。「湯以寬治民而除其虐」，《禮・祭法》之文也。

爾惟踐修厥猷，舊有令聞，恪慎克孝，肅恭神人。予嘉乃德，曰篤不忘。上帝時歆，下民祗協，庸建爾于上公，尹茲東夏。

　　「踐修舊好」，《左》文元《傳》文也。「予嘉乃勳，應乃懿德，謂督不忘」，《左》僖十二《傳》文也。「上帝居歆」，《詩・生民》篇文也。「建爾于公」，《漢書・董賢傳》文也。「封爲上公」，《左》昭二十九《傳》蔡墨謂五官之言也。

欽哉，往敷乃訓，慎乃服命，率由典常，以蕃王室。弘乃烈祖，律乃有民，永綏厥位，毗予一人。[一]世世享德，萬邦作式，俾我有周無斁。嗚呼！往哉。惟休，無替朕命。」

　　「往踐乃職，無逆朕命」，《左》僖十二《傳》文也。「明乃服命」，《康誥》文也。「以蕃王室」，《左》襄二十九《傳》文也。「永綏厥位」，《文侯之命》文也。「萬邦作乂」，《皋謨》文也。「無替朕命」，《漢書・王莽傳》文也。又「無廢朕命」，《左》襄十四《傳》王賜齊侯命文也。是篇純以四字爲句，西漢尚無此格調，何況三代。

校勘記
[一]「毗予一人」，原文作「毗于一人」，據他本改。

歸　禾

　　《書序》曰：「唐叔得禾，異畝同穎，獻諸天子。王命唐叔歸周公于東，

作《歸禾》。」按：成王母弟名虞，封于唐，其得禾瑞，時猶未封。《敘》稱唐叔，據後言也。穎，禾穗也。《大傳》云：「三苗貫桑葉而生，同爲一穗，大幾盈車，長及充箱。」歸，饋也。成王以禾瑞歸美于周公，故命唐叔以禾饋公于東征之所。此篇亡于秦項之火。

嘉　禾

《書序》曰：「周公既得命禾，旅天子之命。作《嘉禾》。」按：旅，陳也。敷陳天子之命，推美成王。此篇亡于秦項之火。《漢書・王莽傳》引《嘉禾》有曰：「周公奉鬯，立于阼階，延登贊曰：『假王莅政，勤和天下』。」然「假王」字必是莽所竄改。

尚書古注便讀　卷之四中

康　誥

　　成王既伐管叔、蔡叔，以殷餘民邦康叔，作《康誥》、《酒誥》、《梓材》。邦，封也，爵諸侯之土也。康，爲號諡，初封于衛，至子孫而并邶、鄘也。馬融、王肅皆以康爲畿內國名。按：武王分封時，康叔、聃季皆幼，未得封。成王嗣王，有流言、東征之事，八年中未遑封國也。當從鄭說爲諡，而史臣追偁之。

惟三月哉生魄，周公初基作新大邑于東國洛，四方民大和會。侯、甸、男、邦、采、衛，百工播民和，見士于周。周公咸勤，乃洪大誥治。

　　三月者，成王八年之三月也。哉，才也，始也。魄，霸也。月始生霸然也，承大月二日，承小月三日。二日之月去日未遠，或有時不見，三日則必見，故馬融謂：「月三日始生兆朏，名曰霸。」也。初，猶始也。基，謀也，議也。岐、鎬偏在西垂，四方遠近不均，故周公東行于洛以作新大邑。《周禮·大司徒》：所求地中，「天地之所合，四時之所交，風雨之所會，陰陽之所和」，乃建王國也。洛，在今河南河南府洛陽縣，《左傳》所云「定鼎于郟鄏」也。和，龢，會合也。侯、甸、男、采、衛，九服之五也。不言蠻夷鎮藩四服者，道遠不與役事也。工，官也，五服諸侯之百官也。播，譒也。敷，陳也。見，猶效也。士，事也。勤，勞也。洪，鴻也，代也。是時周公東征既定，議作洛邑以爲東都，先合四方以觀天下之心。于是五服諸侯之百官偕來，且陳告民志之和，願效職事于周，周公皆慰勞之，乃代成王誥康叔，以治道而封之

衛，且以遙馭夫洛也。成王四年觀洛，會諸侯之百官，議建新邑，至五年乃經營之，而作《召誥》也。

王若曰：「孟侯，朕其弟，小子封。

《左傳》定公四年衛祝佗曰：周公相王室以尹天下，分康叔以殷民七族，命以《康誥》，而封于殷墟。僖公三十一年衛甯武子曰：「不可以間成王、周公之命祀。」孔子《書敘》曰：「成王封康叔」，夫甯武、祝佗、孔子之言，安得有誤？後儒改爲武王所封，誕妄甚矣！王，成王也。誥雖周公所命，而每節必稱王曰者，明居攝不自王也。下文則皆周公之言，對眾諸侯而封康叔也。孟，長也。孟侯，諸侯之長也。康叔于王爲叔父，于公爲母弟，其德未知與曹叔、郕叔何如？意年少則易訓迪，分親則服眾心。呼孟侯者，尊之也。稱小子者，親之也。封，康叔名。

惟乃丕顯考文王，克明德慎罰；

乃，汝詞也。丕，大也。顯，㬎也，明也。克，能也。德，悳也。罰，上報下之辠也。辠之小者曰罰，小者尚謹，大者可知。《左傳》成公二年楚申公巫臣曰：「明德慎罰，文王所以造周也。明德，務崇之之謂也；慎罰，務去之之謂也。」

不敢侮鰥寡，庸庸，祇祇，威威，顯民，用肇造我區夏，越我一、二邦以修我西土。惟時怙冒，聞于上帝，帝休，天乃大命文王。殪戎殷，誕受厥命越厥邦厥民，惟時敘，乃寡兄勖。肆汝小子封在茲東土。

侮，敭也。鰥，悹也，憂也。寡，少也，猶偏也。鰥夫、寡婦，天下之窮民也。庸，用也。祇，敬也。威，畏也。顯，㬎也，明著也。肇，始也。區，猶眾域也。夏，中國也。越，粵也，于詞也。時，是也。怙，恃，賴也。冒，冐也，低視也。休，嘉也，美也。殪，猶滅也。戎，崇也，大也。敘，猶順也。寡兄，少有之兄，謂武王也。勖，勉也。肆，故今也。言文王視民如傷，不敢輕慢鰥寡，故用所當用，敬所當敬，畏所當畏，其德顯著于民，用始造我區域于中夏。惟我一、二友邦，亦皆修治我西岐之民，惟是恃賴于時，上帝如見聞之而嘉美之，乃大命文王，殪彼大商以受天下，有若諄諄然命之也。故凡爲殷之諸侯，殷之小民，無不順敘來附寡兄，武王亦能懋勉以繼其志，纘其緒，故今汝得以分封于東，在此位也。此申言文王之明德慎罰也。

王曰：「嗚呼！封，汝念哉！今民將在祗遹乃文考，紹聞衣德言。往敷求于殷先哲王用保乂民，汝丕遠惟商耉成人，宅心知訓。別求聞由古先哲王用康保民。宏于天，若德，裕乃身，不廢在王命！」

　　將，當也。遹，述也，循也。紹，繼也。衣，猶佩服也。往，謂文王之前也。敷，博也，大通也。殷先哲王，湯、太甲、太戊、祖乙、盤庚、小乙、武丁也。乂，雙也、治也。惟，凡思也。耉，老也。宅，度也，揆也。由，以也，用也。古先哲王，夏也。宏，大也。若，順也。裕，猶饒也。在，存察也。言今治殷民當敬循文考，尊其所聞，服其德言，又上而廣求于殷之賢王以保治其民，更大遠思商賢臣之言，度之于心，以焯知其道。且進而上之，別求前聞，用夏王之道以安保其民，斯能大覆于天，順德而寬裕汝身，乃爲不棄今日之王命而常存察也。此勉康叔以明德也。

王曰：「嗚呼！小子封，恫瘝乃身，敬哉！天畏棐忱；民情大可見，小人難保。往盡乃心，無康好逸豫，乃其乂民。我聞曰：『怨不在大，亦不在小；惠不惠，懋不懋。』

　　恫，痛也。瘝當作鰥，讀爲悆，猶病也。畏，威也。棐，輔也。忱，誠也。逸，佚；豫，娛，皆樂也。惠，仁也。懋，勉也。言刑罰之在人身，猶痛病之在汝身，痛病汝所苦，可不敬用刑罰哉！天之明威可畏，而惟誠是輔，民之性情可見，而惟志難安。汝之往國，當竭盡汝心，毋媮安好樂，乃其治民之道。我聞古人有言「凡怨之生，不在事之大小，在于傷心，傷心則雖小亦能爲禍也。惟當于不愛之人行其仁愛，于不勉之人用其勸勉。」蓋自殷而言，則刑亂國，似當用重典；而自周而言，則刑新國，先當用輕典。時康叔爲司寇，恐其任法太猛，故將勖以愼罰而先明其事理也。

已！汝惟小子，乃服惟宏王應保殷民，亦惟助王宅天命，作新民。」

　　已，更端之詞也。服，事也。宏，大也。應，膺也，猶受也。殷民，七族之民也。作，起也。言汝雖小子，汝之事則在宏大王業，受王命以保此甫定之殷民。所以然者，亦惟助王圖度天命，撫綏民人，興起舊染之俗，與之更始而已。或曰「宏王」當作「宏大」，《左傳》引《書》而曰「康叔所以服宏大也。」可證。存參。

王曰：「嗚呼！封，敬明乃罰。人有小罪，非眚，乃惟終自作不典；式

爾，有厥罪小，乃不可不殺。乃有大罪，非終，乃惟眚災；適爾，既道
極厥辜，時乃不可殺。」

典，法。式，用也。爾，如此也。適，啻也，暫詞也。道，導也。言也
恃惡不悛，而皆有心故犯，《堯典》所謂「怙終賊刑」也。偶然誤犯，而又盡
輸其情，《堯典》所謂「眚災肆赦」也。

王曰：「嗚呼！封，有敘時，乃大明服，惟民其勑懋和。若有疾，惟民
其畢棄咎。若保赤子，惟民其康乂。

敘，猶順也。時，是也。服，及也，治也。勑，當作敕，誠也。懋，勉
也。和，相應也。有，已也，猶治也。疾，广也，痾也。畢，戰也，盡也。
棄，捐也。咎，猶惡也。言能順是殺終赦眚之道以行罰，乃大明治，而民皆
誠勉以應上之教終者，去惡如棄疾，則民皆盡捐其惡矣。眚者，如赤子無知，
匍匐入井，必保而救之，則民皆安治而無愁怨矣。

非汝封刑人殺人，無或刑人殺人。非汝封又曰劓刵人，無或劓刵人。」

刑，剄也，殺戮也。無，毋也。或，惑也，亂也。一曰：或，有也，猶
專也，皆可通。劓，割鼻也。刵，當作刖，跀也，斷足也，五刑無斷耳之法。
言天討有罪，其有大罪者，非汝封可言刑殺人也，尚毋妄擅刑殺也；其有小
罪者，亦非汝封又可言劓刖人也，尚毋妄行劓刖也。

王曰：「外事，汝陳時臬司師，茲殷罰有倫。」

外事，外朝聽訟之事也。康叔爲司寇，斷獄于外朝也。陳，敶也，列也。
時，是也。臬者，射之準的，猶言法也。司，有司也。師，達也，猶循也。
茲，此，詞也。殷罰，商之刑法也。倫，侖也，理也。言汝聽外朝之事，當
陳列是法，使有司循此商刑之有倫理者。

又曰：「要囚，服念五、六日，至于旬時，丕蔽要囚。」

又曰者，周公重言之也。要，猶中也，會也。囚，係辠人也。服念，服
膺思念也。旬，十日也。時，三月也。蔽，擘也，擊斷也。言囚係罪人，其
罪法之要辭既具，當服念再三。小疑者至于十日，大疑者至于三月，然後情
眞罪當，乃可以大斷此要辭之囚也。《周禮》：小司寇「至于旬乃蔽之」，鄉士
「異其死刑之罪而要之，旬而職聽于朝」，遂士「二旬而職聽于朝」，縣士「三
旬而職聽于朝」，皆司寇聽之。方士「三月而上獄訟于國，司寇聽其成于朝」，

亦此意也。

王曰：「汝陳時臬，事罰。蔽殷彝，用其義刑義殺，勿庸以次汝封。乃汝盡遜曰時敘，惟曰未有遜事。

　　彝，猶常法也。義，皆讀誼，人所宜也。庸，用也。次，讀爲即，猶就也。如聖之從即，亦作垐，從次也。或曰：次，恣也，縱也，亦通。遜，孫也，順也。言汝陳列是法以從事于罰，斷以殷之常制。凡宜刑宜殺者，勿用以就汝之意見，雖汝以爲盡順于理，亦哀矜勿喜必自疑愼，曰「或有未順于事者乎。」

已！汝惟小子，未其有若汝封之心。朕心，朕德，惟乃知。

　　言汝雖小弱弟，然未有似汝之心。我心者，故我之德，惟汝所知。謂所訓言，皆可法也。《左》定六年《傳》：「太姒之子，惟周公、康叔爲相睦也。」

凡民自得罪，寇攘姦宄，殺越人于貨，暋不畏死，罔弗憝。」

　　自得罪者，不由于人之誘陷，所謂式爾也。寇，暴也。攘，纕也，猶奪也。在內曰姦，在外曰宄。越，蹙也，猶躛也。于，捕也，取也。貨，財也。暋，冒也。罔，無，詞也。弗者，不之深也。憝，怨也。言凡民自罹于罪，如寇攘姦宄殺躛人而取其財者，冒犯國法，不知畏死，此其罪人人得而誅之也。

王曰：「封，元惡大憝，矧惟不孝不友。子弗祗服厥父事，大傷厥考心；于父不能字厥子，乃疾厥子。于弟弗念天顯，乃弗克恭厥兄；兄亦不念鞠子哀，大不友于弟。惟弔，茲不于我政人得罪，天惟與我民彝大泯亂，曰：乃其速由文王作罰，刑茲無赦。

　　元，首也。善父母爲孝，善兄弟爲友。祗，敬也。服，艮也，治也。字，慈也，愛也。疾，嫉也，猶毒害也。顯，㬎也，明也。鞠，育也，稚也。弔，逑也，至也。與，与也，予也。泯，悋也，恢也。亂，斷也。由，用也。刑，剄也。言兄又有惡之首大可恨者，如不孝不友之人乎？子傷父心，父害子命，弟弗念天倫之著明，兄弗念稚子之可閔，有至于此者，雖非干犯有司之政令而得罪于國，然于天所畀民之五常，大爲紊亂，滅天理，喪天良者也，汝則速用文王所作不孝不弟之罰，殺此勿赦。按：《左》僖三十三年《傳》引《康誥》云：「父不慈，子不祗，兄不友，弟不恭，不相及也。」昭二十年《傳》

引《康誥》云：「父子兄弟，罪不相及。」疑此節下尚有闕文，申言「罪不相及也」之意，今不可考矣。

不率大戛，矧惟外庶子，訓人惟厥正人，越小臣諸節。乃別播敷，造民大譽，弗念弗庸，瘝厥君，時乃引惡，惟朕憝。已！汝乃其速由茲義率殺。

此言用法于有位之人也。率，述也，循也。戛，佱也，正也。庶子，《周禮》之諸子也。外者，對小臣近君者言也。掌教國子，故曰「訓人」。正，猶長也。正人，官之長，如《周禮》宮正、酒正及黨正之類也。節，卩也，瑞信也。小臣諸節，如《周禮》掌節之上士、中士也。播，譒也，敶也。敷，敉也。造，作也。譽，名美也。庸，用也。瘝，當作鰥，寁也，憂也。時，是也。引，猶長也。已，噫詞也。義，誼也，文王作罰之誼也。率，律也，猶大凡也。言況又不循大法，如在位之臣乎，別施其私恩小惠，釣猶弋譽，而弗念其職，弗用其常，以病其君。是乃長惡不悛之人，惟我所怨惡。若然，汝乃其速用文王所行之誼大率殺之。

亦惟君惟長，不能厥家人越厥小臣、外正；惟威惟虐，大放王命；乃非德用乂。

君長，謂他國諸侯也。康叔爲牧伯，得征諸侯之有罪者，故亦及之也。能，猶得也；不相能，如不孝不弟之類是也。小臣，即小臣諸節也。外，即外庶子也。正，即正人也。《左》文十六《傳》：「不能其大夫，至于君祖母以及國人」，宋昭公自言其無道，即此之謂也。放，猶棄也。德，惪也，猶恩惠也。乂，嬖也，治也。言諸侯有作不善于其家，作不善于其臣，惟暴虐自恣，大棄王命者，乃非恩德可以治也。汝爲孟侯，當征討也。

汝亦罔不克敬典，乃由裕民，惟文王之敬忌；乃裕民曰：『我惟有及。』則予一人以懌。」

此言康叔尤宜自治也。典，常法也。裕，猶寬也。忌，戒也，警也。懌，當作釋，猶悅樂也。言正己乃所以正人，汝亦毋不能敬常法，能敬常法，乃所由以寬裕其民。用法貴果斷，而化導貴優游也。何以敬典，則凡事思文王之所敬而敬之，猶文王之祗祗也；思文王之所戒而戒之，猶文王之威威也，乃所以裕民也。汝言我思有及于文王，則予一人以此怡悅于汝矣。以見不如

是，則逢王之怒，汝亦不能以殷民世享也。此節言愼罰之終也。

王曰：「封，爽惟民迪吉康，我時其惟殷先哲王德，用康乂民作求。矧今民罔迪，不適；不迪，則罔政在厥邦。」

　　此申言明德爲本也。言殷民化紂之惡，固當嚴以治之。然罰蔽以殷先王之彝，即宜迪導以殷先王之德也。爽，明也。惟，思也。迪，道。吉，善也。康，康也，安也。我，我周也。求，究也，終也。《詩》曰「世德作求」。適，之也，猶往也。言愼罰當以明德爲本，明思治民之道而導之，以安善我周。是其思殷先哲王之德以安治民，殷先王導之于前，我周導之于後，不爲終竟殷先王之德乎？況民雖染于汙俗，亦無導之而不就于善者。特君上不以導之，則正己以正人之政，無所施于其邦，雖齊之以刑，亦免而無恥耳。

王曰：「封，予惟不可不監，告汝德之說于罰之行。今惟民不靜，未戾厥心，迪屢未同，爽惟天其罰殛我，我其不怨，惟厥罪。無在大，亦無在多，矧曰其尚顯聞于天。」

　　惟，思也。監，視也。靜，竫也，亭安也。戾，棘也，猶定也。屢，當作婁，猶數也。殛，誅也。尚，上也。顯，暴也。言我思不可不觀法文王及殷先哲王，故告汝明德之說于行罰之中。今思殷民之所以不安，未定其心，雖屢導之而未能和同者，我明思之，殆天之誅罰我耳，我何敢怨天與民，但自思其罪。凡致天之罰者，不在大，亦不在多也。況豈無大與多者，上而明聞于天乎？此周公代成王自責之言，正己以正康叔也。

王曰：「嗚呼！封，敬哉！無作怨，勿用非謀非彝蔽時忱。丕則敏德，用康乃心，顧乃德，遠乃猷，裕乃以民寧，不汝瑕殄。

　　此亦誡康叔以德行罰也。作怨，猶作威也。則，法也。敏，疾也。「敏德」，《周禮》師氏「二曰：敏德以爲行本」，謂行仁如春夏，行義如秋冬也。顧，還視也。猷，當作猶，儀也，猶圖也。以，與也。瑕，瘕也，病也。殄，絕也。言汝其敬用此罰哉！毋作怨于民，勿用非道之謀非常之法擘斷，以誠心大以仁義之德爲則，以安定汝之心。顧省汝之德，遠大汝之圖，惟寬裕以存心，乃與民相安，民不汝疵瑕，不汝棄絕也。

王曰：「嗚呼！肆汝小子封。惟命不于常，汝念哉！無我殄享，明乃服

命，高乃聽，用康乂民。」

肆，故今也。命，天命也。享，獻也，猶祭祀也。諸侯受封，祭其封內之社稷山川，所謂命祀也。殄享，國亡則絕也。明，勔也，字亦作覆，勉也。服命，侯伯七命，其衣服禮儀，皆以七爲節也。高乃聽者，凡偏聽生姦，當獨觀于昭曠之道也。言故今汝當思天命之靡常，善則得之，不善則失之，可不念哉！毋自我而絕其命祀也。惟在勉汝今日之服命，以高曠之道聽訟，用以安治此殷民而已。

王若曰：「往哉！封，勿替敬，典聽朕告，汝乃以殷民世享。」

往，就封而之國也。替，廢也。典聽，猶常受也。告，誥也，上告下也。殷民，殷墟之民，即上文應保殷民也。享，享國也。言往即汝邦，當持敬而勿廢棄，常聽我告汝之言，則汝乃以是殷民世世享國也。

酒　誥

《書序》見前。《史記》云：「周公懼康叔齒少，告以紂之所以亡，以淫于酒。」鄭氏《詩譜》云：「朝歌民化紂嗜酒。」按：劉向云：「《酒誥》有脫簡一」，豈《大傳》所引「王曰：封，唯曰：若圭璧」，即在脫簡中歟。《韓非・說林》引《酒誥》之文儷《康誥》，疑古本有合《酒誥》于《康誥》爲一者。按：揚子《法言・問神》篇云：「昔之說《書》者，序以百，而《酒誥》之篇俄空焉，今亡夫。」[一]

校勘記
[一]「爲一者」至本節末，原文錯亂，今據《法言・問神》篇改正。

王若曰：「明大命于妹邦。

王，成王也。妹，沬也，水名。沬邦，紂都，當在今河南衛輝府淇縣東北。其初武丁遷居之，即《鄘》詩所云「沬鄉」，在朝歌西南也。《左》定四《傳》：「康叔取于有閻之土」，閻，即鄘之聲近借字也。馬融云：「沬邦，即牧養之地。」按：牧養當作牧野，謂在今汲縣也。紂沈湎于酒，有糟邱酒池之事，有新聲靡樂之歌，民皆化之，故明大命以戒之。

乃穆考文王，肇國在西土。厥誥毖庶邦庶士，越小正、御事，朝夕曰：『祀茲酒』。惟天降命，肇我民，惟元祀。

此言周之所以興也。周家世次，文王第當穆，故儷穆考。肇，屋也，猶

開也。西土，豐邑也。愍，邑也，宰之也。庶邦者，文王爲雍州牧伯，南兼梁荊，故得告眾國也。庶士，眾朝臣也。小，少也。少正，正人之副貳也。如鄭有少正公孫僑，魯有少正卯是也。御事，凡治事之人也。命，猶名也。元，猶大也。言文王遷豐以來，其告戒以宰治眾國君、眾朝臣及小臣治事之人，朝夕敕之曰：「祭祀則用此酒」，思天所以降酒之名，開導我民者，惟大祭祀以敬神明，人得因祭飲酒而已。

天降威，我民用大亂喪德，亦罔非酒惟行；越小大邦用喪，亦罔非酒惟辜。

此言殷之所以亡也。昔爲殷民，今爲周民，故偁我民。德，悳也。言酒固天所降命，酗酒則天所降威，殷民之所以大亂亡其德性者，亦無非以酒肆其行也。西土而外，小大國至于喪亡者，亦無非以酒取罪也。

文王誥教小子、有正、有事，無彝酒，越庶國，飲惟祀，德將無醉。

此言文王之教民也。正，猶長也。彝，猶常也。將，牂也，扶也。醉，酒潰也。言文王誥教庶民，自小子之血氣未定者，始以其有長上之當服勞，有職業之當勤事，不可常以酒爲樂也。推而至于眾國之民，亦惟因祭燕私，而必以德扶持之，毋許溢其度量以至于醉也。《韓非子・說林》篇紹績昧曰：「常酒者，天子失天下，匹夫失其身。」

惟曰我民迪小子惟土物愛，厥心臧。聰聽祖考之彝訓，越小大德。小子惟一。

迪，導也。土物，土所吐之物，五穀是也。愛，悉也，猶惜也。臧，善也。文王言我民各當訓導其小子，惟黍稷之是惜，無耗于酒，其心乃善。能明聽祖父之常訓，則大德固不踰閑，小德亦無出入，一謹酒而德皆純一也。

妹土嗣爾股肱，純其藝黍稷，奔走事厥考厥長。肇牽車牛，遠服賈。用孝養厥父母，厥父母慶，自洗腆，致用酒。

此敕康叔專教妹土之民也。嗣，猶習也。純，專也，媷也。藝，當作埶，種也。黍，穈之黏者也。稷，穄也，其黏者曰秫，皆可爲酒。五穀獨言黍稷者，《周禮・職方》「冀州宜黍稷也。」肇，劭也，敏也。賈，市買也，市于遠而售于近也。服，及也，猶事也。慶，行賀人也。洗，洒也，滌器也。腆，設膳多也。致，送詣也，猶腠也。言妹土之民當去惡遷善，習汝手足之勤，專

以稼穡爲事。其奔走以事其父兄者，勤牽車牛遠致物而坐受之，以孝養其父母。其父母有慶賀之喜，則子自滌爵設膳以送，此酒是亦可用也。上言惟祀用酒，此言養父母，下言養老，皆可用酒者。舊染一時難革，寬其教，以善導之，使優游漸漬以遷于善也。

庶事有正越庶伯君子，其爾典聽朕教！爾大克羞耆惟君，爾乃飲食醉飽。丕惟曰爾克永觀省，作稽中德，爾尚克羞饋祀。爾乃自介用逸，茲乃允王正事之臣。茲亦惟天若元德，永不忘在王家。」

此教妹土之臣也。庶士有正，眾官及長也。庶伯君子，眾長之長也。典，猶常也。羞，進也。耆，謂老成有德者，若三老五更。羞耆，養老也。君，羣也，猶眾也。老有國老、庶老，故曰惟羣。作，爲也。稽，計也，考也。中，猶和也。尚，庶幾也。羞，進也。饋，餽也，饋祀，臣助祭于君也。介，夰也，大也。逸，佚也，猶樂也。《詩》曰「舉酬逸逸」，則逸謂旅酬時也。允，信也。王，猶言周家也。正事，政事。若，順也。元，猶大也。忘，忽也。言爾臣皆當常聽我之教，致謹于酒，爾能養老以羣，則可飲食醉飽。古者天子諸侯皆有養老之禮，《周禮·酒正》曰「凡饗耆老，孤子皆共其德，無酌數」是也。又言爾能長觀察于德，攷于射而中，庶幾進而助祭。古者諸侯將祭祀，與羣臣射以觀德，先習射于澤，而後射于射宮，數中者得與于祭，不數中者不得與于祭。《儀禮》之大射儀是也。總言若此之飲酒，乃信爲周家任政事之臣；若此之飲酒，亦天所順其大德者，而周家亦長不忘是臣矣。以上皆使康叔明于妹邦之大命也。

王曰：「封，我西土棐徂，邦君御事小子尚克用文王教，不腆于酒，故我至于今，克受殷之命。」

此以下正告康叔也。我，我周也。棐，輔也。徂，助也，左也。腆，猶多也。言我周西土當日凡佐之國君、朝臣、小民，皆能用文王之教，不厚貪于酒，故我周至于今日，克受殷之大命也。

王曰：「封，我聞惟曰：在昔殷先哲王迪，畏天顯小民，經德秉哲。自成湯咸至于帝乙，成王畏相，惟御事，厥棐有恭，不敢自暇自逸，矧曰其敢崇飲？

此以商君臣告康叔也。昔，昨也，猶往日也。哲，知也，賢智之王也。

迪，道也。顯，暴也，明也。經，猶常也。德，悳也。秉，猶持也。哲，悊也，
敬也。咸，疑當作戊，太戊也。帝乙，按：謂祖乙，非紂父也。湯至祖乙十
三王，爲世則七也。《易・乾鑿度》云：「《易》之帝乙爲成湯，《書》之帝乙
六世王。」成王，成就王德也。相，叚也，輔也。畏，相敬畏。輔，相。《詩》
云：「成王不敢康」，《周語》叔向說之曰：「敬百姓也」，百姓謂百官，即畏相
之誼也。御事，統言朝臣也。崇，上也。言我聞殷先哲王之道，畏天、畏民，
常其德，持其敬。自成湯、太戊至帝乙，皆能成就王德。敬畏輔相維時治事
之臣，其輔君亦皆恭愨，不敢寬假佚樂，況敢以飲相尚乎？

**越在外服，侯、甸、男、衛、邦伯；越在內服，百僚庶尹惟亞惟服宗工，
越百姓里居，罔敢湎于酒。不惟不敢，亦不暇，惟助成王德顯，越尹人
祇辟。**

　　五服不言采者，省文也。邦伯，方伯也。百僚、庶尹，即上文有正也。
惟亞惟服，即上文有事也。宗工，宗人之官也。百姓里居，謂百官致仕家居
者。湎，沈于酒也。飲酒齊色曰湎，面皆紅赤也。尹，正也。祇，敬。辟，
法也。言外而眾服之諸侯、牧伯，內而眾臣及百官族姓之致仕家居者，皆無
敢沈湎于酒。非徒不敢，且亦不暇。惟助其君成就王德，使之顯著于以正人
心，敬國法，所以不暇也。

**我聞亦惟曰：在今後嗣王酗身，厥命罔顯于民祇，保越怨不易。誕惟厥
縱淫泆于非彝，用燕喪威儀，民罔不盡傷心。惟荒腆于酒，不惟自息乃
逸，厥心疾狠，不克畏死。辜在商邑，越殷國滅，無罹。弗惟德馨香祀
登聞于天；誕惟民怨，庶羣自酒，腥聞在上。故天降喪于殷，罔愛于殷，
惟逸。天非虐，惟民自速辜。**

　　此言紂所以亡國，以戒康叔也。酗，酒樂也。祇當作祇，只也，詞也。
保，猶安也。易，傷也，猶更變也。燕，宴也。儀，義也，容止也。《詩》曰
「既愆爾止」，即謂紂也。盡，痛甚也。荒，妄也，廢亂也。惟，思也。息，
已也，猶止也。乃，仍也。逸，佚也，樂也。疾，猶急也。狠，鷙也。罹，
當作羅，猶憂也。或曰當作惟，思也。馨，香之遠聞者。羣，輩也。庶羣，
眾臣也。腥，當作胜；腥臊，猶臭惡也。愛，悉也。民，猶人也。速，猶召
也。言紂嗜酒，其命令無足以顯示于民者，但安于斂怨之事而不悛改，大肆
其淫蕩于非法，爲酒池肉林使男女裸而相逐其間，爲長夜之飲，以宴飲喪其

威儀，故斯時之民無不痛傷于心。而紂惟狂妄多涵于酒，不思自止，仍然佚樂其心，卞急狠戾，毒害諫臣。反曰我生不有命在天，而不知畏死，以積罪于商邑，于殷之滅亡，曾不以爲憂懼，弗思以明德馨祀登聞于天。大惟民之怨氣，羣臣之酗酒，其臭惡聞于上，故天降喪亡而不復愛之。非天之施其虐也，惟人自召其禍而取罪耳。

王曰：封，予不惟若茲多誥。古人有言曰：『人無于水監，當于民監。』今惟殷墜厥命，我其可不大監撫于時！

監，鑑也，鏡也。墜，當作隊，從高隊也。撫，猶據也。時，是也。言我所以引湯與紂詳告汝者，古人所謂毋鏡于水而鏡于民也。今殷因酒而隕其命，我其可不據是以爲大監乎？《湯征》曰：「人視水見形，視民知治否。」古人之言，疑尚在其前矣。

予惟曰：汝劼毖殷獻臣，侯、甸、男、衛，矧太史友、內史友，越獻臣百宗工，矧惟爾事服休，服采，矧惟若疇，圻父。薄違農父。若保宏父，定辟，矧汝剛制于酒。

劼，固。毖，慎也。獻，賢也。太史、左史，記動者；內史、右史，記言者。友，如文王四友之友，在左右也。越，踰也。宗工，宗人之官。事，士也。服休，燕息之近臣。服采，朝祭之從臣。《魯語》「天子大采朝日，少采夕月。」若，順也。疇，當作眤，籌也，計度之意。圻，畿也。圻父，司馬，主籌度封畿之甲兵者。薄，俌也，猶車之有輔，弓之有弼也。或曰縛也，猶束也。違，韋也。背，螫也。農父，司徒，主教正人之邪行者。保，猶安也。宏，猶大也。宏父，司空，主土主順安萬民者。辟，譬也，治也。剛制，猶彊斷也。言殷獻臣之在諸侯國者，當戒慎于酒矣。況在君左右之臣爲汝友，位踰異姓之臣爲宗官者乎？況爾密邇之士爲燕息之近臣、朝祭之從臣乎？況司馬、司徒、司空三卿之坐而定治者乎？況汝爲一國之主，人所視傚，其可不劼毖于酒而彊以自斷乎？

厥或誥曰：『羣飲。』汝勿佚。盡執拘以歸于周，予其殺。

誥，告也，下陳上曰告。羣，猶輩也。羣聚飲酒，古有此禁，故周惟蜡祭之時，漢有賜酺之令也。佚，失也，縱也。拘，當作枸，讀爲掎，戾其足也。言有告羣飲者，爾毋縱之，皆執縛以歸于周，其當殺者殺之也。愚按：

此指周之眾臣中有此者，康叔不得專殺，故執以歸周也。觀下文言殷之諸臣，言「勿辯乃司民湎于酒」可見。

又惟殷之迪諸臣百工，乃湎于酒，勿庸殺之，姑惟教之。有斯明享，乃不用我教辭，惟我一人弗恤，弗蠲乃事，時同于殺。」

惟，皆詞也。迪，猶導也。庸，用也。姑，及也，且詞也。有，宥也，寬也。如《梓材》「戕敗人宥」，《論衡·效力》篇亦引作「彊人有」也。斯，此也。享，養也，讀如《禮記》「立太傅、少傅以養之。」《孟子》「中也養不中」之養，或曰享，當作㫃，忠厚待人之意也。或曰享，饗也，猶受也。恤，收也，猶救也。蠲，佳也，善也。時，是也。言殷臣之湎酒者，則皆紂之所導，染惡既深，未能驟革，雖歸于周，弗殺，姑教。蓋寬恕此而明欲其遷善也。若不率教而不悛，則予一人弗能救之，弗善汝事于後，則同于羣飲之周臣，殺無赦者也。

王曰：「封，汝典聽朕毖，勿辯乃司民湎于酒。」

典，猶常也。毖，上文劼毖之言也。勿，弗詞也。辯，猶治也。乃司，有司，即諸臣百工也。言汝當常聽我所言劼毖之道，法先貴近，若勿治臣工之湎酒，則小民之湎酒終不可禁矣。

梓　材

《書序》見前，亦周公代成王誥康叔之語。衛于殷為亂國，故《酒誥》之言用重典；于周為新國，故《梓材》之言用輕典。下半以康叔為牧伯，故推之庶邦，以康叔又為至親，故欲其保民以保王也。《論衡·效力》篇引《梓材》曰：「彊人有王開賢，厥率化民。」

王曰：「封，以厥庶民暨厥臣達大家，以厥臣達王惟邦君。

暨，息也，與也。達，通也。大家，卿大夫有采地者之家，如殷民七族：陶氏、施氏、繇氏、錡氏、樊氏、饑氏、終葵氏，即衛之大家，孟子所謂巨室也。上臣謂眾臣，下臣統大家而言。言上有天子，下有大家，所以通上下之情而無暌隔者，邦君也。臣民素服屬于大家，君能撫綏民與臣以其情通于大家，則巨室之所慕一國順之矣。臣民皆翼戴乎天子，君不得罪于巨室，以其情通于天子，則邦國之若否，天子明之矣。鄭氏以王為二王之後，二王之後稱公不稱王，恐非。

汝若恆越曰：我有師師、司徒、司馬、司空、尹、旅。曰：『予罔厲殺人。』亦厥君先敬勞，肆徂厥敬勞。肆往，姦宄、殺人、歷人，宥；肆亦見厥君事，戕敗人，宥。

若，順也。恆，常也。越，粵也，於詞也。師，遾也，先導也。天子六卿，諸侯則三卿，司徒兼冢宰，司馬兼宗伯，司空兼司寇也。尹，正也，謂大夫；旅，眾也，謂士。厲，蝥也，或曰烈也。勞，讀如勞之來之之勞。肆，豕詞也。徂，往也。肆往，前日也。歷人，罪人所過知情容留者也。見，猶示也。事，敬勞之事也。戕敗人，殘毀人手、足、面、目而未至于死者也。言汝順其常道，曰我有互相師法之臣，皆言不暴虐殺人。所以然者，亦其君先能愛民而敬勞之，故臣遂往而敬勞其民。凡向日辠人、經過之人知情連坐者，垂寬恕之，遂亦示君所以敬勞之意，凡毀傷人不死者，亦寬恕之。」

王啟監，厥亂為民。曰：無胥戕，無胥虐，至于敬寡，至于屬婦，合由以容。王其效邦君越御事，厥命曷以？引養引恬。自古王若茲，監罔攸辟！

啟，启也，開也。監，臨視一國，《周禮‧太宰》所謂「立其監」也。亂，治也。胥，毀也，猶言相也。敬，當作矜，惡也，字亦借鰥。老而無妻曰鰥，老而無夫曰寡。屬，嬺也，婦人妊身也。合，仝也，猶同也。由，迪也，道也。容，寬而受也。效，教也，上所施下所效也。命，王命也。曷，詞也。以，用也。引，猶長也。恬，安也。辟，刑法也。言王開國以敷治者，為民而已。惟曰無相殘虐百姓，至于鰥寡嬺婦，皆道之以寬容王教。諸侯及治事之臣，其命何在？期于長養其民，長安其民，非特今王之命然也。自古哲王皆如此，邦君其無任用刑法可也。

惟曰：若稽田，既勤敷菑，惟其陳修，為厥疆畎。若作室家，既勤垣墉，惟其塗墍茨。若作梓材，既勤樸斲，惟其塗丹雘。

稽，計也，度其廣袤而經畫之也。敷，敉也。一歲曰菑，才耕之田也。陳，陳也，列也。修，飾也，皆猶治也。疆，田界也。廣尺、深尺曰畎，田間水道也。牆卑曰垣，高曰墉。塗，當作涂，猶墍也，以蜃灰飾牆也。墍，仰塗也。茨，以茅葦蓋屋也。梓，楸也，木材之良者，故攻木之工曰梓人。樸，木素也，未經斧削之名。斲，斫也。塗，當作戲，讀為朽。丹，巴越之赤

石也。膽，善丹也。《南山經》「雞山多丹膽」是也。《山海經》又有青膽、白膽、黑膽。言治田既反艸將耕，必又界畫溝洫，以喻既除民之疾，又當立其綱紀也；作室既築牆，又當汙以白堊，蓋以茅茨，以喻既立國家，又當修其政令也；治器既成質，又當飾以丹膽，以喻國既治理，又當修明制度、典章，使粲然有成也。周公丁寧康叔，亦欲其善繼文、武之志事，故為此三喻也。

今王惟曰：先王既勤用明德，懷為夾，庶邦享作，兄弟方來。亦既用明德，后式典。集庶邦丕享。

先王，文、武也。明德，有德之臣也。懷，念思也。夾，持也，猶偫也。享，獻也，猶《洛誥》所云「百辟享」也。作，猶使也。兄弟，諸侯同姓及婚姻甥舅之邦也。方，竝也，併也。后，繼體君也。式，用也。典，常法也。集，亼也，會也。會庶邦丕享，即四方民大和會也。言文武勤用明德之臣，思以為輔，故眾邦獻誠，使其兄弟之國並來順命，而諸邦亦能用其明德之臣，至今繼體之王敬用常法，故庶邦亦會于此，而大獻其誠也。自此以下蓋總結三篇之詞，其時侯、甸、男、邦采、衛咸在，康叔以至親而為牧伯也。

皇天既付中國民越厥疆土于先王，肆王惟德用，和懌先後迷民，用懌先王受命。

付，與也。和，龢也，諧也。懌，當作釋，猶怡悅也。迷，惑也。言有人斯有土，天既與民人及疆土于我周矣，故今王亦惟明德之用，以爾小子封為監，欲以龢悅先後迷惑之民，用以慰悅受命之先王也。先之迷民，謂化紂之惡，酗酒酣身者也；後之迷民，謂助武庚為亂者也。

已！若茲。監，惟曰欲至于萬年，惟王子子孫孫永保民。」

已，噫也，發聲之詞。若茲，言王之告汝者，如此也。監，即康叔也。言王所告者，盡于此。爾監當曰：「願如此誥，期至于萬年。惟王子孫長保安此民人也。」《康誥》代成王曰：「乃以殷民世享」，欲康叔長保其國也。此代康叔曰：「子孫永保民」，欲王長保其天下也。

召　誥

《書敘》曰：「成王在豐，欲宅洛邑，使召公先相宅，作《召誥》。」按：此在成王嗣位之十年也。成王年十九，周公將反政，欲擇土中建王國。先視

召公相視所居，至十二年而雒邑成，乃名曰成周，反政于王也。《呂覽·長利》篇云：「成王曰：『惟余一人，營居于成周。惟予一人，有善易得而見也，有不善易得而誅也。』」蓋雒爲天下之中，諸侯朝覲、貢賦道里適均建都者，武王之志而周公成之，居九鼎于此焉。

惟二月既望，越六日乙未。

二月者，成王即位之十年，周公返而居攝之五年正月也。二月，當作正月，字之誤也。望，塱也，月與日相望，光滿也。是月乙亥朔，十五日，己丑望，十六日庚寅爲既望。越六日，則二十一日乙未也。

王朝步自周，則至于豐。

步，行也。周，宗周，鎬京也。豐，文王廟所在。鎬在今陝西長安縣，豐在今鄠縣，去鎬二十五里。將即土中易都，爲大事，故朝告于武王廟，即至豐以告文王廟也。

惟太保先周公相宅，越若來三月，惟丙午朏。越三日戊申，太保朝至于洛，卜宅。厥既得卜，則經營。

太保，召公也。相，視。宅，居也。越，粵也，于也。若，詞也。來，至也。三月，當作二月，字之誤也。二月，甲辰朔也。朏，月未盛之明，月之三日也。爲丙午，又數三日爲戊申，月之五日也。經營，疊韻連語，猶量度也。或曰南北曰經，東西曰營。召公以五日之朝，至洛而小所居，已得吉卜，則經營而度其址也。洛，雒水也，在今河南鞏縣東北，自豐至洛邑七百里。故自正月二十一日吉，行五十里，至二月初五日，計十四日而至于雒也。

越三日庚戌，太保乃以庶殷攻位于洛汭。越五日甲寅，位成。

庚戌，二月七日也。庶殷，眾殷頑民也。是時已遷于洛，故徵發之。攻，猶治理也。位，城郭宮廟朝市之位。汭，水相入也，謂洛水入河之處。甲寅，二月十一日也。《周書·作雒》云：「城方千七百二十丈，郭方七十里，南繫于洛水，北因于郟山，以爲天下之大湊。」又云：「乃位五宮：太廟、宗宮、考室、路寢、明堂。」按：《攷工記》：「匠人營國，方九里。」古者六尺四寸爲步，三百步爲里，則九里之長方千七百二十八丈也。成，謂規模既定，丈尺攸分，國中九經、九緯，左祖、右社，面朝、後市之位皆就理也。

若翼日乙卯，

　　翼，昱也，明也。乙卯，十二日也。

周公朝至于洛，則達觀于新邑營。

　　周公後召公七日而至洛。達，通也。通觀，猶徧觀也。新，鱻也，不久也。

越三日丁巳，用牲于郊，牛二。

　　丁巳，月十四日也。《周書・作雒》曰：「乃設邱兆于南，以祀上帝，配以后稷。」牛二者，帝牛一，稷牛一也。郊用特牲，貴誠也。此以事類祭天，周公代成王行禮也。

越翼日戊午，乃社于新邑，牛一、羊一、豕一。

　　戊午，月十五日也，望前一日。《作雒》云：「乃建太社于國中，其壇東青土，南赤土，西白土，北驪土，中央釁以黃土。」社者，五土之總神，所謂后土也。以共工氏之子句龍配牛、羊、豕，具爲太牢禮。禮，殺于祭天特牲也。

越七日甲子，周公乃朝用書命庶殷侯、甸、男、邦伯。

　　甲子，月二十一日也。周公于是昧爽，即量事期，計徒庸，慮材用，書之于冊，以命役于眾殷侯、甸、男服之邦伯也。

厥既命殷庶，庶殷丕作。

　　丕，大。作，爲也。眾殷承周公之命，皆趨事赴功也。

太保乃以庶邦冢君出取幣，乃復入錫周公。曰：「拜手稽首，旅王若公誥告庶殷越自乃御事。」

　　以，與也。幣者，璋判、白弓、繡質、龜、青純之屬，後爲魯之分器，即《左傳》所云寶玉、大弓也。錫，賜也，與也。稽，䐃也。旅，敷也，陳也。召公見周公德隆功成，有反政之期而欲顯之，因大戒天下，故與諸侯出，取幣以與公，而言「敢拜手稽首，以陳于王，若公並以誥，普告眾殷及汝御事之臣，皆明聽之也。」按：此蓋公既定宅，使伻告卜于西都之時，召公以其言付周公達諸王也。

嗚呼！皇天上帝，改厥元子，茲大國殷之命。惟王受命，無疆惟休，亦無疆惟恤。嗚呼！曷其奈何弗敬？

元，首也。元子，天子也。人皆天之子，天子爲之首也。疆，猶竟也。休，喜也，慶也。恤，憂也。曷其奈何者，曷，可之詞也。言皇天無親，惟德是輔，大位乃天所得改易之，今此大國殷之命，惟我王受之矣。固無窮之慶，然亦無竟之憂也。因嘆息言：「惟聖哲之茂行，敬得用此下土耳。」

天既遐終大邦殷之命，茲殷多先哲王在天，越厥後王後民，茲服厥命。厥終，智藏瘝在。夫知保抱攜持厥婦子，以哀籲天，徂厥亡，出執。嗚呼！天亦哀于四方民，其眷命用懋。王其疾敬德！

遐，當作徦；遐終，猶永終，長久也。越，粵也，于也。多先哲王，賢聖之君六七作也。後王後民，謂武丁以後紂以前也。服，猶受也。厥終，謂紂時也。智，賢臣也。藏，當作臧，隱于野也。瘝，當作鰥，愸也，病也。在，存也。夫，丈夫也。保，緥也，小兒衣。抱，裹也，褢也。攜，提持，握也。徂，往也。眷，顧也。德，悳也。言商祀六百，天既長此殷命者，以哲王之多，今皆在天，故于其嗣世之中主，猶保其命。至于其末紂，暴虐無道，賢智者退伏，病民者在位。民知保抱其子，攜持其妻以哀號呼天，往逋逃于其所亡之處而已。乃出，則見執，又無所逃死，故天亦哀憐殷民。顧此大命，用能勉于敬德者，以爲民主，然則王當速敬德以承天意也。

相古先民有夏，天迪從子保，面稽天若；今時既墜厥命。今相有殷，天迪格保，面稽天若；今時既墜厥命。

相，視也。古曰在昔，昔曰先民。迪，導也。子者，禹始以天下傳子也。面，猶向也。稽，計也。若，順也。墜，當作隊，高陊也。格，挌也，擊也，湯始以征誅得天下也。言視昔夏王，天開傳子之局而保佑命之禹，如面向計度而順天，至桀不德而墮其命。近在殷王，天開征誅之局而又保右命之如夏，至紂不德，而今亦墮其命。言天命靡常，不可恃也。

今沖子嗣，則無遺壽耇，曰其稽我古人之德，矧曰其有能稽謀自天？

沖，僮也。沖子，成王也。壽耇，老成之人也。稽，計也，考也。有，又也，再也。自，猶順從也。自天，猶上文天若也。言王嗣位，則無遺棄老成之臣，當曰是能計考古人之德以輔弼我者，況曰是又能計考于天道以順天

者乎？

嗚呼！有王雖小，元子哉。其丕能誠于小民。今休：王不敢後，用顧畏于民嵒；

誠，和也。嵒，險也，阻難也。丕，猶勿也。用，以也。顧，還視也。言王年雖幼，天之首子也，其在大能和于小民耳！蓋小人難保，今雖庶殷丕作，大見休美，王勿敢以爲可後而忽之，當還視其險難而深畏之，蓋猶水之能載舟，亦能以覆舟之喻也。

王來紹上帝，自服于土中。旦曰：『其作大邑，其自時配皇天，毖祀于上下，其自時中乂；王厥有成命治民。』今休。

紹，繼也。自，猶始也。服，反也，猶制治也。土中，王城于天下之土爲中也。《周禮‧大司徒》「以土圭之法測土深，正日景，以求地中。」「日至之景，尺有五寸，謂之地中。天地之所合也，四時之所交也，風雨之所會也，陰陽之所和也。然則百物阜安，乃建王國焉。」偁旦曰者，君前臣名也。時，是也。配，對也，合也。毖，慎也。乂，燮也，治也。言俟新邑既成之後，王當來繼承天命以始治于土中。且言作此大邑，其自是仰蒼天心，以慎祀于上下神祇；其自是宅中圖治，王保有天之成命以治民，可于今見太平之休美矣。蓋周公反政成王，復辟來洛，其制禮作樂，天下太平，皆在後二年洛邑既成之時。

王先服殷御事，比介于我有周御事，節性惟日其邁。

召公既述周公之言，因自陳治民之道。服，反也，治也。比、介，皆猶近也。節，卩也，猶制也。邁，勱也，勉力也。言今殷民與周民雜處，當先治殷治事之臣，使親近于我周治事之臣，相觀而善，以節其氣質驕淫之性，則日相勸勉殷舊臣遷于善，而殷頑民亦無梗化矣。

王敬作所，不可不敬德。

所，處也。德，惪也。言議道自己，王其以敬爲居身之處哉！所敬維何？仁義禮知之德而已。

我不可不監于有夏，亦不可不監于有殷。我不敢知曰，有夏服天命，惟有歷年；我不敢知曰，不其延。惟不敬厥德，乃早墜厥命。我不敢知曰，

有殷受天命，惟有歷年；我不敢知曰，不其延。惟不敬厥德，乃早墜厥命。

監，視也。服，猶佩也。歷，過也，久也。延，長也。墜，當作隊，從高隕也。言不可不察視夏、殷以為戒，夏、殷之歷年修短皆不敢知，惟知所以墜其天命者，皆不敬厥德故耳。

今王嗣受厥命，我亦惟茲二國命，嗣若功。

嗣，繼也。惟，思也。茲，此也，詞也。若，順也。國功曰功。言今王繼受天命，我亦當思此夏、殷之所以受與墜者，而繼順其敬德，以定國之功者，如夏、殷哲王也。

王乃初服。嗚呼！若生子，罔不在厥初生，自貽哲命。今天其命哲，命吉凶，命歷年；知今我初服，

生，猶養也。生子，謂年十五入太學時，育養之使作善也。貽，當作詒，遺也，饋也，猶寄也。哲命，謂賢智也。言王乃佩服天命之始若生子，然其善惡無不在于初生之時，自寄于善，乃有賢智以承天之命也。今天其命王以賢智與否乎？命王以吉以凶乎？命王以歷年與否乎？均未可知。所以可知者，今我初服，如子初生，在自勉于善，自絕于惡而已。

宅新邑。肆惟王其疾敬德？王其德之用，祈天永命。

肆，故今也，詞也。疾，速也。祈，求也。用，以也。永，如水之長也。言王新居洛邑，今其速敬德哉！惟以德求天歷年之長命耳。

其惟王勿以小民淫用非彝，亦敢殄戮用乂民，若有功。

此言化民以德，勿以刑也。淫，過也。彝，常法也。敢，進取也。殄，盡也。乂，芟艸也，猶殺也。若，順也。言王無以頑民過用非常之法，亦勇于用刑以殄刈之，惟順而導之以德，乃有功也。

其惟王位在德元，小民乃惟刑用于天下，越王顯。

元，首也。刑，荊也，法也。越，粵也，于詞也。顯，㬎也，光明之意。言一人首出，位天下之上，則居天德之首，小民所用以為法者也。敬德而天下法之，斯于王之德益光明矣。

上下勤恤，其曰我受天命，丕若有夏歷年，式勿替有殷歷年。欲王以小民受天永命。」

　　上下，君臣也。恤，憂也。其，期詞也。丕，大也。式，用也。替，廢也。言君臣相與勤勞憂恤，共期受命，如夏歷年之久，勿如殷歷年之久而忽廢之，欲王以小民受天長命也。蓋國治而民安，民安樂者，天說喜而增厤數矣。丕若與勿替異辭者，周受殷命不可云丕，若有殷歷年也。

拜手稽首，曰：「予小臣敢以王之讎民百君子越友民，保受王威命明德。王末有成命，王亦顯。

　　予小臣，召公自偁也。以，與也。讎，儺也，猶相當、相對也。故字亦或作酬，謂殷頑民也。百君子，兼殷御事、周御事而言也。友民，同志之民，謂周民也。末，猶終也。召公既拜，興而言我小臣敢與殷之頑民暨殷周之臣，及周同志之民，皆保受王之威命明德，則王終有天之成命歷年永久，而王之德亦光明于天下也。

我非敢勤，惟恭奉幣，用供王能，祈天永命。」

　　非敢勤者，召公自謙之詞也。幣，即太保取以入錫周公之幣也。供，具也。言我非敢自謂能勤也，惟敬奉此幣以與周公，供待王能，祈天永命而已。

洛　誥

　　《序》曰：「召公既相宅，周公往營成周，使來告卜，作《洛誥》。」鄭康成曰：「居攝七年，天下太平，而此邑成，乃名曰成周也。」按：洛邑之經始，在居攝五年，而其成則在七年。序于《洛誥》言：「成者要其終，而名之告卜。」告卜于西都也。

周公拜手稽首曰：「朕復子明辟。

　　拜手，首至手也。稽首者，首至地也。復，返也，猶還返也，謂將返政于成王也。返政在成王嗣位十二年洛邑既成之後，此蓋經始已定，而先言之辟君也。子者，親之之詞；明辟者，尊之之詞，皆謂成王也。王命周公往營成周，公既得卜而復命，將自退老也。

王如弗敢及天基命定命，予乃允保。大相東土，其基作民明辟。

　　基，猶始也。允，繼嗣也。相，視度也。言王年幼，若弗敢乘天基命定

命之時，作民明君，曰「如弗敢」者，宛約其詞，嫌于斥王之幼也。予乃居攝以繼嗣武王，保安周家。今大相度洛邑，王當爲天下明君之治，庶其基始于此。洛在鎬東，故曰東土。

予惟乙卯，朝至于洛師。我卜河朔黎水，我乃卜澗水東，瀍水西，惟洛食；我又卜瀍水東，亦惟洛食。

乙卯，見《召誥》，周公居攝之五年二月十二日也。師，猶眾也。朔，北也。河朔黎水，在今河南衛輝府濬縣東北，其故城古謂之黎陽也。近于紂都，爲殷民懷土重遷，故先卜近以悅之。澗水，出今河南府澠池縣山。瀍，當作廛，廛水出今河南府洛陽縣山，二水皆入洛。澗東瀍西，即召公所卜王城也。廛水東者，略近衛輝府王城之下都，所謂成周，今洛陽縣東北二十里，其故城也。王城在今洛陽縣西北二十里，相距十八里。食，龜兆食墨也。凡卜四時，各灼龜之一體。今在二月，爲周之春，是當灼前左也。而龜陰類，不宜于火。以楚燉焌其一處則止，灼其處不能延及滿腹，故必以墨畫之，使火循墨而延爇。蓋墨者，煙煤所成，利以引火者也。引至其處，以觀兆之吉凶，著引不至所畫之處則不吉。可知言河朔黎水則占之不吉，而洛陽則廛水東西皆吉。今以澗水東廛水西爲王城，以瀍水東爲下都，遷殷頑民也。鄭氏謂使民服田相食，恐非。王城，即召公所卜，而下都，則周公所卜也。

伻來以圖及獻卜。」

伻，當作抨，猶使也。使人來于王所，以新邑之地圖及獻所卜之兆也。必以圖者，口述不憭，指圖乃憭也。

王拜手稽首曰：

拜手稽首，施于極敬，爲天非爲公也。王以公言天基命定命，故兩言敬天之休，皆云拜手稽首。公以叔父之尊當居攝之任，似不妨特有加禮。然君而稽首于臣，不可以訓。故用王麟趾之說解之，猶《左傳》子犯曰天賜，而重耳稽首。秦穆賦《六月》以佐天子者，命重耳，而重耳亦稽首也。下文拜手稽首休享，則爲禋文武也。

「公不敢不敬天之休，來相宅，其作周匹，休！公既定宅，伻來來，視予卜，休恒吉。我二人共貞。公其以予萬億年敬天之休。拜手稽首誨

言。」

　　休，喜也，猶美也。匹，猶配也。伻來來者，使二人也。先獻王城之吉
卜，後又獻下都之吉卜也。以此觀彼曰視，故使彼觀此亦曰視。恒，久也。
古文以貞爲鼎，籀文以鼎爲貞，古二字通用。此貞即鼎，借爲當也。億，意
也。古十萬爲億，漢時則萬萬爲億。誨，曉教也；誨言者，教以及天基命定
命之言也。成王言公代予及天基命定命來相度洛邑之居以作周邦，而配天之
美命，即公所謂允保大相東土基作民明辟也。公已定宅，先後兩使人示我以
卜兆之美，兩地所卜皆吉，即公所謂伻來以圖及獻卜也。我二人，王與公也。
言我與公共當其美，公其以我永遠敬天之美，敢拜稽而受所誨基命定命之言
也。上拜稽，是史臣所記，此則王自言，非有二拜也。

周公曰：「王，肇稱殷禮，祀于新邑，咸秩無文。

　　此以下公告王以宅洛之事也。肇，犀也，猶始也。稱，冉也，舉也。咸，
僉也，皆也。秩，猶敘也。無文，諸廢祀之殷無文籍，或今宜增祀者，皆祭
之也。或謂殷禮簡質無文，則以文爲尨章之尨。其說非是。或曰：文，紊也，
亂也。存參。成王始臨新都，遷殷頑民，故先用殷民習見之禮。雖公制禮作
樂既成，欲俟成王即政後告神受職，然後頒行周禮，頒後始用之也。

予齊百工，伻從王于周，予惟曰：『庶有事。』

　　齊，正也。工，官也。伻，使也。周，新邑也。庶，眾也。有事，祭
也。《左氏春秋傳》僖九年曰：「有事文武」，昭十五年曰：「有事于武宮」是
也。言我來洛時，整齊百官，使從王于洛邑，我惟告之曰：「眾臣將有助祭之
事。」

今王即命曰：記功宗，以功作元祀。惟命曰：『汝受命篤弼，

　　曰，當作日。即命日，猶言受天命之日，謂至洛邑頒新政也。宗，尊也，
實崇也。記功宗者，凡有功之臣皆書于太常，載在盟府是也。元，首也，猶
始也。作，爲也。作元祀者，若大享于先王，爾祖從與享之是也。周時，若
虢叔已歿，自宜祭于大烝。他存歿不可考，其禮可類推也。惟命者，頒天子
新命，使司勳詔之也。受命，受天子新命也。篤，篧也，旱也。弼，猶輔也。
言王至洛之日，記諸功臣而尊異之。其歿者，則首列祀典。惟命曰：「爾受茲
新命者，以能厚輔王室，有大功于周也。」

丕視功載，乃汝其悉自教工。」

丕，大也。視，猶示也。功載，記功之載書也。悉，盡也。教，效也。工，功也。言以功載徧示羣臣，使知凡載在書記者，皆能自靖以效功，故有此寵命也。

孺子其朋，孺子其朋，其往！無若火始焰焰；厥攸灼敘，勿其絕。

孺子，幼少之偁，謂成王也。朋，佣也，羣臣同志好者也。其朋其朋，言慎所與也。往，枉也，邪曲也。焰焰，火行尚微也。灼，爇也。敘，除也，實袪也，言其慎所與乎？若比暱邪曲之人，其害始雖甚微，而後且勢陵于君，權隆于主，雖欲除之，而弗可絕。譬之于火，熒熒不救，炎炎奈何也。

厥若彝及撫事如予，惟以在周工往新邑。伻嚮即有僚，明作有功，惇大成裕，汝永有辭。」

若，順也。彝，猶常法也。撫，按也，持也。嚮，當作向，仰對之意。即，就也。有，友也。同官為僚。明，崩也，猶勉也。裕，猶饒足也。辭，詞也，猶聞譽也。言王其順用常法及撫治政事，皆宜如我之所為，惟以在周之舊臣從往新邑，使殷臣有所趨嚮，就其僚友，相與敏勉，赴功厚大，以成饒裕，則汝亦終有譽于永世矣。

公曰：「已！汝惟沖子，惟終。

已，詞也，更端之語，止而復言也。上文言治內，以下言治外。言汝雖沖子，然終成王業，惟在于汝任大責重也。

汝其敬識百辟享，亦識其有不享。享多儀，儀不及物，惟曰不享。惟不役志于享，凡民惟曰不享，惟事其爽侮。

識，記也。辟，諸侯也。享，獻也，朝貢之禮也。儀，義也，禮意也。物，幣也。役，猶營也。爽，差忒也。侮，慢易也。言御諸侯之道，當察其誠與不誠，輕財而重禮也。幣美則沒禮，若禮意簡略，不誠猶之不享，為其不營心于所享，恭敬事上也。下民效此，皆不以真意相屬，則凡事皆僭忒慢易，無所不至矣。

乃惟孺子頒，朕不暇聽。朕教汝于棐民彝，汝乃是不蘉，乃時惟不永哉！篤敘乃正父罔不若予，不敢廢乃命。汝往敬哉！茲予其明農哉！彼裕我

民，無遠用戾。」

　　頒，敚也，分也。聽，如聽朝聽政之聽。棐，輔也，俌也。蕶，崩之或
體，字如《周禮》薢氏，故書萌作蕶。《漢書·司馬相如傳》魤，亦作鱏也。
崩，猶黽勉也。時，是也。篤，篤也，旱也。正，猶長也。父，父行，若曹叔、
成叔、康叔、聃季，及召、芮、畢、毛之屬也。廢，猶棄也。明，亦崩也，
勉也。明農，退老田野之意，彼往有所加也。裕，猶寬也。戾，隸也，猶至也。
承上文言政事繁多，皆惟孺子分布之，我不遑聽其事矣。我所教汝者，惟輔
民以常道，汝若不于是黽勉以圖，乃不能久安長治也。其要在任用賢臣，惇
敘九族，汝父行皆老成人，爲臣民之長，不可不諫行言聽，如予之信任舊人，
則臣下亦不敢不靖共其位，或至廢棄汝命矣。汝今往新邑，其無不敬哉，若
予則將退老于田間，以修先世農業，不在其位，不謀其政也。汝于我民，加
之以寬仁之政，則不獨殷民向化，雖四海之遠，亦莫不偕來同我太平矣。

王若曰：「公！明保予沖子。公稱丕顯德，以予小子揚文武烈，奉答天
命，和恒四方民，居師；

　　此以下王答公誨言及畱公之詞也。明，崩也，勉也。保，猶安也。稱，
再也，舉也。丕顯，暴也。德，悳也。烈，光也。答，當作荅，合也，應也。
和，龢也。恒，久也。師，眾也。王欲畱公，述公輔相之功，言公黽勉保安
我沖子，舉其顯德，代余續揚文武之光業，應奉天命和懌以久有四方之民，
故營此洛邑以爲京師也。荅公之所言洛師也。

惇宗將禮，稱秩元祀，咸秩無文。

　　惇，厚也。宗，崇也。將，獎也，大也。稱，再也，舉也。秩，猶敘也，
次第也。言公所誨，肇稱殷禮祀于新邑，敬當厚崇大典，舉敘首祀。凡無文
者，皆次第舉行也。此荅公記功宗，以功作元祀之言也。

惟公德明光于上下，勤施于四方，旁作穆穆，迓衡不迷。文武勤教，予
沖子夙夜毖祀。」

　　旁，溥也。作，爲也。施，攲也，敷也。穆穆，美也。迓，當作訝，實
爲御使馬也；衡，輈耑橫木也。迷，惑也。凡失其所欲之路而妄行之則爲迷，
以御車喻治天下也。文武有文治武功，如《詩》云「文武吉甫，文武是憲」
也。毖，慎也。言公德光于天地，布于四方，溥爲穆穆之美，化如御車之不

迷于路。有文有武，以勤教于予，予沖子安受其成，惟早夜愼其祭祀而已。猶曰政須由公，祭則小子也。此美公平日輔佐之功，教誨之勤，先示以所以畱之之意也。

王曰：「公功棐迪篤，罔不若時。」

　　迪，導也。言公輔導我之功深厚無量，我無敢不順，是以行此。苔公罔不若予之言也。

王曰：「公！予小子其退，即辟于周，命公後。

　　辟，君也。周，西周也。後，猶畱後，畱守之意。王許周公復辟之請，而言予當退，即政于鎬京，不必來洛，而命公畱後也。對洛言，故曰退。蓋居攝之時，成王幼小，周公常稱王命，專行不報。至此，王年已十九，用人行政，皆能遵周公之法，故許公返政之請。而洛邑初基，凡新政之頒，禮制之定，命周公主之，而王仍退居西都，不來新邑。俟一二年後再往也。或曰此節當在「王入太室，祼」之下，錯簡于此。存參。

四方迪亂，未定，于宗禮亦未克敉公功。

　　迪，導。亂，治也，實理也。宗禮，即記功宗之禮也。敉，撫安也。言四方導治，周公制作禮樂尙未全定，故雖以公之元功于宗禮，亦未能首議以安公也。此苔公記功宗之言也。

迪將其後，監我士師工，誕保文武受民，亂為四輔。」

　　將，牂也，扶助也。監，臨視也。士，事也。師，眾工官也。誕，猶大也。四輔，前疑、後丞、左輔、右弼也。《大戴·保傅》篇則以周公爲道，立于前，太公爲充，立于左，召公爲弼，立于右，史佚爲承，立于後也。言公當導助其後，臨視我執事之眾官，大保安前人以文德武功所受之民，圖治而爲四輔也。書凡連言文武者，皆非斥言文王武王。此苔公明農之語，謂必不可去也。

王曰：「公定，予往已。公功肅將祗歡，公無困哉！我惟無斁其康事，公勿替刑，四方其世享。」

　　定，猶止也。往，往日也。已，即以字。肅、祗，皆敬也。將，猶奉也。歡，悅也。哉，當作我。斁，斁也。康，康也，安也。替，廢也。刑，荆也，

法也。享，猶受也。言公其啚止于洛，予往。以公輔弼之功，敬奉而敬悅焉。今欲去我，是困我也。我惟無怠其安國之事，公亦勿廢公之法，而使我無所則效，則四方亦倚賴之，其世世受公之德矣。此諄切啚公之詞也。

周公拜手稽首曰：「王命予來，承保乃文祖受命民，越乃光烈考武王，弘朕恭。[一]

文祖，文王也。越，粵也。乃，難詞也。烈，威也。宏，大也。恭，功也，以勞定國曰功。周人祖文王而宗武王。言王命予來洛以承安文王受命之民于烈考武王，是欲宏大我治洛之功也。此蓋周公述王啚己之意而恭受王命也。

校勘記
[一] 弘朕恭，原文作「宏朕恭」，今據他本改，注文未改。

孺子來相宅，其大惇典殷獻民，亂為四方新辟，作周恭先。曰其自時中乂，萬邦咸休，惟王有成績。

此公既許王啚洛而仍勸王，一來鎮撫殷民以重其事也。惇，厚也，如說禮樂而惇詩書之惇。典，冊籍也。獻，賢也。亂，治理也。作周，作立周邦也。曰，欥也，詮詞也。中，土中也。乂，嬖也，治理也。休，喜也。績，功也。言孺子來度居于新邑，其大厚集殷之典章及其賢民，相與圖治，以為四方新君而作周家恭主之先，庶幾自是宅中出，治萬邦咸喜而王有成功乎。

予旦以多子越御事，篤前人成烈，答其師，作周孚先。考朕昭子刑，乃單文祖德。

以，與也。多子，眾卿大夫也。烈，業也。答當作荅，合也，對也。師，眾也。孚，信也。考，成也。昭子，謂成王，猶言子明辟也。刑，荊也。單，殫也，盡也。德，惪也。言啚洛之事，予旦任之，與眾卿大夫及治事之臣，篤厚前人已成之功業，以對天下之眾，而作我周信臣之先，將以成成王所命之法，而盡繼文祖之德也。成王既許即辟，則政教皆王之法，故曰昭子刑。

伻來毖殷，乃命寧，予以秬鬯二卣。曰明禋，拜手稽首休享。

毖，勞也。寧，盦也，安也。秬，黑黍也，一秠二米；鬯者，釀秬為酒也。卣，即㔽字，中尊也，承鬯之尊也。禋，絜祀也，精意以享曰禋。拜首稽首者，為文王武王，非為公也。休，喜也，美也。享，祭獻也。言王不欲

自來，而使人來殷慰勞，乃命我安處于洛，以秬鬯二卣代王禋祀文武，告成洛邑，而自拜手稽首，遙奉此美享也。蓋王欲不來，而使公攝己之祭，公述其事如此也。

予不敢宿，則禋于文王、武王。

宿，經宿也。公以王不來洛，命己攝祭，不敢宿君命，即禋于文、武。而所謂咸秩無文者，則仍欲俟王之來，再舉其禮也。

惠篤敘，無有遘自疾，萬年厭于乃德，殷乃引考。

此祭之祝詞也。惠，順也。篤，篤厚。敘，次第也。遘，遇也。疾，疒也，病也。厭，猒也，飽也。引，長。考，成也。祝成王順厚敘文、武之道，身其康彊，子子孫孫皆食其德，則殷之天下長成爲周之天下，而文、武在天之靈亦慰也。

王伻殷乃承敘萬年，其永觀朕子懷德。」[一]

此復詔王來洛之詞也。言禋于文、武之命，雖已代攝，然舉祀發政之始，必王親自來，使殷民見之，乃奉行有次第，將自是至于萬年，其長觀法我孺子而懷其德矣。

校勘記

[一] 王伻殷乃承敘，朱原文于此著一「句」字，謂于此當斷句。然觀其說解，「萬年」二字似當連上讀方成一完整意思。核之他本，亦爲連上讀。

戊辰，王在新邑。

此以下成王從公之請而至洛也。戊辰，成王嗣位之十年，周之十二月十二日也。王于是日至洛。史謹記之。

烝，祭歲，文王騂牛一，武王騂牛一。王命作冊，逸祝冊，惟告周公其後。王賓殺禋咸格，王入太室，祼。

冬祭曰烝。烝祭歲者，烝爲歲舉之祭，王在東都行之，不再于西都祭也。騂，當作觲，䣈也，猶赤也。冊，祝文書于冊也。逸，史佚也。王賓，諸侯助祭者。殺，殺牲也。禋，煙也。咸，僉也，皆也。格，假也，至也。太室，清廟中央之室也。祼者，用秬鬯之酒，又別築鬱金香草煮之，以鬱合鬯謂之鬱鬯。祀時，專用以祼。祼有二，主人灌地降神，是未祭時也；君以圭瓚酌

酅授尸，尸祭之地，乃唪之、奠之，是一獻之禮也。言王至于洛，行周正季冬烝祭之禮，又別殺騂牛二，特祭文、武于文王之廟。周尚赤，故用騂。使史逸讀祝冊，以告周公雷洛也。當殺牲，燔燒之時，助祭者皆至。蓋周人尚臭，殺牲則取膟膋以合蕭，與黍稷燔之，其煙旁達，故曰禋。王入太室祼，當爲祼尸之一獻也。○此節下或以「王曰：公，予小子其退，即辟于周，命公後」十五字錯簡在前。存參。

王命周公後，作冊逸誥，在十有二月。

十二月，亥月也。此史官追書之，記戊辰之爲周十二月日也。

惟周公誕保文武受命，惟七年。

此史官總記周公居攝之年也。《召誥》《洛誥》皆在公居攝之五年，是年後，雖出政布令，皆稱成王，仍由公主之。至其後二年，返政，王始自主之。時王年二十有一矣。史終記之，故曰七年也。

多　士

《敘》曰：「成周既成，遷殷頑民，周公以王命誥，作《多士》。」鄭曰：「此皆士也，周謂之頑民。」按：于周爲梗化之頑民；于商爲效忠之義士。成周者，洛之下都，所謂瀍水東也，王城在瀍水西。

惟三月，周公初于新邑洛，用告商王士。

三月，寅月也。周公雷洛之明年，攝政之六年，成王嗣位之十有一年也。于，往也。新邑洛，指下都成周也。商王士者，貴之之詞。公始自王城往下都，以王命撫安殷士也。

王若曰：「爾殷遺多士，弗弔旻天，大降喪于殷，我有周佑命，將天明威，致王罰，勑殷命終于帝。

弔，俶也，善也。秋爲旻天。喪，亡也，猶棄也。秋氣肅殺，方言降喪，故稱旻天。如《詩》三言「疾威」，皆曰旻天也。旻天絕句，猶《詩》言「不弔旻天」也。佑，當作右，助也。將，牂也，猶奉也。勑，當作敕，正也。終，終其事也。帝，天也。言殷德不爲天所善，故大降喪亡于殷。我周佑助天命，奉天之明威，致王者之罰，以敕正殷命，爲上帝終其事也。

肆爾多士！非我小國敢弋殷命。惟天不畀允罔固亂，弼我，我其敢求位？

肆，今詞也。弋，猶取也。鄭本作翼，訓驅，謂借爲趨。非是。畀，與也。允，胤也，習也。罔，妄也，譀也。固，怙也，恃也。亂，譀也。弼，猶備也。言非我小邦敢取殷之天下，惟天不與習妄怙亂之人，故輔助我，我其敢求天位乎？

惟帝不畀，惟我下民秉為，惟天明畏。

秉，猶執也。為，作爲也。畏，威也。言天之不與，于何見之，徵之下民而已。天之視聽，即民之視聽，所謂天明威，自我民明威也。曰我下民者，昔爲殷民，今爲周民也。

我聞曰：上帝引逸，有夏不適逸；則惟帝降格，嚮于時。夏弗克庸帝，大淫泆有辭。惟時天罔念聞，厥惟廢元命，降致罰；

此以下言殷之革夏，以明周之革殷，亦猶是也。上帝引逸，周公所聞古語也。引，猶導也；逸，佚也，安樂也。有夏，爲桀之民也。適，嫡也，悅也。降，下也。格，度也，計量也。嚮，當作向，響也，聲相應也。庸，用也。淫，放濫也。泆，蕩也。有辭，有罪狀可指說也。罔，無也。念聞，猶下文聽念也。元，始也。言我聞天以使民安樂爲心，昔夏桀之民困于暴政，不能悅樂，其時天尚不忍遽棄之，下視度量而先出災害以譴告之，夏桀不能因天警誡用以自省，大肆其放蕩，而辜狀之積一一可指，惟時天乃無憐念聽聞之意，廢其始時命禹之命，而下致滅亡之罰也。

乃命爾先祖成湯革夏，俊民甸四方。

革，更也，改也。俊民，才德過人者。甸，治也。言湯代夏而有天下，亦兼用夏之賢人以治四方也。

自成湯至于帝乙，罔不明德恤祀。

帝乙，祖乙也，湯後第六世孫。恤，閱也，猶更歷也。殷曰祀，言殷第七世以上皆賢王也。

亦惟天丕建，保乂有殷，殷王亦罔敢失帝，罔不配天其澤。

失帝，失天安治之意也。澤，德澤也。言代有哲王，亦惟天大立殷之天下，而欲安治之。殷先王亦畏天命，無敢失去天心，無不克配上帝以承湯之

德澤者也。

在今後嗣王，誕罔顯于天，矧曰其有聽念于先王勤家？誕淫厥泆，罔顧于天顯民祇，

後嗣王，謂紂也。顯，曓也，明也。祇，敬也。言紂大不明于天道，既不畏天，況又能念聞于先王之勤勞國家乎？故大放蕩，無所顧于天之有顯道而民之當敬畏也。

惟時上帝不保，降若茲大喪。

大喪，國亡身滅也。

惟天不畀不明厥德，凡四方小大邦喪，罔非有辭于罰。」

惟天不與不明其德者，匪獨殷也。凡四方小大國之喪，無非有皋狀可指數者，天無有私罰也。

王若曰：「爾殷多士，今惟我周王丕靈承帝事，有命曰：『割殷。』告勅于帝。

周王，謂武王也。靈，良也，善也。割，剝也。勅，當作敕，正也。言我武王亦惟善奉天意，天命剝殷，故致伐而告正于天。《禮記》云：「牧之野，武王之大事也。既事而退，柴于上帝。」此告正之說也。

惟我事不貳適，惟爾王家我適。

貳，益也。適，敵也，仇也。王家，謂武庚也。言我割殷之事，既封爾王家，非有仇敵之意。惟爾王家作難，與我為敵，故至此也。

予其曰惟爾洪無度，我不爾動，自乃邑。

洪，大也。乃，猶汝也。言爾既為周客，乃大無法度，因三監而叛，是我不于爾發難，由汝邑自取滅亡也。

予亦念天，即于殷大戾，肆不正。」

戾，黐也，猶乖背也。肆，故今也。正者，執而治其皋也。言我亦念王家之叛，是天意就殷而大拂戾之，非爾多士之由，故今不誅爾多士，而遷爾于此也。

王曰：「猷！告爾多士，予惟時其遷居西爾，非我一人奉德不康寧，時惟天命。無違，朕不敢有後，無我怨。

　　猷，發聲之詞也。時，是也。西者，殷民自紂城朝歌之地遷居成周，乃由東北至于西南也。奉，猶持也。康，穅也。寧，寍也，猶安靜也。違，韋也，背也。後，後命也。言予不誅爾，惟是遷爾西居于此，非我一人性不安定好擾動爾民也，亦天之所命使然耳。爾其無背我意，我不敢有後命而謂不從將誅也，汝毋以遷故而怨我，當知我與爾更始之意也。

惟爾知，惟殷先人有冊有典，殷革夏命。今爾又曰：『夏迪簡在王庭，有服在百僚。』

　　迪，導，進也。簡，柬也，擇也。庭，廷也，堂下朝君之地也。服，猶事也。言爾所素知者，惟殷先人典冊所記殷革夏命之事，故今爾又據之而言曰：「夏之遺民，殷多進擇在朝，使有職事，列于百僚。」而今周不然也。

予一人惟聽用德，肆予敢求爾于天邑商，予惟率肆矜爾。非予罪，時惟天命。」

　　聽，猶察也。敢，進取也。率，律也，均也，猶今言一律也。肆，愇也，緩也。矜，憐也，哀也。言爾以不用殷士責譁我周，不知予一人惟審察有德之賢而用，故予亦進求爾賢于天邑商，無如多化于惡，沈湎滅德，不可任用，且有過罪，予惟均緩赦哀憐爾之舊染汙習也。是不迪簡爾者，非予有私異之罪。天命有德，五服五章，不德，則否，是亦天意使然耳。

王曰：「多士，昔朕來自奄，予大降爾四國民命。我乃明致天罰，移爾遐逖，比事臣我宗多遜。」

　　奄，郼也，奄國當在今山東兗州府東南境。四國，管、蔡、商、奄也。東征時，先滅武庚、管、蔡，而後踐奄。移，迻也，遷徙也。遐，當作嘏，遠也，長也。逖，亦遠也。比者，親輔之意。宗，宗周也。多，宜也，所安也。遜，愻也，順也。言昔我東征至伐奄而歸，大下于爾四國教命，今乃明致天罰，但遷爾于此，以遠爾故土之敝俗，近臣事我宗周，宜遜順以從我之令也。

王曰：「告爾殷多士，今予惟不爾殺，予惟時命有申。今朕作大邑于茲洛，予惟四方罔攸賓，亦惟爾多士攸服奔走，臣我多遜。

　　申，猶約束也。賓，擯也，卻也。攸，愩也，長也。服，猶事也。言爾

民之梗命者，不忍汝殺，故爲是誠命，有以約束爾也。今我作大邑于此洛，雖四方之人，無有擯棄，豈擯棄爾多士乎？亦思爾多士長服奔走，而臣我宜順也。

爾乃尚有爾土，爾乃尚寧幹止，

尚，庶幾也。寧，窟也，安也。幹，當作榦，猶言身體也。止，猶居也。言爾庶幾有爾樂土，爾庶幾安爾身軀，生養死葬于此也。

爾克敬，天惟畀矜爾；爾不克敬，爾不啻不有爾土，予亦致天之罰于爾躬！

畀，與。矜，憐也。啻，適，相敵之詞，猶言但也。言爾能恭敬遜順，則天嘉與之憐愛之。爾不能敬遜，爾不但無所安居樂業，天將罰汝之罪，則予亦致天之罰于爾身矣。蓋以儆懼之也。

今爾惟時宅爾邑，繼爾居；爾厥有幹有年于茲洛。爾小子乃興，從爾遷。」

四井爲邑。居，讀如懋遷有無化居之居，猶儲蓄居業也，蓋兼士、農、工、賈言之。有幹，有安定之身體；有年，有久長之歲月。小子，謂其子孫也。興，猶盛也。從，自也。言今爾惟是士農各居爾邑，工賈各繼爾居，爾其安身長久于此洛，爾世世子孫之蕃育興盛，自爾今日之遷基之也。蓋又以獎勵之也。

王曰：「又曰時予，乃或言爾攸居。」

「王曰」下當有脫文。或，有也。「或」下「言」上，據《唐石經》脫一「誨」字。攸，篸也，長也。言此時予乃有誨言，不敢有後命也，爾其長居于此乎？

無　逸

《敘》曰：「周公作《無逸》。」《史記‧魯周公世家》曰：「周公恐成王壯，治有所淫洗，乃作《毋逸》。」按：公居攝之六年，雷于洛邑，成王即辟于周。爲王嗣位之十有一年，公恐正位後有所淫洗，乃作此篇，以誠王也。無，毋也，禁止之詞也。逸，佚也，安樂之意。蔡邕石經作劮，則漢時俗字也。

周公曰：「嗚呼！君子，所其無逸。

嗚呼，疊韻連語，吁嗟之詞也。有所歎美，有所傷痛，隨事有義也。君子，猶《洛誥》之子明辟，謂成王也。今已即辟，故先言君，後言子也。所，處也，止居也。周公歎息，言君子今已即辟，當以憂勤惕厲自處，無耽于安佚，惟以為君為樂也。鄭以君子謂在官長者，恐非。此篇起語神理。

先知稼穡之艱難，乃逸，則知小人之依。

稼，耕種也；穡，收穫也。艱，土難治也；難，亦艱之假借。艱難二字，古時連語也。依，倚恃也。言先當知稼穡之勞苦，乃可享玉食之安樂，則知朝饔夕飧，小民之所依賴者，首在此也。

相小人，厥父母勤勞稼穡，厥子乃不知稼穡之艱難，乃逸乃諺。既誕，否則侮厥父母曰：『昔之人無聞知。』」

相，視也。諺，悍也，剛彊也。誕，大言也。否，不也。則，猶法也。侮，謾罵也。昔，昨也，累日也，久遠之詞。言視彼小民，其父母勤勞稼穡而刱其業，其子安享其成，乃不知稼穡之艱難，乃偷安乃彊悍，既乃驕誣不法，反輕慢其父母，曰老人愚無聞知，不自安樂也。此因上文方言稼穡，即引以喻王業之守成非易，猶《大誥》言厥父菑，子乃弗肯播，矧肯獲也。

周公曰：「嗚呼！我聞曰：昔在殷王中宗，嚴恭寅畏，天命自度，治民祗懼，不敢荒寧。肆中宗之享國七十有五年。

中宗，太戊也，湯之元孫，商第九世王也。有桑穀之異，懼而修德，殷道復興，故廟號為中宗也。嚴，儼也，矜狀皃。恭，肅也。寅，居敬也。畏，恐也。度，圖謀也。祗，亦敬也。懼，亦恐也。荒，妄也。廢，亂也。寧，窳也，安也。享，猶受也。此下舉殷先哲王以為訓，言中宗能無逸如此，故享國久長也。

其在高宗，時舊勞于外，爰暨小人。作其即位，乃或亮陰，三年不言。其惟不言，言乃雍。不敢荒寧，嘉靖殷邦。至于小大，無時或怨。肆高宗之享國五十有九年。

高宗，武丁也，小乙之子，湯十一世孫，商之二十二世王也。舊，久也，長也。爰，于也，詞也。暨，息也，與也。作，起也。亮，當作倞，讀為梁。陰，讀為闇，廬也。梁闇，廬有梁者，所謂柱楣，三年之喪居之也。言，發

號施令也。雍，當作雝，猶龢也。嘉，美善也。靖，安靜也。小大，謂臣民也。言高宗爲太子時，將師役于外，伐鬼方之國，至于三年，與小人習久，故知艱難也。及起而即位，居小乙之喪，政令一聽于冢宰。而三年中，時有所言，則皆合于道，羣臣無不和諧也。不敢妄作，亦不敢偷安，能善安天下，無小無大，無有怨王之時，故亦享國久長也。《史記》云：「武丁修政，行德天下，咸驩殷道，復興。」此之謂也。

其在祖甲，不義惟王，舊爲小人。作其即位，爰知小人之依，能保惠于庶民，不敢侮鰥寡。肆祖甲之享國三十有三年。

祖甲，武丁子，祖庚弟也，湯十二世孫，商之二十四世王也。義，誼也，人所宜也。保，養也。惠，愛也。言祖甲有兄祖庚，而祖甲賢，武丁欲立之。祖甲以廢長立幼爲不義，逃亡民間，故久爲小人。及祖庚崩，乃起而即位。故知小人之依，而能愛養庶民，不敢鰥寡，其享國亦三十有三年也。按：祖甲，王肅、皇甫謐俱以爲太甲。蔡邕《石經》「自時厥後」四字在「高宗之享國百年」下，計其字數，此節當在中宗之上。《國語》又云：「帝甲亂之七世而隕」，故有爲先盛德後有過之說，又有以享國多少爲先後之說。然據《竹書紀年》，太甲祇十二年，一不合也；先子孫而後祖宗，于言爲不順，二不合也；舊爲小人，與高宗之爰暨小人異解，三不合也；太甲史稱太宗，不稱祖，四不合也；《熹平石經》既闕其文，亦不足據，五不合也。觀下文自殷王中宗，及高宗，及祖甲，及我周文王，自以世代先後爲敘，故曰及。以本經證本經可矣，何必以傳記證經乎？

自時厥後立王，生則逸，生則逸，不知稼穡之艱難，不聞小人之勞，惟耽樂之從。自時厥後，亦罔或克壽。或十年，或七八年，或五六年，或四三年。」

祖甲之後有廩辛、庚丁、武乙、太丁、帝乙、受辛六王。據經年數，則《史記》庚丁之二十一年，帝乙之三十年，受辛之三十二年，俱不足信也。耽，媅也，樂之久也。壽，享國之壽也。

周公曰：「嗚呼！厥亦惟我周太王、王季，克自抑畏。

上文既稱商王以爲法戒，乃又述祖德以示之範也。太王當在殷廩辛、庚丁、武乙時，王季當在太丁時，文王在帝乙、受辛時。抑，猶言自貶自屈也，故稱謙抑。

文王卑服，即康功田功。

卑，庳也，猶下也。卑服，如堯之鹿裘、絏履，禹之惡衣、布服也。康功，安民之功。田功，養民之功。

徽柔懿恭，懷保小民，惠鮮鰥寡。自朝至于日中昃，不遑暇食，用咸和萬民。

徽，媺也，媺即媄字，猶善也。柔，猶仁也。懿，嫥，傳久而美也。恭，肅也。懷，念思也。保，猶安也。惠，愛也。鮮，善也，猶親也。遑當作皇，讀爲廣，寬也，閒暇也。咸，諴也，龢也。和，龢也，調也，猶睦也。言文王有善仁美肅之德，念安小民，愛親鰥寡，自朝至于日中日晷，尚無寬閒之候以進食，所以勤勞不自逸者，惟以龢睦萬民爲事也。

文王不敢盤于遊田，以庶邦惟正之供。文王受命惟中身，厥享國五十年。」

盤，昪也，喜樂兒。遊，當作遴，與游分爲兩字，遨也。田，畋也，獵也。正，讀爲政。供，讀爲恭。中身，中年也。文王受帝乙之命嗣王季爲君，時年四十七，以明年元年爲數，故曰享國實五十年也。言文王不敢遨遊田獵而逸樂，以岐爲衆國所取法，惟政事之敬承也。故其即位已中身，而享國仍有五十年之久也。

周公曰：「嗚呼！繼自今嗣王，則其無淫于觀、于逸、于遊、于田，以萬民惟正之供。

淫，猶放恣也。觀臺榭之樂也。逸，當據蔡邕《石經》作酒。正，當作政。供，當作恭。諸侯曰萬民，皆取法于君身者，故下文曰「非民攸訓」。

無皇曰：『今日耽樂。』乃非民攸訓，非天攸若，時人丕則有愆。無若殷王受之迷亂，酗于酒德哉！」

無，毋也。皇，廳也，寬也。耽，媅也。攸，所詞也。訓，說教也。若，順也。時，是也。則，法也。愆，過也。迷，惑也。亂，斁也。酗，當作酌，醉醟也。德，惪也。言毋自寬曰，今日暫爲媅樂，夫媅樂乃非所以教民，非所以順天，是人則傚之，皆大有過矣。其最宜戒者，愼無如紂之迷惑悖亂沈湎于酒也。

周公曰：「嗚呼！我聞曰：『古之人猶胥訓告，胥保惠，胥教誨，民無或

胥讒張為幻。」

胥，相也，實胥也，彼此俌助之意。猶，尚也，有故之詞也。或，有也。讒張，疊韻連語，誑也。或作輈張，作俌張，作侜張，作朱張，皆同。幻，眩也，相詐惑也。言古之人，君明臣良，尚相爲訓告，善則相與安順，過則相與箴規，故下民化之，亦無有相欺誑爲眩惑者。

此厥不聽，人乃訓之，乃變亂先王之正刑，至于小大。民否則厥心違怨，否則厥口詛祝。」

聽，猶從也。刑，荆也，法也。違，韋也，背也。詛，詶也。祝，將命也。以言告神曰祝，請神加殃曰詛。言不從古之人聽言納諫，則奸邪之人乃訓之以非法，乃變亂先王之正法，至于小事大事皆然。故下民或則其心違怨，或且其口詛祝也。

周公曰：「嗚呼！自殷王中宗及高宗及祖甲及我周文王，茲四人迪哲。厥或告之曰：『小人怨汝詈汝。』則皇自敬德。厥愆，曰：『朕之愆。』允若時，不啻不敢含怒。

茲，此也，實柴也，識詞也。迪，導也。哲，智也，謂哲王也。詈，罵也。皇，廱也，寬大也。允，信。若，如。時，是也。言此四人之不自安逸，所以開導後之哲王。凡爲君者，皆當法之者也。其或告四人曰：小民怨汝詈汝，則心寬大而自敬其德，增修善政；其言我之過，則曰朕之過，信如是，則不但不敢含怒，乃正欲屢聞之，以知己政得失之源也。

此厥不聽，人乃或讒張為幻，曰小人怨汝詈汝，則信之，則若時，不永念厥辟，不寬綽厥心，亂罰無罪，殺無辜。怨有同，是叢于厥身。」

辟，嬖也，法也。綽，緩也。叢，聚也。言不聽從四王之所迪，奸邪之人乃狂眩于我，告我曰：小人怨汝詈汝，則遂信之。如是，則不長念國之常法，心不寬緩，必至輕則亂罰無罪，重則殺戮無辜，則凡民無不怨之叢聚其身，而君亦危矣。

周公曰：「嗚呼！嗣王其監于茲。」

監，讀爲鏡，鏡所以自照，《詩》「殷監不遠」，《左傳》「天奪之監」，皆「鏡」字也。

君奭

《敘》曰：「召公爲保，周公爲師，相成王，爲左右。召公不說，周公作《君奭》。」按：《史記》云：「周公踐祚，召公疑之，故不說。」是謂此篇作于居攝之初。馬融云：「召公以周公攝政致太平，功配文武，不宜復列在臣位，爲公貪寵，故不說。」《後漢‧申屠剛傳》太子賢注云：「周公還政宜自退，今復爲相，故不說。」是皆謂作于返政之後。愚以爲周公雷洛二載，王正位于西京，召公輔之。其時王之左右近臣有與召公不合者，故召公不說，而欲去位，周公雷之，作此篇也。左右，如《立政》所言王左右綴衣趣馬之屬，周公或因是而作《立政》歟？《書序》相成王（絕句），爲左右（絕句），爲，猶因也。豈成王寵臣有憸人者得罪，司寇蘇公將順王怡不置之法，召公欲斥之而不能，故不說歟？雖舊說相傳無解此者，「左右」何人，亦無可考，然情事當如是。周召賢聖何至相疑，《書》編第在《多士》、《無逸》後，必非踐祚之始矣。師保者，天子三公之官。成王時，太師周公，太保召公，太傅畢公，非《周禮》師氏、保氏、中下大夫職也。馬融以大夫之官釋師保，分陝二伯解左右，皆非是。

周公若曰：「君奭！

君，尊偁也。奭，召公名，與周同姓，蓋周之支族。劉向、王充、皇甫謐皆以爲文王子，非也。

弗弔天降喪于殷，殷既墜厥命，我有周既受。我不敢知曰厥基永孚于休。若天棐忱，我亦不敢知曰其終出于不祥。

墜，當作隊。休，喜也，慶也。若，順也。棐，輔也。忱，誠也。祥，福也。言天弗善于殷而喪之，我周既受之，然不敢知基業果能長信于休美而順天俌我之心乎？抑不敢知終久亦將出于非福乎？蓋天命之吉凶，皆不可知。深言王業之不易保，不可無人以輔沖子也。以下反復言之皆此意，甚言召公之不可去也。

嗚呼！君已曰時我，我亦不敢寧于上帝命，弗永遠念天威越我民；罔尤違，惟人在。我後嗣子孫，大弗克恭上下，遏佚前人光在家，不知。

時，是也。越，粵也，于也。尤，訧也，怨咎之意。違，韋也，背也。人，賢臣也。上，天；下，民也。遏，止也。佚，失也。「時我」至「惟人在」，

皆召公平日之言也。歎息言：君曾曰輔成周業是我之責，故我不敢苟安于上帝，今日右周之命而不念將來之或致天威也。于我民之無怨咎而背叛者，惟恃賢臣在朝耳。周公乃云：君言如此，設使我後嗣子孫大弗能敬天敬民以致失絕文武之光業，君雖去位，可恝然在家而不知乎？

天命不易，天難諶，乃其墜命，弗克經歷。嗣前人，恭明德，

　　易，敭也，猶輕慢也。諶，信也。經，徑也，猶行也。歷，過也。經歷，猶言更歷知道也。言命不可慢易天意，難信乃或出于不祥而墜命者，以弗能更事，弗恭上下，以繼文武之明德也。

在今予小子旦非克有正，迪惟前人光施于我沖子。」

　　施，迤也，在旁而及曰迤。言今我罰治于洛，非能朝夕在君之側有所匡正，惟蹈行文武之光業，以遙輔我沖子耳。君何可去也？

又曰：「天不可信，我道惟寧王德延，天不庸釋于文王受命。」

　　寧王，武王也。延，引長也。釋，捨也，猶棄也。又言天不可信，我惟蹈行武王之德而引長之，則天不宜棄前文王所受之命而降之不詳也。此申言罰洛以迪前光，不能在朝同輔之意。

公曰：「君奭！我聞在昔成湯既受命，時則有若伊尹，格于皇天。在太甲，時則有若保衡。在太戊，時則有若伊陟、臣扈，格于上帝；巫咸乂王家。在祖乙，時則有若巫賢。在武丁，時則有若甘盤。

　　格，按：當讀為感，動也，感、格雙聲字。保衡，安平之號，即伊尹也。伊陟，伊尹之子。臣扈，湯臣，逮事大戊者也。然湯至太戊百三四十年，疑二人同名耳。巫咸，巫官之後以官為氏者，咸，其名也。或曰咸當作戊，見《白虎通》，存疑。乂，刈也，治也。祖乙，湯七世孫，商之十三世王也。巫賢，巫咸之子。甘盤，惟見《漢書‧古今人表》，他無所見。武丁賢相，不當遺傅說，疑甘氏居于傅岩。般，昪也；說，兌也；昪樂，猶悅懌；一氏一地，一名一字歟？周公歷言六賢臣，蓋謂召公可匹休于前人，不宜引去者也。

率惟茲有陳，保乂有殷，故殷禮陟配天，多歷年所。

　　率，律也，均也。惟，凡思也。茲，纂也，識詞也。陳，敶也，敷列也。陟，登也。配天，謂殷禘嚳、郊冥、祖契、宗湯也。言我均徧念此六臣而陳

列之者，以皆能安治殷家之天下，故殷禮配天之祭，升此六臣，亦從與享之，載祀六百年不廢，而多歷年所也。

天維純佑，命則商實百姓王人。罔不秉德明恤，小臣屏侯甸，矧咸奔走。惟茲惟德稱，用乂厥辟，故一人有事于四方，若卜筮罔不是孚。」

純，奄也，大也。佑，當作右，助也。則，使也，令也。實，則朝多仁賢，國不空虛也。百姓，百官族姓也。王人，猶春秋之王人，謂王官也。恤，律也，法也。明律，猶下文之迪知天威也。小臣，陪臣也。諸侯之卿，命于天子；命于其君者，皆謂之小，對王臣而言也。奔走，猶服事也。稱，再也，舉也。乂，嬖也，猶治安也。言天惟大助商王命，使商多賢才，有六臣爲之率先，而百姓王官無不執德明法，況凡外臣屏藩于侯甸之服者，亦皆稱奔走禦侮之職。惟茲所舉者，皆有德之臣，用乂安其君。故君有事于四方，則兆民奉行之，若卜筮之無不是孚，所謂言而民莫不信也。

公曰：「君奭！天壽平格，保乂有殷，有殷嗣，天滅威。今汝永念，則有固命，厥亂明我新造邦。」

壽，長年也。平，即保衡之衡。格，即格于皇天之格。伊尹歷事四王，故曰壽。六臣獨言伊尹者，守成之初，太甲猶成王也。有殷嗣，謂紂也。亂，治也。新造邦，謂洛邑也。言天壽伊尹，使之保安殷家，多歷年所，至紂不善，無一賢臣，天遂滅之威之。汝可不監此哉！今汝長念，則有以堅固周家之天命，而其治功亦光明于我新造之國矣。蓋言我治王國，汝輔君身，其功一矣。

公曰：「君奭！在昔上帝，割申勸寧王之德，其集大命于厥躬？

割，蓋也，發語之詞也。申，猶繩也。勸，勉也。寧王，武王也。集，猶安止也。按：此節爲倒敘之文，下文「武王惟茲四人，尚迪有祿」，即天之壽，此賢聖既勉文王之德，又重勉武王之德也。下文「後暨武王誕將天威，咸劉厥敵」，即所謂集大命于其躬也。或曰，「割申勸」句宜從《禮記·緇衣》作「周田觀文王之德」。田，當作由，周、由疊韻連語，猶《離騷》「周流觀乎上下」也。存參。

惟文王尚克修和我有夏；亦惟有若虢叔，有若閎夭，有若散宜生，有若泰顛，有若南宮括。」

修，猶治理也。夏，中國也。虢，封國名，《地理志》之西虢也，後為晉獻公所滅，在今陝西鳳翔府寶雞縣。叔，其行第也。文王之弟有虢仲、虢叔，其封在今河南開封府滎澤縣者，仲之國，所謂東虢也。閎、散宜、泰、南宮，皆氏也；夭、生、顚、括，皆名也。四臣亦稱四友，《詩》所謂「疏附先後，奔走禦侮」也。不及呂望者，文王末年，舉之以遺武王者也。五臣事蹟罕見，惟文王羑里之囚，《大傳》言四友獻寶于紂，以免于難，其事最著。而《淮南》但稱生，《史記》兼稱夭、顚，《帝王世紀》兼稱括，亦傳聞異詞也。《晉語》：「文王咨于二虢，度于閎夭，謀于南宮」，《墨子·尚賢》云：「文王舉閎夭、泰顚于罝網之中，授之政」，則宜《周南·兔罝》之詩所由作也。言文王修和我有夏，賴有此五臣。修和者，即崇侯虎所言「積善累德，諸侯皆向之」也。

又曰：「無能往來，茲迪彝教，文王蔑德降于國人。

往來，猶奔走先後也。迪，導也。蔑，無也。降，下也。言設使無五臣能為之奔走先後以導引常法，則文王雖修德于身，亦無以徧及于國人。反復言之，以申其意也。

亦惟純佑秉德，迪知天威，乃惟時昭文王迪見，冒聞于上帝。惟時受有殷命哉。

迪，進也。時，是也。昭，勣也，勉也。見，建也，樹立也。冒，瞀也，低目視也。聞，聽知聲也。言亦如殷之純佑命，百姓王人罔不秉德明恤，乃惟是五臣勉文王進建功業，文王之德見聞于天，惟是之故，乃受有殷命也。

武王惟茲四人尚迪有祿。後暨武王誕將天威，咸劉厥敵。惟茲四人昭武王惟冒，丕單稱德。

四人，虢叔已死，惟夭、生、顚、括存也。有祿，長年有壽也。暨，臮也，與也。將，斨也，猶奉也。咸，減也，猶損也，《左傳》「克減侯宣多」。或曰戕也，絕也，亦通。劉，即鐂字，殺也。敵，殷紂也。《逸周書·世俘》曰：「咸劉商王紂」是也。「昭武王惟冒」，猶上文「昭文王迪見，冒聞于上帝」，承上為句，省文也。丕，大也。單，殫也，盡也。稱，侮也。德，惪也。《史記》云：武王克商，祭社，時散宜生、太顚、閎夭皆執劍以衛，又命南宮括散財發粟，展九鼎寶玉，命閎夭封比干墓。《說苑》云：「武王伐紂，至有戎之隧，大風折斾，散宜生曰：『此妖歟？』武王曰：『天落兵也』。」此其

事也。言武王時，天予四人以壽，後與武王大奉天威，滅黜其敵，惟此四人勉武王進建功業，見聞于天，天下盡俏武王之德焉。勸召公亦當思匹休于四人也。

今在予小子旦，若游大川，予往暨汝奭其濟。小子同未在位，誕無我責收，罔勖不及。耇造德不降我則，鳴鳥不聞，矧曰其有能格？」

濟，渡也。責，績也，猶言責任也。收，糾也，猶督察也。耇，老也。造，就也，成也。降，下也，降心相從之意。鳴鳥，鳳也。《周語》：「周之興也，鸑鷟鳴于岐山。」言文武時也。鸑鷟，鳳之別名。格，如上文「格于皇天」，「格于上帝」也。言當今之時若大水，我惟與汝共渡耳。成王雖即辟，與未即辟時同也。當輔助啓導之，然我已受命雷後，非朝夕于君側，則大非我之責任，雖欲督察之，無能相勉，蓋鞭長不及矣。老成之人，謂召公也。召公若自高其德，以左右之，故不肯降心相從，則周業恐不能守成。在昔鳳鳴之瑞，不能再聞于今矣。況能感動天帝如伊尹、陟、扈之時乎？勸其勿以小嫌介意而欲求去也。

公曰：「嗚呼！君肆其監于茲！我受命無疆惟休，亦大惟艱。告君，乃猷裕我，不以後人迷。」

肆，今也。監，鏡也。疆，猶竟也，竟猶窮也。休，喜也。猷，當作猶，讀爲儀，猶宜也。裕，猶寬也。後人，對前人而言謂成王也。迷，失道也。歎息言君今其監于我所言乎？我周受命，雖有無窮之喜，而守成亦大惟艱。故勸君乃宜寬大其心，不可褊急，當自謂我不忍捨去，使成王失道而迷惑也。

公曰：「前人敷乃心，乃悉命汝，作汝民極。曰：『汝明勖偶王，在亶乘茲大命，惟文王德丕承，無疆之恤！』」

前人，謂武王也。敷，敞也。悉，盡也。極，中也。明，崩也。勖，勉也。偶，當作耦，猶相匹相輔也。亶，擅也，專也。乘，讀爲丞，翼輔也。惟，思也。承，受也。恤，憂也。周、召同受武王顧命，故將述武王之命，而言前人布其心腹乃詳悉，命汝以建汝民之中，其言曰：汝當毋暇毋怠，黽勉立朝，勿以其爲君也而有所顧忌，當如耕之有耦，相輔而行，在于專一其心，以翼俌此天命。我無德也，當長思文王之德以大受此無窮之憂耳。武王付託之言如此，其諄摯而君忍言去乎？

公曰：「君！告汝，朕允保奭。其汝克敬，以予監于殷喪大否，肆念我天威。

允，誠也。保，太保，召公官也。偁其官而名之，欲其思所任也。以，與也。否者，閉而亂也。肆，長也。言告汝以我之誠，其惟汝能敬德以佐王，庶幾與予俱監于殷之大亂喪亡，長念我天威，以助我周家乎？

予不允惟若茲誥，予惟曰：『襄我二人，汝有合哉？』言曰：『在時二人。』天休滋至，惟時二人弗戡。其汝克敬德，明我俊民，在讓後人于丕時。

允，誠也。襄，毀也，治理也。合，今所用之荅字也。在時之時，是也。滋，益也。戡，任也，實壬也，猶擔荷也。讓，攘也，推遜也。言我不誠而惟若此相誥乎？思予曩日贊襄王業，在我與汝二人，汝不嘗荅我哉！亦言曰：「在是二人也。」惟將來天休益至，其時我二人弗敢任，當則惟汝能敬德明揚我賢俊舉以自代推讓後人在此大盛之時耳！而今則豈汝去位之時乎？按：公所期天休之至，其後信然。《尙書大傳》「三苗貫桑，葉而生，同爲一根」，又「越裳國，重九譯，來朝獻白雉」，《詩・卷阿》「鳳凰于飛」，鄭箋：「其時鳳凰至，因以諭焉」，皆是也。

嗚呼！篤棐時二人，我式克至于今日休？我咸成文王功于不怠丕冒，海隅出日，罔不率俾。」

篤，竺也，旱也。式，試也，用也。咸，僉也，皆也。冒，冃也，覆也。率，述也，循也。俾，猶從也。歎息言旱備王室，罼在我二人，我周用能至于今日之美，我與汝皆當成就文王之功于不懈，庶大覆被天下至于東海日出之區，人民無不循我周之法度，莫不順從也。《爾雅》：「東至日所出爲太平。」文、武並都西北，以東南爲遠，故云然。

公曰：「君！予不惠若茲多誥，予惟用閔于天越民。」

惠，慧也，才智也；不惠，猶言不敏也。閔，憂也。越，度也，猶及也。言予不敏，如此多誥，予亦惟用憂于天命，人心之難保，不憚覼縷以啚君耳。

公曰：「嗚呼！君！惟乃知民德亦罔不能厥初，惟其終。祗若茲，往敬用治！」

乃，猶汝也。民德，猶言凡人之德也。祗，當作祇，讀爲啻，但詞也。

歎息言：惟君固知凡民之德，往往無不能勉其始，而鮮克有終，然惟終之爲貴也。我所言盡此，君可往就爾位，敬以圖治，愼勿不說而思去也。其後召公既相成王，又相康王，再世未釋其政，則感動于周公之言也深矣。

成王政

《敘》曰：「成王東伐淮夷，遂踐奄，作《成王政》。」按：踐，讀爲殘，猶滅也。奄，郞也，國在淮夷之北。周公東征四國是皇，當在成王嗣位之五年。而篇編于此者，鄭康成曰：「未聞其說也」。政，馬融本作征，是也。此篇乃亡于秦項之火。

將蒲姑

《敘》曰：「成王既踐奄，將遷其君于蒲姑。周公告召公，作《將蒲姑》。」蒲，一作薄。奄既滅其君，佞人故欲徙之于齊地，使服于大國。按：《大傳》以蒲姑爲奄君名，殆非也。蒲姑，在今山東青州府博興縣東南。《左》昭二十《傳》所稱蒲姑氏者，蓋奄君遷于此地，遂追俖爲蒲姑氏耳。此篇亡于秦項之火。

尚書古注便讀　卷之四下

元和朱駿聲豐芑甫集訂

蔡仲之命

　　《敘》曰：「蔡叔既沒，王命蔡仲踐諸侯位，作《蔡仲之命》。」蔡仲，蔡叔之子也。蔡國，故城在今河南汝寧府上蔡縣西南十里。此篇原第在《囧命》之後，《費誓》之前。自是編篇錯亂，故僞孔擬其文而移次《君奭》後。此篇亡于秦項之火。

惟周公位冢宰，正百工，羣叔流言。乃致辟管叔于商；囚蔡叔于郭鄰，以車七乘；降霍叔于庶人，三年不齒。蔡仲克庸祗德，周公以為卿士。叔卒，乃命諸王邦之蔡。

　　「周公爲太宰」，《左》定四《傳》祝佗之言也。「降辟二叔，王子祿父北奔，管叔經而卒，乃囚蔡叔于郭陵。」《周書・作雒》文也。「成王殺管叔而蔡蔡叔，以車七乘，徒七十人。」亦祝佗之言也。「三年不齒」，《周禮・大司寇職》文也。「其子蔡仲改行帥德，周公舉之以爲己卿士，見諸侯而命之以蔡。」亦祝佗之言也。

王若曰：「小子胡，惟爾率德改行，克慎厥猷，肆予命爾侯于東土。往即乃封，敬哉！爾尚蓋前人之愆，惟忠惟孝；爾乃邁迹自身，克勤無怠，以垂憲乃後；率乃祖文王之彝訓，無若爾考之違王命。

　　「聰聽祖考之彝訓」，《酒誥》文也。「其命書云：『王曰：胡，無若爾考之違王命也』」，《左》定四《傳》祝佗所引古文也。「乃祖」二字見《盤庚》。然《盤庚》以侢其臣民之祖仲之祖，固即王之祖也，豈得侢乃祖？

皇天無親，惟德是輔。民心無常，惟惠之懷。為善不同，同歸于治；為惡不同，同歸于亂。爾其戒哉！

「皇天無親，惟德是輔。」《左》僖五《傳》宮之奇引《周書》也。

慎厥初，惟厥終，終以不困；不惟厥終，終以困窮。

「慎始而敬終，終以不困。」《左》襄二十五《傳》衛太叔文子引《逸周書・常訓》篇文也。

懋乃攸績，睦乃四鄰，以蕃王室，以和兄弟，康濟小民。率自中，無作聰明亂舊章。詳乃視聽，罔以側言改厥度。則予一人汝嘉。」王曰：「嗚呼！小子胡，汝往哉！無荒棄朕命！」

「以蕃王室」，《左》襄二十九《傳》文也。「舊章」見《詩・大雅・嘉樂》篇。「予一人汝嘉」，見《左傳》。「無荒失朕命」，《盤庚》文也。

多　方

《敘》曰：「成王歸自奄，在宗周，誥庶邦，作《多方》。」按：方，傍也，猶邊際也。《成王政》《將蒲姑》《多方》三篇，偽孔以為成王即政後淮夷又叛，王親征之。此鑿空臆說，不可信。紬繹經文，是即征四國之事。歸奄後，或尚有反側者，故誥教之，並示以遷洛之意也。遷洛當距此時不遠，非必成周既成後始遷也。《多士》之誥，則在成周既成耳。

惟五月丁亥，王來自奄，至于宗周。

《書・大傳》云：「周公攝政一年救亂，二年克殷，三年踐奄，四年建侯衛，五年營成周，六年制禮作樂，七年致政于成王。」愚按：武王崩于乙亥年冬十二月，成王生丙寅年，十歲至戊寅年三月免喪，此二十七月內，周公為太宰，百官綜己以聽，蓋常禮，不在攝政七年之中。管蔡流言，當是戊寅年三月後，因公之不返政而然。公因託二公攝政而自避位，居東都二載。至成王感悟郊迎，當在庚辰年之七八月。此二年中，太公、召公攝政，不得屬之周公。周公攝政，當自庚辰年起，遞數七年也。庚辰誅管叔，辛己黜武庚，壬午踐奄，癸未建候衛，甲申營洛邑。成王時年十九，即辟于鎬京，正天子位。周公留洛。即辟者，前公居攝時，成王幼，所行政教號令，公自專，輒不報，今則凡事關白于王也。乙酉、丙戌二載，公留洛，行天子事，仍在攝

政七年之中。至丁亥返政，乃就臣位，踧踧如畏，成王時年二十有二矣。若制禮作樂，自是七年中事，非一年可成，不得定爲何年也。此經「五月丁亥」，蓋成王嗣位之七年，周公居攝政之三年辰月日也。王來自奄者，公東征時，王亦親往。前誅管、蔡，黜武庚，亦然。惟有事則往，事畢則歸，不同公之囮征三年耳。宗周，西都鎬京也。

周公曰：「王若曰：猷！告爾四國多方，惟爾殷侯尹民，我惟大降爾命，爾罔不知。

　　猷，當作猶，發語詞也。四國，管、蔡、商、奄也。多方，庶邦也。殷侯，指武庚也。尹，治理也。罔，毋也。降，隆也，猶尊重也。言告爾四國多方之君，及前殷侯所治之民，我惟大隆重爾命，欲保全爾，爾毋不知也。

洪惟圖天之命，弗永寅念于祀，

　　洪，大也。圖，畫計也，窺竊謀度之意。寅，居敬也。言管、蔡、商、奄皆窺竊天命，弗長敬念以保守祖宗之祭祀。自取滅亡也。

惟帝降格于夏。有夏誕厥逸，不肯慼言于民，乃大淫昏，不克終日勸于帝之迪，乃爾攸聞。

　　此追述周之代商，猶商之代夏，皆由天命，人必不可違天也。格，感也，動人心也。逸，佚也，淫蕩也。慼，惡也。昏，惛也，迷亂也。迪，導也。攸，所，詞也。言天降災異以譴告感動于夏，而夏桀大肆其淫蕩，不肯有憂慼之言加于民，乃大淫亂，不能一日勉于上天開導之意，乃爾所前聞也。

厥圖帝之命，不克開于民之麗，乃大降罰，崇亂有夏。因甲于內亂，不克靈承于旅；罔丕惟進之恭，洪舒于民。亦惟有夏之民叨懫日欽，劓割夏邑。

　　麗，羅也，猶言罔民也。崇，叢也，猶集也。甲，狎也，習也。內亂，謂有施氏女妹喜也。靈，良也，善也。旅，猶眾也。罔，無也。丕，不也。進，賣也，猶財貨也。恭，龔也，給也。舒，荼也，毒苦也。叨，號也，痛呼也。懫，當作鷙，忿戾也。欽，廞也，興也。劓，乂也，猶刲也。言夏桀窺竊天命，不能開于民之網，乃大降暴虐，罰殺無辜，積亂于有夏，因狎習于內嬖末喜，爲鳥獸之行，不克善承于眾民，無不以貨財貢獻之供是急，以大

荼毒于民。亦惟有夏之民號呼忿戾者，日興思亂，以翦割夏邑，《湯誓》所云「時日曷喪？予及汝偕亡」是也。

天惟時求民主，乃大降顯休命于成湯，刑殄有夏。

時，是也。主，壹也，人所崇仰者也。顯，暴也，明也。休，喜也，美也。刑，誅，殄絕也。言天惟是之故，求可為民主者，乃大下光顯休美之命于湯，俾之誅絕有夏也。

惟天不畀，純乃惟以爾多方之義民不克永于多享；惟夏之恭多士，大不克明保享于民，乃胥惟虐于民，至于百為，大不克開。

純，奄也，大也。義，誼也，人所宜也。享，猶受也。恭，龔也，給也。為，偽也，作也。不克開，即上文「不克開民之麗」省文也。言天不與桀者大矣。所以然者，乃惟桀以道誼賢德之人黜退之，使不能長享祿位；惟桀所供職之士，大不能明保享于民之道，乃相播虐于民，至于百事所作逢長桀惡，不能開于民之網也。

乃惟成湯克以爾多方簡，代夏作民主。

簡，柬也，擇也。言湯能立賢無方，故代夏為民主也。

慎厥麗，乃勸；厥民刑，用勸；

麗，羅也，網也。言湯不虐于民，慎恤用刑，則民知感而勉于善。刑戮有罪，則民亦知懼而勉于善，所謂怙終、賊刑、眚災、肆赦，民乃大明服也。

以至于帝乙，罔不明德慎罰，亦克用勸；要囚殄戮多罪，亦克用勸；開釋無辜，亦克用勸。

帝乙，祖乙也。湯七世孫，商之十三世王也。要，猶中也，會也。釋，捨也。言商之賢王至于帝乙，無不明德慎罰如湯所為也。

今至于爾辟，弗克以爾多方享天之命。

爾辟，紂也。言紂惡如桀，故亦不能以多方受天之命也。

嗚呼！王若曰：誥告爾多方，非天庸釋有夏，非天庸釋有殷。

釋，捨也。周公先自歎息，而稱王命以誥之。總承上文所言，曰：此非天用意捨棄夏與殷也，自取之耳。

乃惟爾辟以爾多方大淫，圖天之命屑有辭。[一]

　　圖天之命，苟竊天命如紂，言我生不有命在天也。屑，動作切切也，言其動作所爲之事皆有罪狀可指也。

校勘記
[一]屑，原文及他本皆作「屑」，段玉裁《說文解字注》：刷，俗從肖。又見下文。

乃惟有夏圖厥政，不集於享，天降時喪，有邦間之。

　　圖，謀劃也。集，就也，造也。時，是也。喪，亡也。間，猶代。言夏桀圖謀政事，昏亂暴虐，不欲就享天命之永，故天亦降是喪亡之禍而使七十里之小邦起而代之也。

乃惟爾商後王逸厥逸，圖厥政不蠲烝，天惟降時喪。

　　上逸，佚也；下逸，泆也。蠲，佳也，善也。烝，承也，受也。言紂以泆蕩爲安佚，其圖謀政事亦如有夏之不善承于天，天亦降是喪亡之禍也。

惟聖罔念，作狂；惟狂克念，作聖。天惟五年須暇之子孫，誕作民主，罔可念聽。

　　聖，通明也。罔，妄也，亂也。作，爲也。狂，倨慢也。克，勝也，勝己之私之謂克。惟，思也。五年者，文王受命八年武王即位，至十三年伐紂也。須，頇也，待也。暇，閒也，猶寬也。言聖者妄念一生，即可漸至于狂；狂者克念一動，亦即漸至于聖。故天思欲寬待之，覬紂或改行爲善，或紂死而有賢子孫大作民主，遲至五年而武始代殷，此實天意，無如紂惡不悛，身又不亡，而無可念聞也。

天惟求爾多方，大動以威，開厥顧天；惟爾多方，罔堪顧之。

　　顧，眷視也。堪，任也，實壬也，猶當也。言天于是求四方之可爲民主，出災異之威以大動天下之心，開其足爲天之眷顧者，而多方之諸侯無可以當上天之顧也。

惟我周王靈承于旅，克堪用德，惟典神天。天惟式教我用休，簡畀殷命，尹爾多方。

　　典，㲺也，主也。式，試也，用也。用，以也。教，告也。簡，柬也，擇也。尹，正也，治也。言我周王善承于眾，深得民心，能任此天位，以德

足以主天之祀，天惟用告我周以休祥，擇與以殷命，乃治正爾多方也。

今我曷敢多誥？我惟大降爾四國民命。

降，讀爲隆。言我何敢繁瑣多爲誥命乎？亦惟尊重爾四國民命，欲保全之耳。

爾曷不忱裕之于爾多方？爾曷不夾介乂我周王享天之命？今爾尚宅爾宅，畋爾田，爾曷不惠王熙天之命？

忱，訛也，信也。裕，讀爲繇，導也。夾，猶俌也。介，猶助也。乂，嬖也，猶安也。畋，平田也。惠，猶順也。熙，光也。言爾何不信我之教，令爾導之于爾多方乎？爾何不輔助安我周王，同享天之命乎？我誅其君，弔其民，故爾今尚安居樂業，居爾宅，治爾田也。爾何不順王以光天之命乎？

爾乃迪屢不靜，爾心未愛。爾乃不大宅天命，爾乃屑播天命，爾乃自作不典，圖忱于正。

迪，妯也。動，擾也。屢，當作婁，數也，猶言頻頻也。靜，竫也，安也。愛，㤅也，惠沒也。宅，度也，量也。屑，動作切切也。播，讀爲判，猶棄也。典，猶法也。忱，湛也，順也。正，政也，猶刑法也。言爾乃動擾，數爲不靜，是爾心未順服從，是爾乃不大度量天命矣！爾乃動作播棄天命矣！爾乃自作不法，欲沉沒于國家之刑禁矣！可乎哉？

我惟時其教告之，我惟時其戰要囚之，至于再，至于三。乃有不用我降爾命，我乃其大罰殛之！非我有周秉德不康寧，乃惟爾自速辜！」

戰，憚也。忌，難也。用，誦也，猶頌禱也。殛，誅也。康，康也，猶安也。寧，窒也，安也。《洪範》言「五福」：「三曰康寧，四曰攸好德。」速，召也。言我惟是其教告汝，我惟是其憚要囚汝，不修刑而修文，故誥汝至于再三也。所以隆重汝命，不忍置之于法也。若乃不感頌我隆重汝命之意，狎而玩之，反側無常，我不得不執法以誅罰汝矣。此非我周執德不安殘虐于爾也，乃惟爾自召罪以取禍耳。

王曰：「嗚呼！猷，告爾有方多士暨殷多士。[一]今爾奔走臣我監五祀，

監，謂三監也。祀，年也，商曰祀，告殷多士，故言祀也。五年者，自武王封武庚後，四國未叛之前，有五年也。言爾奔走臣服于我三監者，已有

五年。

校勘記

[一] 告爾有方多士暨殷多士，原文倒作「告爾有多方士暨殷多士」，文意不通，今據他本改。

越惟有胥伯小大多正，爾罔不克臬。

　　越，粵也，于也。胥，讀爲糈，糧也。伯，讀爲賦，斂也。正，政也。臬，猶準也，法也。承「奔走臣我監」而言，五年中，凡糧賦及大小之政事，爾于其時亦無不克守法度也。義見《尚書大傳》。

自作不和，爾惟和哉；爾室不睦，爾惟和哉；爾邑克明，爾惟克勤乃事。

　　和，龢也，諧也。睦，亦龢也。明，朙也。言前此之叛是自作不和，爾今惟和哉！前此之叛是爾室亦不能安和，爾今惟和哉！爾在茲新邑，能黽勉相勸，各圖其本業，斯爲能勤，爾切己之事也。蓋將遷殷頑民，而先示以遷之之意也。

爾尚不忌于凶德，亦則以穆穆在乃位，克閱于乃邑謀介。

　　忌，諱惡也，古文作𢜭，義同。凶德，指從前之叛也。穆穆，重言形況字，和敬皃也。閱，猶更歷也，積日曰閱。介，价也，善也。言爾尚無以前此叛逆之凶德，忌諱于懷，恐我周之異視爾，爾亦自今以始，則和敬以居位，能積久相安于爾邑，斯爲圖謀之善也。上節告殷民，此節告殷臣也。猶《多士》之言「爾小子乃興」也。

爾乃自時洛邑，尚永力畋爾田，天惟畀矜爾，我有周惟其大介賚爾，迪簡在王庭。尚爾事，有服在大僚。」

　　洛邑，九畢之地也。《周書‧作雒》，云「俘殷獻民，遷于九畢」，孔鼂注：「九畢，成周之地。」介，猶助也。賚，予也。迪，導也。簡，束也。庭，廷也。尚，上也，加也。服，及也，猶用也。僚，官也。言爾乃自是遷于洛邑，尚長勤治爾田，爲安居恭順之民，天惟予爾憐爾，我周惟其大助爾予爾。有賢者，則進擇于朝，授之以職事。若有才德出眾者，則用之爲大官。此又總士民而勸勉之以殷士民嘗有夏迪簡在王庭有服在百僚之言也。

王曰：「嗚呼！多士，爾不克勸忱我命，爾亦則惟不克享，凡民惟曰不

享。爾乃惟逸惟頗，大遠王命，則惟爾多方探天之威，我則致天之罰，離逖爾土。」

忱，訦也，信也。逸，泆也，放蕩也。頗，猶傾邪也。探，取也。致，送詣也。離，讀爲剺，猶絕也。歎息言：爾多士，若不能勉信我命，爾亦則惟不能受此福，爾凡民，亦惟不能受此福，爾乃放泆，頗衺大遠棄王命，則惟爾多方自取上天之威怒，我則行天之罰放流之，以絕爾遠爾于此土也。

王曰：「我不惟多誥，我惟祗告爾命。」

祗，敬也。命，天命也。言我不憚爲此多誥者，我惟敬告爾天命之當然也。

又曰：「時惟爾初，不克敬于和，則無我怨。」

時，是也。初，猶始基也。言今與爾更始，若又不能敬于和，則自取誅戮，可無我怨，勿謂我誥之不早也。

立　政

《敍》曰：「周公作《立政》。」按：《立政》篇本在《周官》之後。《史記》云：「周之官政未次序，于是周公作《周官》，官別其宜。作《立政》，以辨百姓，百姓說。」按：百姓，百官族姓也。

周公若曰：「拜手稽首，告嗣天子王矣。」用咸戒于王曰：「王左右常伯、常任、準人、綴衣、虎賁。」周公曰：「嗚呼！休茲知恤，鮮哉！

咸，僉也，皆也。戒，誡也。敕，教也。託以羣臣之言，戒于王也。左右，ナ又也。常伯，秦漢侍中之職；常任，漢官中常侍之職；準人，疑秦漢廷尉之職。三官即夏商之三宅，周之三事也。綴衣，疑尙衣之官，侍帷幄者。虎賁，《周禮》之虎賁氏，守王宮者也。五官皆近臣，故曰左右。恤，憂也。鮮，善也，吉也。周公託羣臣之言皆誠于王，曰：王左右之五官甚重。公歎息美此羣臣之言，而言君能知憂難，得人愼用此官，豈不善哉。

古之人迪惟有夏，乃有室大競，籲俊尊上帝迪，知忱恂于九德之行。乃敢告教厥后曰：『拜手稽首后矣！』曰：『宅乃事，宅乃牧，宅乃準，茲惟后矣。謀面，用丕訓德，則乃宅人，茲乃三宅無義民。』

古之人，大禹也。迪，由也。有室，卿大夫之家。競，就也，彊也。《詩》

曰「無競惟人」。籲，評也。材過千人曰俊。尊，崇也，猶奉也。忱，誠也。恂，信也。九德，《臯陶謨》所云也。宅，度也，猶審察計量也，心能制義曰度。下文「文王惟克厥宅心」，蔡邕《石經》作「維厥度心」，則宅爲度無疑。事，常任也。牧，常伯也。準，準人也。謀，諆也，愛也。面，猶外貌也。丕，讀爲不。順，訓也，猶從也。義，誼也。民，人之通偁也。言夏禹蹈行此道，左右之大夫皆賢，所招評者，俊傑以亮天功，以崇事上帝，由其人知誠信于九德之行，乃敢告教其君。曰：拜手稽首以告于君，曰：量度用此三官，茲惟君之要矣。若愛取外貌之逢迎阿諛，而用不順于德者，以此度人，則三官皆無道誼之賢臣矣。

桀德，惟乃弗作往任，是惟暴德罔後。

暴，暴也，猶惡虐也。言夏桀之爲德，惟乃不爲往日先王之任用賢才，惟暴德之人是任，故絕世無後。

亦越成湯陟，丕釐上帝之耿命，乃用三有宅；克即宅，曰三有俊，克即俊。嚴惟丕式，克用三宅三俊，其在商邑，用協于厥邑；其在四方，用丕式見德。

越，度也，猶及也。陟，登也。釐，理也，猶順也。耿，光也。嚴，儼也，敬也。惟，思也。式，法也。商邑，邦畿也。言及湯登天子位，亦大順天之光命，乃用量度此三官，能就所度。自謂三官皆必用俊傑，果能所就者，皆俊傑，惟其敬用相度之大法，用能三度皆俊也。故其在邦畿之內，用以叶和于其邑，其在四方，亦以此大法顯湯之聖德也。

嗚呼！其在受德，暋爲羞刑暴德之人，同于厥邦；乃惟庶習逸德之人，同于厥政。帝欽罰之，乃伻我有夏，式商受命，奄甸萬姓。

受，紂也。暋，冒也，猶蒙蔽而彊悍也。羞，狃也，猶習也。逸，泆也，放蕩也。欽，戕也，殺也。伻，當作抨，使也。夏，中國也。式，試也，用也。奄，覆也。甸，讀爲定，甸定雙聲。言紂之爲德，蒙蔽彊悍，惟習刑暴德之人同于其邦，乃惟眾習泆德之人同于其政，在位者無一俊傑之賢，故天殺罰之，乃使我有此中夏，用商湯所受之命而覆冒奠定萬姓也。

亦越文王、武王，克知三有宅心，灼見三有俊心，以敬事上帝，立民長伯。

灼，焯也，明也。長伯，謂在民上者也。言及我文、武，亦克知灼見宅俊之心，與之敬事上帝，立以爲民長伯。謂所用皆賢臣，如夏之籲俊尊上帝也。

立政：任人、準夫、牧，作三事。

任人，常任也。準夫，準人也。牧，常伯也，《詩》所謂三事大夫也。

虎賁、綴衣、趣馬、小尹、左右攜僕、百司庶府。

虎賁，下大夫也。趣馬，下士也。小尹，疑即趣馬之屬圉師也。左右攜僕，疑大僕射人也。《檀弓》云：「扶尹，僕人師扶右，射人師扶左」，蓋生時贊正君服位者。百司，《周禮》之官。言司者，三十有八之類也。庶府，《周禮》大府、玉府、內府、外府、泉府、天府之類也。

大都小伯、藝人、表臣、百司、太史、尹伯，庶常吉士。

此言都邑之官也。邑有先君之廟曰都。伯，長也，對君側之臣故曰小。藝，當作䚯。表，幖也，猶民望也。尹，正也。常，讀爲掌。吉，善也，藝人卜祝巫匠之類也。表臣爲民師表，如州長、黨正、族師之類也。此百司，謂都邑之百司也。太史，下大夫也。尹伯，大夫職官之正，爲諸職之長，若太史爲史官之長之類也。庶常吉士，謂眾掌各職之善士，爲士職之長也。

司徒、司馬、司空、亞、旅。

此諸侯之官也。諸侯三卿，文、武時爲諸侯，與《牧誓》所敘同也。亞，猶次也；旅，猶眾也，再命之大夫也。

夷微、盧烝。三亳阪尹。

夷，四夷也。微、盧二國見《牧誓》。烝，訊也，君也。尹，正也，監于其國者也。三亳，鄭氏曰：「湯舊都之民服文王者，分爲三邑，其長居險，故曰阪尹。蓋東成皋，南轘轅，西降谷也。」按：阪，陂陀崎嶇之山地也，故曰居險。成皋在今河南開封府汜水縣，轘轅在今河南府偃師縣，降谷當是函谷，聲之轉也。漢武帝徙函谷關于新安，在今河南府新安縣。蓋商紂暴虐，亳之民多有歸服于文王者。各有其長，分之爲三，周又設官以監之，亦爲尹也。尹者，總微、盧、三亳而言也。皇甫謐以蒙爲北亳，穀熟爲南亳，偃師爲西亳。臆刱私說不可從。

文王惟克厥宅心，乃克立茲常事司牧人，以克俊有德。

宅，《熹平石經》作「度」，是也。以，用也。言常事司牧而不言準人者，承上省文也。言文王惟能其度心之，故乃能立茲三事之人，皆用其能。俊傑，有德者也。

文王罔攸兼于庶言；庶獄庶慎，惟有司之牧夫是訓用違；

言，獄辭也。慎，疑獄也。牧，常伯也。夫，準夫也。訓，順也。用，當行之事也。違，韋也，當改之事也，猶今言准駁也。言文王無所兼于獄訟之聽，惟責成司其事之常伯、準夫，獄成而告，亦順其所定當用當違之法而已。疑當時成王左右之寵臣得罪，王授意于治獄之官，不使治之，故召公不說，而求去治獄之官，即司寇蘇公也。觀周公反復述文王之德，又言勿有間之，末又評蘇公，特召之，似情事當如此也。

庶獄庶慎，文王罔敢知于茲。

茲，此也，實紫也，識詞也。

亦越武王，率惟敉功，不敢替厥義德，率惟謀從容德，以並受此丕丕基。」

率，述也，循也。敉，撫安也。義，誼也。容，猶寬大也。言武王率循安民之功，不敢廢文王所行之義德，循其謀而從其寬大之德，所以並受此大大之基業也。

嗚呼！孺子王矣！繼自今我其立政。立事、準人牧夫，我其克灼知厥若，丕乃俾亂；相我受民，和我庶獄庶慎。時則勿有間之，

灼，焯也，明也。若，順也。亂，治理也。相，毀也，猶助也。和，龢也，諧也。間，以我侵與其間也。歎息言：孺子今已即辟為王矣，自今以繼我其效法文武之立政，所立常任準人、常伯，我其必能明知順德者乃大用之，使其治理以助我所受之民，和平我眾獄與眾疑獄，如是，則委任既專，我慎勿侵與之而掣其肘也。

自一話一言。我則末惟成德之彥，以乂我受民。

末，猶終也。惟，思也。彥，美士也。乂，斃也，治也。成德之彥，疑隱指召公也。

嗚呼！予旦已受人之徽言咸告孺子王矣。繼自今文子文孫，其勿誤于庶

獄庶慎，惟正是乂之。

　　徽，媺也，善也。媺，即媄字。文，妦也。文子文孫，成王守文之主，于武王爲子，于文王爲孫也。誤，謬也。正，大正也，治獄之官也。《周書・嘗麥》云「王命大正正刑書。」乂，劈也，治也。言刑讞者，天下之大公，其毋謬以私意間之，惟大正是治之也。

自古商人亦越我周文王立政，立事、牧夫、準人，則克宅之，克由繹之，茲乃俾乂，

　　宅，度也。由，抽也，引也。繹，猶尋緒也。總結前文，自商至文王，皆于三事之官，始能圖度以慎其選，繼能抽繹以盡其才，此乃所以使國家治安也。

國則罔有。立政用憸人，不訓于德，是罔顯在厥世。繼自今立政，其勿以憸人，其惟吉士，用勱相我國家。

　　憸人，險詖佞人也。訓，順也。顯，㬥也。勱，勉力也。相，叹也，助也。此憸人，疑即隱指君奭，《序》所稱左右之人也。

今文子文孫，孺子王矣！其勿誤於庶獄，惟有司之牧夫。

　　牧夫，常伯、準夫也，即上文「勿有間之」之意。

其克詰爾戎兵以陟禹之迹，方行天下，至于海表，罔有不服。以觀文王之耿光，以揚武王之大烈。

　　詰，劫也，謹慎也。陟，登也，猶履蹈也。迹，步處也。方，旁也，溥也。服，艮也，治也。觀，見也。耿，明也。揚，續也。烈，業也。此節似非《立政》篇語氣，與上下文皆不相承接。疑《顧命》「高祖寡命」下脫簡在此，非用兵之時而忽言此，是導王爲秦皇、漢武必不然矣。

嗚呼！繼自今後王立政，其惟克用常人。」

　　常，長也，猶恒久也。常人，有常德之人，《皋陶謨》所云「彰厥有常」也。

周公若曰：「太史！司寇蘇公式敬爾由獄，以長我王國。茲式有慎，以列用中罰。」

　　愚按：是時成王左右偶有憸人而王寵任之，其人或以私事觸法，或以公事獲辜，斷斯獄者，司寇蘇公也。既已成獄，而王不欲置之于法，蘇公以希旨模稜，召公必欲執法黜之，而勢有所不能，故不說而求去。周公既作《君奭》留之，因作《立政》以告誡成王，而篇終特評蘇公勸勉之。蓋一篇之結穴也。此篇編次似宜接《君奭》，而《多方》應在《多士》前也。太史司寇者，由太史而新擢爲小司寇也。太史，下大夫職；小司寇，中大夫職也。蘇，國名，當在今河南淮慶府，己姓，以國爲氏。式，忕也，惕也。敬，肅也。由，以也，猶用也。列，例也，比也。中，即《呂刑》「士制百姓于刑之中」，「罔非在中」之中，猶正也。言居是職，當忧惕敬而用獄以長我王國。今茲有獄，亦宜忧惕謹愼以例用中正之罰，執法從事，不可稍有遷就也。僞孔以蘇公爲忿生，蓋據《左》成十一年《傳》「昔周克商，使諸侯撫封蘇忿生，以溫爲司寇」也。以太史爲別一官，而告以蘇公治獄之敬。按：太史非刑官，不當舍準人而反獨呼之。《詩·小雅序》「蘇公刺暴，公亦忿生之後」，稱蘇公。疑此蘇公即忿生之子，以太史而陟司寇者也。

賄息愼之命

　　《敘》曰：「成王既伐東夷，息愼來賀，王俾榮伯作《賄息愼之命》。」按：東夷，淮夷也。息愼，即肅愼，亦作稷愼，東北夷也。其後爲女眞，在今遼東吉林甯古塔地。武王克商，肅愼氏來貢楛矢、石砮。榮伯，周同姓，畿內諸侯入爲卿大夫者。《周語》有榮夷公，其後也。賄，財也，主國贈賓之禮。此篇亡于秦項之火。

亳　姑

　　《敘》曰：「周公在豐，將歿，欲葬成周。公薨，成王葬于畢。告周公，作《亳姑》。」按：《尚書大傳》云：「三年之後，周公老于豐，心不敢遠成王而欲事文武之廟。後周公疾，曰：『吾死，必葬于成周，示天下臣于成王。』王曰：『公生欲事宗廟，死欲聚骨于畢。』」畢者，文王之墓地，示天下不敢臣周公也。畢，即九畢，在成周之地。「亳姑」二字，未聞其說。此篇亡于秦項之火。

周　官

　　《敘》曰：「成王既黜殷命，滅淮夷，還歸，在豐，作《周官》。」此篇

亡于秦項之火。

惟周王撫萬邦，巡侯、甸，四征弗庭，綏厥兆民。六服羣辟，罔不承德。歸于宗周，董正治官。

「以王命討不庭」，《左》隱十《傳》文也。「成王十九年，王巡守，侯、甸、方岳、召康公從歸于宗周，遂正百官。」《逸周書》篇文也。按：《周禮》九服今言六。又治官之屬，專指天官冢宰，非可泛言百官也。

王曰：「若昔大猷，制治于未亂，保邦于未危。」

「治之于未亂」，《老子》之言也。

曰：「唐虞稽古，建官惟百。內有百揆、四岳，外有州、牧、侯伯。庶政惟和，萬國咸寧。夏、商官倍，亦克用乂。明王立政，不惟其官，惟其人。

「有虞氏，官五十；夏后氏，官百；殷二百，周三百。」《禮記·明堂位》文也。「萬國咸寧」，《周易》文也。

今予小子，祗勤于德，夙夜不逮。仰惟前代時若，訓迪厥官。立太師、太傅、太保，茲惟三公。論道經邦，燮理陰陽。官不必備，惟其人。少師、少傅、少保，曰三孤。貳公弘化，寅亮天地，弼予一人。

「立太師、太傅、太保，茲惟三公」，《鄭志》十一卷趙商所引《周官》眞古文也。「坐而論道」，《考工記》文也。「三公典調和陰陽」，《漢書·丙吉傳》之言也。然漢三公，乃丞相、太尉、御史大夫耳。「立三少爲之副，少師、少傅、少保，是爲孤卿，與六卿爲九焉。」「《記》曰：三公無官，言有其人，然後充之。」皆《漢書·百官公卿表》文也。「設四輔及三公，不必備，惟其人。」《禮·文王世子》之文也。

冢宰掌邦治，統百官，均四海。司徒掌邦教，敷五典，擾兆民。宗伯掌邦禮，治神人，和上下。司馬掌邦政，統六師，平邦國。司寇掌邦禁，詰姦慝，刑暴亂。司空掌邦土，居四民，時地利。

五典，本《虞書》。然周司徒掌十有二教，與唐虞五教不同。「司空執度度地，居民山川沮澤，時四時」，《禮記·王制》文也。「天官掌邦治，地官掌邦教，春官掌邦禮，夏官掌邦政，秋官掌邦刑，冬官掌邦事」，《周禮·小宰

之職》文也。刑，改爲「禁」，用《秋官》：「使帥其屬而掌邦禁」，而不知「士師之職，掌國之五禁之法，以左右刑罰。」禁，非刑也。改「事」爲「土」，用《左》定四年《傳》：「聃季爲司空」，又曰「聃季授土」也。

六卿分職，各率其屬，以倡九牧，阜成兆民。六年，五服一朝。又六年，王乃時巡，考制度于四岳。諸侯各朝于方岳，大明黜陟。」

「九牧」，見《逸周書・明王之制》。「使諸侯歲聘以志業，間朝以講禮，再朝而會以示威，再會而盟以顯昭明」，《左》昭公十三《傳》叔向之言也。〔一〕僞孔以六年一會爲六年一朝，十二年一盟爲十二年一巡，顯與《周禮・大行人》不合。且《禹貢》五服，《周禮》六服，又有九服。今前曰「六服羣辟」，後曰：「五服一朝」，可乎？「三考黜陟」，《堯典》文也。

校勘記
〔一〕此數語爲《左》昭公十二年《傳》叔向之言也。

王曰：「嗚呼！凡我有官君子，欽乃攸司，慎乃出令，令出惟行，弗惟反。以公滅私，民其允懷。

「號令如汗，汗出而不反者也。令出而反，是反汗也。」《漢書》劉向上封事之言也。「以私害公」，《左》文六《傳》與駢之言也。

學古入官。議事以制，政乃不迷。其爾典常作之師，無以利口亂厥官。蓄疑敗謀，怠忽荒政，不學牆面，莅事惟煩。

「先王議事以制」，《左》昭六《傳》叔向之言也。「惡利口之覆邦家者」，「其猶正牆面而立也歟」，皆《論語》孔子之言也。然使不讀《論語》，「牆面」二字，何以解之？

戒爾卿士，功崇惟志，業廣惟勤，惟克果斷，乃罔後艱。

業，大版也，用爲事業之業，此六書轉注之法。「廣業」，見《周易》，自孔子始用之，三代無其文。《左》昭十三《傳》：「有事而無業」，亦言貢賦之版也。

位不期驕，祿不期侈。恭儉惟德，無載爾僞。作德，心逸日休；作僞，心勞日拙。居寵思危，罔不惟畏，弗畏入畏。

「貴不與富期而富至，富不與梁肉期而梁肉至，梁肉不與驕奢期而驕奢

至。」《戰國策》平原君之言也。「恭儉豈可以聲音笑貌爲哉」，《孟子》之言也。「無載爾僞」，《左》襄三十《傳》引《詩》之文也。「居安思危」，《左》襄十一《傳》引《書》之文也。「罔不祇畏」，《金縢》文也。「出禮不畏入畏」，《揚雄·太元禮次七》之文也。

推賢讓能，庶官乃和，不和政厖。舉能其官，惟爾之能。稱非其人，惟爾不任。」

「推賢讓能，而安隨其後」，《荀子·非十二子》篇文也。

王曰：「嗚呼！三事暨大夫，敬爾有官，亂有政，以佑乃辟。永康兆民，萬邦惟無斁。」

「三事大夫」，《詩》專指「三公」。此增「暨」字，欲兼括孤卿也。

君 陳

《敘》曰：「周公既沒，命君陳分正東郊成周，作《君陳》。」按：君陳，周公八子之一，伯禽弟也，諡曰平公。成周，在王城近郊五十里內。天子之國，五十里爲近郊，百里爲遠郊。今河南河南府洛陽縣東北二十里爲成周故城，西北二十里爲王城故城。此篇亡于秦項之火。

王若曰：「君陳，惟爾令德孝恭。惟孝友于兄弟，克施有政。命汝尹茲東郊，敬哉！

「驪，此其孫也。而令德孝恭」，《周語》單襄公之言也。「孝乎惟孝，友于兄弟，施于有政」，《論語》引《書》文也，[一]「孝乎惟孝」四字爲句。僞《書》割去上二字，以「令德孝恭」代之作起筆，至貽誤後人，並《論語》以「《書》云：孝乎」爲句矣。

校勘記
[一] 云，當作「文」，原書誤。

昔周公師保萬民，民懷其德。往慎乃司，茲率厥常，懋昭周公之訓，惟民其乂。

「昔伯舅、太公，股肱周室，師保萬民」，《左》襄十四《傳》王賜齊侯命文也。「惟民其康乂」，《康誥》文也。

我聞曰：『至治馨香，感于神明。黍稷非馨，明德惟馨。』爾尚式時周公之猷訓，惟日孜孜，無敢逸豫。

　　「我聞曰」，見《康誥》。「黍稷非馨，明德惟馨」，《左》僖五《傳》宮之奇引《周書》之文也。

「凡人未見聖，若不克見；既見聖，亦不克由聖，

　　「未見聖，若己弗克見；既見聖，亦不克由聖。」《禮記・緇衣》引《君陳》之眞古文也。

爾其戒哉！爾惟風，下民惟草。

　　「君子之德風也，小人之德草也。」《論語》孔子之言也。然下文有「草上之風必偃」句，其誼乃明。今割去下句，不知何解。此與「一簣牆面」，顯露破綻。

圖厥政，莫或不艱，有廢有興，出入自爾師虞，庶言同則繹。

　　「圖厥政」，《多方》文也。「出入自爾師虞，庶言同」，《禮記・緇衣》所引《君陳》眞古文也。

爾有嘉謀嘉猷，則入告爾后于內，爾乃順之于外，曰：『斯謀斯猷，惟我后之德。』嗚呼！臣人咸若時，惟良顯哉！

　　「爾有嘉謀嘉猷，入告爾君于內，女乃順之于外，曰：此謀此猷，惟我君之德。嗚呼！是惟良顯哉。」《禮記・坊記》引《君陳》之眞古文也。「古之良大夫，其事君皆如是。」董仲舒《春秋繁露・竹林》篇引此數語而釋之者也。然此數語，必非成王之言。出之成王，是導諛也。當是篇中夾人臣之言，如《顧命》篇體也。僞書竟作王言，謬矣！又「咸若時」，見《皋謨》。

王曰：「君陳，爾惟弘周公丕訓，無依勢作威，無倚法以削，寬而有制，從容以和。殷民在辟，予曰辟，爾惟勿辟；予曰宥，爾惟勿宥，惟厥中。有弗若于汝政，弗化于汝訓，辟以止辟，乃辟。狃于姦宄，敗常亂俗，三細不宥。

　　「公曰：宥之。有司曰：在辟。」《禮記・文王世子》文也。

爾無忿疾于頑，無求備于一夫。必有忍，其乃有濟；有容，德乃大。簡

厥修，亦簡其或不修。進厥良，以率其或不良。

「無求備于一人」，《論語》文也。「必有忍也，若能有濟。」《周語》富辰引《書》之文也。韋注：「若，猶乃也」。

惟民生厚，因物有遷。違上所命，從厥攸好。爾克敬典在德，時乃罔不變。允升于大猷，惟予一人膺受多福，其爾之休，終有辭于永世。」

「民生厚而德正」，《左》成十六《傳》申叔時之言也。「下之事上，不從其所令，從其所行。上好是物，下必有甚。」《禮記·緇衣》之文也。「汝亦罔不克，敬典」，《康誥》文也。

顧 命

《敘》曰：「成王將崩，命召公、畢公率諸侯相康王，作《顧命》。」按：顧，還視也。臨終遺書曰「顧命」。率，讀爲達，先導也。相，讀爲叟，猶佑助也。

惟四月，哉生魄，王不懌。

四月者，成王即政後二十六年，即辟後二十八年，嗣位之三十七年壬子卯月也，王年四十有七。哉生魄者，四月三日也。懌，當作釋，猶怡悅也。疑當讀爲忝，喜也。與《金縢》不豫之「豫」，同爲叚借字耳。不懌者，有疾也。

甲子，王乃洮頮水。相被冕服，憑玉几。

洮，讀爲澡，洒手也。馬融訓「濯髮」，非。鄭謂借爲「濯」，則所濯不憭。頮，當作沬，或作湏，洒面也。相，叟也，猶助也。相者，正王服位之臣，太僕之職也。《檀弓》：「扶君，僕人師扶右，射人師扶左」，則射人亦與焉。被，猶覆也。冕，當作元。冕，視尋常聽朝之皮弁服加一等也。憑，當作馮，讀爲凭，依几也。玉几，以玉爲飾之几。王此時當在路寢也。

乃同，召太保奭、芮伯、彤伯、畢公、衛侯、毛公、師氏、虎臣、百尹御事。

召公時已百餘歲，故特著其名，明非別一太保也。芮、彤、畢、毛，皆畿內諸侯。芮在今陝西西安府朝邑縣，彤在今華州，畢在今長安縣，衛在今河南衛輝府淇縣，毛在今甘肅鞏昌府泰縣。召公、芮伯，皆周同姓；彤伯，

禹裔，姒姓；畢公、毛公，皆文王庶子。畢公，名高。毛公，未知名，鄭名聃者也。衛侯，即康叔，武王母弟。以上三公、六卿，太保召公兼冢宰，[一]芮伯、宗伯、彤伯，司徒，太師畢公兼司馬，衛侯司寇，太傅毛公兼司空也。師氏，中大夫。虎臣，虎賁氏，下大夫也。尹，正也。百尹，各職之長官。御事，百尹之屬，是時有當治之事者。

校勘記
[一] 太保召公兼冢宰，原文誤作「召伯」，本節注文開頭已言「召公時已百餘歲」，故此處當以「召公」爲是，且亦無「召伯」之稱也。

王曰：「嗚呼！疾大漸，惟幾，病日臻。既彌留，恐不獲誓言嗣，茲于審訓命汝。

　　疾，疒也，疴也。漸，趣也，進也。幾，殆也。疾甚曰病。臻，至也。彌，當作瓕，弛弓也。喻身雖臽存，而不能起坐也。獲，得也。誓，以言約束也，猶命告也。嗣，新主也。審，猶詳也。歎息言：疾今大進，惟危，加甚之勢日至，若當身廢淹臽之際，恐不得告命以示後嗣，故及此時詳訓命汝也。

昔君文王、武王宣重光，奠麗陳教，則肄肄不違，用克達殷集大命。

　　宣，㬈也，明也。重，緟也，增益也。重光者，太平之世日襄，重光，謂日儷其精，重光以見吉祥也。馬融以日月合璧，五星聯珠爲重光。此千百年僅有之一時，亦厤數之適然。文、武時斷不能疊見，即見，亦非文、武之德所致也。奠，定也，猶成也。麗，䴡也，猶華也。所謂日月光華，且復旦也。陳，敶也，敷也。肄，習也。連言肄者，氣喘而語重也。違，韋也，背也。達，撻也，擊也，《詩》曰「撻彼殷武。」或曰達，行不相遇也，讀如《吳語》「達王于甬東」之達；或曰達讀爲大，《詩》曰「燮伐大商」，克勝也。二說存參。言文武聖德日顯其瑞，重光而成華，民服其教，敷陳而不背，天人相應，用是能撻伐殷商，而集大命于我周邦也。

在後之侗，敬迓天威，嗣守文、武大訓，無敢昏逾。

　　侗，僮也，猶言沖人，孺子也。古文作「夏后之詷」，詷亦僮也。蓋夏讀爲余，后讀爲後，猶《康王之誥》云「在我後之人」也。迓，當作訝，迎也。昏，惽也，猶迷亂也。逾，越也。言予敬迎可畏之天命，故繼守文、武大訓，不敢昏亂踰越也。

今天降疾，殆弗興弗悟。爾尚明時朕言，用敬保元子釗弘濟于艱難，

　　殆，似也，類也。興，起也。悟，語也。時，是也。釗，康王名。濟，渡也。難，亦「艱」之借字，如戲謔乞匄，皆古人習用之連語也。言天降疾，似將棄世，弗能起，弗能語矣。爾庶幾宣是我今所言者，以敬保長子釗，大濟渡于艱難之際也。

柔遠能邇，安勸小大庶邦，

　　「柔遠能邇」，見《堯典》。

思夫人自亂于威儀，爾無以釗冒貢于非幾。」

　　夫人，猶言凡人也。亂，治理也。儀，義也。有威可畏謂之威，有義可象謂之義。冒，冢而前也。貢，當作贛，讀爲陷，自高而入于下也。非，韋背也。幾，危殆也。言思凡人當自治于威儀，爾無以釗進冒于背理之事，退陷于危殆之地也。

茲既受命，還出綴衣于庭。越翼日乙丑，王崩。

　　還，返也，王返于寢所也。綴，聯也。綴衣，帷幄之屬。帷幄必以綏聯，故曰綴衣。將發顧命，即路寢而張之，王起坐綴衣中，事畢舁去，出之于庭中也。庭，廷也，路寢之廷也。翼，本作翌，昱之誤字也。昱，明日也。

太保命仲桓、南宮毛俾爰齊侯呂伋，以二干戈、虎賁百人，逆子釗于南門之外。延入翼室，恤宅宗。

　　仲、南宮，皆氏，桓、毛皆名，即虎賁氏、下大夫二人也。爰，引也。齊，國，侯爵；呂，氏；伋，名，太公子丁公也。二干戈，桓、毛一執干，一執戈也。百人，虎士也。《周禮》「虎氏八百人。」今取用百人，所以衛元子也。逆，迎也。南門，廟門也。古者天子崩，世子當告崩于廟，然後入爲喪主。延，亦引也。翼室，路寢左右之室。在旁曰翼也。此當居東翼室。恤，憂也。宅，居也。宗，猶主也。言憂居爲喪主也。

丁卯，命作冊度。

　　冊，所以書成王命詞者也。度，猶法制也。受冊時法制，猶今言儀注單也。

越七日癸酉，伯相命士須材。

　　伯相，二伯相王室者，蓋召公、畢公也。士，山虞匠人之屬。須，當作須，讀爲放，分也。材以作椁，與明器者分之，以度其所宜也。

狄設黼扆、綴衣。

　　以下亦皆伯相命之也。狄，讀爲翟，樂吏之賤者，秉翟以舞者，下士也。牖戶之間謂之扆，白與黑謂之黼。蓋路寢中間，牖之東戶之西設扆，如今屏風，畫斧文于其上，刃白，近鑾處黑其質，絳帛。天子朝諸侯依倚之處也。綴衣者，聯綴帷幄，張于其所。

牖間南嚮，敷重篾席，黼純，華玉，仍几。

　　牖間，兩窗之間也。嚮，當作向，猶對也。下同。戶旁夾兩窗，窗即牖也。敷席于牖間，當扆前也。敷，敉也。重者，天子之席三重，今再重，但用莞席。篾，當作蔑，讀爲末。言小蒲莞也，即今之席艸。兩重不異，不用生時。繅席，次席也。純，緣也，謂緣邊也，白黑相間。華玉，五色玉，所以飾几。仍，因也。几，坐所以凭者，古人坐地，几制卑，如今炕几也。仍几者，同生時所用之几，不如席之有異也。凡吉事變几，凶事仍几，此生時見羣臣、觀諸侯之坐也。

西序東嚮，敷重底席，綴純，文貝，仍几。

　　序，牆也。底，讀爲底，猶平也。以青蒲爲席，柔滑而平也。蒲大莞小，莞如細蔥，莖圓而中空。蒲較闊大，所謂蒻也。綴，續也。畫文，備五色，以青白相次，赤黑相次，元黃相次者，續之于繪，以純席也。文，妎也。文貝，貝之有文者。其類有十，亦以飾几。此天子旦夕聽事之坐。

東序西嚮，敷重豐席，畫純，雕玉，仍几。

　　豐，猶華滿茂美也。蒲席之編以五采，即《周禮》司几筵之繅席也。畫，但畫雲氣以爲文也。雕，彫也，刻鏤也。此養國老饗羣臣之坐也。

西夾南嚮，敷重筍席，玄紛純，漆，仍几。

　　西夾，路寢之西偏夾室也。不設東夾坐者，康王方恤宅于其中也。筍，讀爲筥，竹外青皮，即箁箬也。馬融、王肅皆以上三席爲蒲席，此一席爲竹席。鄭康成則謂四席皆竹，恐非。黑而有赤色者爲元。紛，讀爲份，妎彰皃，

蓋以元組爲緣也。漆，讀爲桼，木汁可以髹物。此几以桼髹也。此親屬平時私宴之坐也。天子朝覲、聽政、養老、私燕，各有定處，平居各因事而設，今並設以隨神之所憑也。按：文王遷豐，僅作靈臺、辟雍，其餘猶諸侯制度。武王遷鎬，因之。周公制禮，建國土中，乃立明堂于洛邑。《洛誥》所以言「入太室祼」也。若鎬京宮室未嘗改作，成王崩于鎬京，故喪禮陳設之處在路寢者。下文有東西房，如諸侯之制，不爲明堂制也。

越玉五重，陳寶，赤刀、大訓、宏璧、琬琰，在西序。大玉、夷玉、天球、河圖，在東序。胤之舞衣、大貝、鼖鼓，在西房；兌之戈、和之弓、垂之竹矢，在東房。

越，猶及也。玉與寶，即下文所言也。陳，敶也，列也。寶，讀爲宗，藏也，藏珍寶之所也。《周禮・天府》：「凡國之玉鎮大寶器藏焉。若有大祭大喪，則出而陳之。」蓋所以華國也。赤刀，武王佩刀。周尚赤，以爲飾也。《大訓》，五帝夏商之書也。宏，猶大也。璧，瑞玉環也。其名曰琬、曰琰，度皆尺二寸。琬者，宛宛而圓也。琰者，璧上起美色也。皆美玉，所謂玉二重也，陳于西序，坐北。大玉，小華之山有璆琈之玉也。夷玉，東北醫无閭之珣玗琪也。天球，《禹貢》雍州所產，中磬，材質玄如天色者。皆未琢治之寶玉，所謂玉三重也。河圖，出河水，帝王聖者所受。伏羲、軒轅、堯、舜、禹、湯以至文王，皆受之也，皆陳于東序，坐北。胤，疑夏臣。胤所爲舞者之衣，皆中法。大貝，出江淮之浦，大如車輪，即文王拘羑里時，散宜生取以獻紂者也。鼖鼓，大鼓也，長八尺，亦前代之物，《考工記》所云，蓋即仿此制而爲之者。房，在堂後室傍夾室之後，皆有墉以間之。所陳之物，必當房屋之直北，堂上皆得見之也。兌、和、垂，皆古人造此物者之名。疑垂，舜、共工官也。東房，堂東室傍之房也。

大輅在賓階面，綴輅在阼階面，先輅在左塾之前，次輅在右塾之前。

輅，讀爲路，猶車也。大輅，玉輅，所以祀者。賓階，西階也。面，猶前也。綴輅，玉路之貳車，十二乘，茲陳其一，聯綴于玉路後者也。阼階，東階也。先路，象路所以朝者。左右，讀爲ナ又。塾，當作埻，門側北向之堂也。左埻，西堂也。次路，象路之貳車也。右塾，東堂也。先路與玉路相對，次路與綴路相對。王之五路，不陳金革木者，此時但有朝祭，無迎賓，即戎田獵之事，于禮無當也。凡所陳以西爲上者，成王殯在西序也。

二人雀弁，執惠，立于畢門之內。四人綦弁，執戈上刃，夾兩階阷。一人冕，執劉，立于東堂。一人冕，執鉞，立于西堂。一人冕，執戣，立于東垂。一人冕，執瞿，立于西垂。一人冕，執銳，立于側階。

　　弁者，士服也。雀弁，赤而微黑，如雀頭色者。弁制如冕，惟前後平不俛仰，又無藻塗也。惠，狀斜刃，宜芟刈者。鄭蓋以「錽、鍜」二字之音擬之，僞傳以爲三隅矛。畢門，即路門也。綦，騏也，如馬之青黑色也。戈，平頭戟也。其刃橫出，可句可擊。上刃者，刃外向也。一在西階之西，一在東階之東，相向而立，所謂夾兩階也。阷，堂廉直下厓也。一在東南堂隅之東，一在西南隅之西，當前廉之兩旁厓下，皆南向，所謂夾兩階阷也。冕，大夫服也。劉，如漢時之鑱斧。鉞，讀爲戉，大斧也。堂者，堂上近序處也。戣與瞿，如漢時之三鋒矛。垂者，堂上之遠邊，謂東夾之東邊牆外餘地、西夾之西邊牆外餘地也。銳當作鈗，矛屬。側階，東下階也。立東垂者，在堂上；立側階者，在堂下。康王翼室在東，故東階獨多設一人。王出受顧命，必由東階降至庭中，再由西階躋而至殯前也。

王麻冕黼裳，由賓階躋。卿士邦君麻冕蟻裳，入即位。

　　麻冕，細布以冒冕綖之版也，亦十五升麻之布爲之，與朝服同。升八十縷，則其經已一千二百縷矣。舊解三十升，則古布廣二尺二寸，當今一尺三寸七分半，斷不能容二千四百縷也。黼裳，毳冕之裳，刺黼黻二章者。躋，升也。自西階者，未受顧命，不敢遽當主位，且殯固在西也。蟻裳者，元裳如蛾色也。服色參酌吉凶之間，示禮之變也。入者，入路門也。即位，卿即中庭之東，西面，諸侯即中庭之南，北面也。

太保、太史、太宗皆麻冕彤裳。太保承介圭，上宗奉同瑁，由阼階躋。太史秉書，由賓階躋，御王冊命。

　　太保，召公；太史，史佚；太宗，大宗伯彤伯也。彤裳，纁裳也。承，即奉也。介，玠也。玠圭，天子鎮圭，大尺二寸。上宗，大宗伯一人，小宗伯一人也。同，讀爲鍾，酒梧也。此當是圭瓚以挹鬯裸祭者。瑁，亦玉爲之，上下方，如耜，刃四寸。諸侯執命圭朝天子，天子以瑁冒之，所以齊瑞信者，奉同一人，奉瑁一人也。自東階升者，天子世守之重器故也。秉，執也。書，所書顧命之冊也。御，讀爲訝，猶迎向也。冊命者，王此時立賓階上，少東，太史東面，于殯西南隅讀冊書以命王嗣位之事也。

曰：「皇后憑玉几，道揚末命，命汝嗣訓，臨君周邦，率循大卞，燮和天下，用答揚文、武之光訓。」

皇后，大君也。憑，當作道，導也，猶言也。揚，舉也。嗣訓繼，守其訓也。率，逑也，猶遵也。循，順行也。卞，當作弁，讀爲憲，猶法也。山井鼎《攷文》作「帥修大辨」，疑「卞」本作「平」，辨別也。燮，亦和也。和，讀爲龢，諧也。答，當作荅，讀爲合，對也。揚，易也，猶明也。光，廣也，大也。史佚言：「大君道揚臨終之命，命汝繼守茲訓，君臨周邦，述行爲君之大法，以和天下，以應揚文武之大訓。」

王再拜，興，荅曰：「眇眇予末小子，其能而亂四方以敬忌天威。」

眇，秒也，杪也，猶少、小也。予，余也。末，亦杪也。能，材也，猶賢智也。亂，治理也。忌，誋也，實戒也，畏也。言王拜起而應曰：「我微末小子，其何才能而治理四方乎？惟以茲大訓，敬愼戒懼于天威耳！」

乃受同瑁，王三宿，三祭，三咤。上宗曰：「饗！」

右手受同，左手受瑁也。宿，讀爲肅，猶進前也。祭，祼祭也。束茅，立之祭前，用圭瓚盛秬鬯酒沃茅上。酒滲下，若神飲之也。咤，當作吒，讀爲亇，郤行復位也。饗者，謂神享之也。按：「咤」《說文》作「詫」，訓奠爵酒，引此文。然下文「太保受同」，爵既奠，則不得言受。又「宿」，江氏聲欲讀如「茜」。然「茜」與祭是一事，不得分言，故知鄭誼不可易也。

太保受同，降，盥，以異同秉璋以酢。授宗人同，拜。王荅拜。

王既三祭，則以同授太保。太保受之，以降置于篋也。盥，澡手也。以異同秉璋者，半圭曰「璋」。此同以璋爲柄，所謂璋瓚也。酢，醋也，報也，酌酒報主人曰酢。蓋太保以璋瓚代神酢王，王雖不嚌而飲福之意已成，故即授宗人同，而拜宗人、小宗伯也。王荅拜者，《禮記·燕義》云：「禮無不荅，明君上之禮也。」

太保受同，祭，嚌，宅，授宗人同，拜。王荅拜。

太保又受宗人之同，代王酬已祭之地而嚌之以飲福。嚌，嘗也。酒至口曰嚌，至齒曰啐，皆似飲而實不飲也。宅，度也。謂嚌而不啐，有節度也。于是受宗人同，而受命嗣位之禮成矣。此皆吉凶之際變禮也。

太保降，收。諸侯出廟門俟。

太保降，而王與諸卿大夫皆降，可知收者，斂諸陳設及冊書同瑁等也。廟門，亦即路門也。俟，竢也，待也，待朝也。言邦君，則卿士可知。

康王之誥

《敍》曰：「成王崩，康王既尸天子，遂誥諸侯，作《康王之誥》。」尸，猶主也，明受顧命之時即誥，非踰年即位而後誥也。按：鄭本以「王若曰：庶邦、侯、甸、男、衛」下分篇爲《康王之誥》。伏生、歐陽、大小夏侯，則合于《顧命》，是別有《康王之誥》，爲逸篇也。今僞孔以「王出，在應門之內」起分篇，尤非。

王出，在應門之內，太保率西方諸侯入應門左，畢公率東方諸侯入應門右，皆布乘黃朱。賓稱奉圭兼幣，曰：「一二臣衛，敢執壤奠。」皆再拜稽首。王義嗣德，荅拜。

出者，出路門也。應門之內，治朝也，王日視朝于此，在中庭，當宁而立者也。天子五門：路門之外，應門、雉門、庫門、皋門是也。有三朝：皋門內爲外朝，庫門、雉門內皆無朝，應門內爲治朝，路門內爲燕朝是也。畢公，代周公分陝爲東伯，召公爲西伯，故各率其所治之諸侯也。率，達也，先導也。布，敷也，猶陳列也。乘，四馬也。黃朱，黃馬朱鬣也。賓，諸侯也。稱，再也，舉也。圭，命圭也。幣，所以享者。朝享同時同地並行，此亦吉凶之際變禮也。諸侯皆爲王藩衛者，故曰臣衛。壤，土地也，凡國土所出之物。奠，定也，定安于地也。義，誼也，宜也。康王宜嗣周德，今已爲諸侯主，雖未踰年即位，亦無所嫌矣，故荅拜也。若新喪受朝以定王位，老臣安國之計而所行之禮，亦皆變禮也。

太保暨芮伯咸進，相揖。皆再拜稽首曰：「敢敬告天子，皇天改大邦殷之命，惟周文武誕受羑若，克恤西土。

暨，臮也，與也。咸，僉也，皆也。揖，以手通指，如今拱手也。相揖，揖卿士。邦君皆使前也。皆再拜稽首，通卿士、邦君言也。言者太保一人，見卿士邦君，亦如是言也。羑，進善也。若，順也。恤，卹也，安靖之意。言天革殷命，惟允文允武大受而進順之，能安靖西土之諸侯民人，故天下歸心也。

惟新陟王畢協賞罰，戡定厥功，用敷遺後人休。今王敬之哉！張皇六師，無壞我高祖寡命。」

　　陟，登遐也，猶後世偁大行也。畢，戮也，盡也。協，龢也。賞，謂封建。罰，謂討叛。戡，戕也，克也。敷，敉也。遺，饋也，猶與也。休，喜也，猶美也。張，猶開也。皇，大也。張皇，疊韻連語，猶《詩》云「整我六師」也。六師，即六軍也。高祖，謂文王也。凡曾祖以上，皆可稱高祖也。寡，少有之詞，猶言寡妻、寡兄也。按：嘉謀、嘉猷當告于天子者，多矣。而特言張皇六師者，對眾之詞。召公有鑒于成王嗣位多難不靖，故獨言此以攝服諸侯之心，有深意存焉。○此以上皆《顧命》一篇之文，偽孔以作《康王之誥》，非也。且讀其文勢，疑本是《顧命》全篇有此報誥，為一時之詞，而別有《康王之誥》，已亡。伏生、歐陽、大小夏侯之今文是也，馬、鄭強分耳。

王若曰：「庶邦、侯、甸、男、衛，惟予一人釗報誥。

　　報，讀為復，實為白，猶明也。

昔君文武丕平，富不務咎，底至齊信用，昭明于天下。則亦有熊羆之士，不二心之臣，保乂王家，用端命于上帝。皇天用訓厥道，付畀四方。

　　文武，文德武功也，非斥言文王、武王。丕，大也。務，冒也，猶犯也。咎，災也。底，致也，送詣也。齊，猶同也。乂，嬖也，治理也。端，猶正也。訓，順也。言昔君有文德武功之大天下，以平萬民以富，不犯于災，故其功德所及之處，人無不信之。以能昭明于天下而民心歸向，則亦有勇猛之士、忠一之臣安治王家，變伐大商以正命于上帝，天于是嘉順文武之道，付與之以四方也。

乃命建侯樹屏，在我後之人。今予一二伯父尚胥暨顧，綏爾先公之臣服于先王。雖爾身在外，乃心罔不在王室，用奉恤厥若，無遺鞠子羞！」

　　建、樹，皆立也。屏，猶蔽衛也。在，存顧也。天子偁同姓諸侯曰伯父。胥，醑也，猶助也。暨，臮也，與也。綏，當作綏，猶繼也。服，猶事也。恤，卹也，猶安也。若，順也。遺，饋也，猶予也。鞠，育也，猶稚也。羞，醜也，猶媿恥也。言文武封建諸侯，立為屏蔽，以存顧後嗣子孫。今我一二伯父庶幾相與顧念，繼續爾先公之臣事于先王，雖爾身為藩服于外，爾心無不存在王家，以奉安其順道，無貽我沖子之恥也。」

羣公既皆聽命，相揖，趨出。王釋冕，反喪服。

　　相揖，太保、芮伯揖之使出也。趨，疾行也。出，出應門也。釋，解也。反，返也，復也。觀此收束文法，自是連《顧命》爲一篇，而《康王之誥》實亡逸也。

畢　命

　　《敘》曰：「康王命作冊畢，分居里，成周郊，作《畢命》。」按：「冊畢」下當有「公」字。《傳》曰：「分別民之居里，異善惡，成定東周郊境，使有保護。」鄭康成曰：「今其逸篇，有冊命霍侯之事，不同，不與此序相應。」按：《漢書・律厤志》引《畢命》《豐刑》曰：「惟十有二年六月庚午朏，康王命作策《豐刑》。」所稱畢公，似即此篇。而未審「豐刑」者，何謂也？豈《畢命》《豐刑》爲一篇耶？抑二篇同時所作耶？要之，鄭所見《畢命》乃命霍侯之事，則非此《畢命》也。此篇亡于秦項之火。

惟十有二年，六月庚午，朏。越三日壬申，王朝步至宗周，至于豐。以成周之眾，命畢公保釐東郊。

　　「惟十有二年六月庚午」，《漢志》采劉歆《三統厤》引《畢命》《豐刑》文也。康王「十二年夏六月壬申，王如豐，錫畢公命。」汲郡古文亦有之。「越六日乙未，王朝步自周，則至于豐」，《召誥》文也。「赫赫宗周」，《詩・小雅・正月》文也。按：唐僧一行《大衍歷》以康王十二年爲乙酉歲。

王若曰：「嗚呼！父師，惟文王、武王敷大德于天下，用克受殷命。

　　畢公代周公爲太師。「父師」二字，《微子》文也。「用克達殷，集大命」，《顧命》文也。「惟時受有殷命哉。」《君奭》文也。

惟周公左右先王，綏定厥家，毖殷頑民，遷于洛邑，密邇王室，式化厥訓。既歷三紀，世變風移，四方無虞，予一人以寧，道有升降，政由俗革，不臧厥臧，民罔攸勸。惟公懋德，克勤小物，弼亮四世，正色率下，罔不祗師言。嘉績多于先王，予小子垂拱仰成。」

　　「實維阿衡，實左右商王。」《商頌・長發》之篇也。「克定厥家」，《詩・周頌・桓》之篇也。「遷殷頑民」，見《多士・書敘》。「君若苟無四方之虞」，《左》昭四《傳》文也。「則予一人以懌」，《康誥》文也。「其以宋升降乎？」《左》襄二十九《傳》叔向之言也。「夫君子能勤小物，故無大患。」《晉語》

智伯國之言也。「孔父正色而立于朝」，《公羊傳》文也。「德嘉績于朕邦」，《商書・盤庚》文也。「臣盡智力以善其事，而君無與焉，仰成而已。」《慎子》之文也。「馮翊垂拱蒙成」，《漢書・薛宣傳》文也。「武王之佐：周公、召公、太公、畢公、毛公，武王垂拱而受成功。」《淮南・道應訓》高誘注也。

王曰：「嗚呼！父師，今予祗命公以周公之事，往哉！旌別淑慝，表厥宅里，彰善癉惡，樹之風聲。弗率訓典，殊厥井疆，俾克畏慕。申畫郊圻，慎固封守，以康四海。

「旌別淑慝，表其門閭」，太公《六韜》之文也。「有國家者，彰義癉惡。」《禮記・緇衣》文也。「君子並建聖哲，樹之風聲。」又云：「告之訓典」，《左》文六《傳》文也。

政貴有恆，辭尚體要，不惟好異。商俗靡靡，利口惟賢，餘風未殄，公其念哉！我聞曰：『世祿之家，鮮克由禮』。以蕩陵德，實悖天道。敝化奢麗，萬世同流。茲殷庶士，席寵惟舊，怙侈滅義，服美于人。驕淫矜侉，將由惡終。雖收放心，閑之惟艱。資富能訓，惟以永年。惟德惟義，時乃大訓。不由古訓，于何其訓。」

「紂使師延作靡靡之樂。」《韓非子》文也。「利口」，見《論語》。「帝其念哉」，《皋謨》文也。「世祿」，見《左傳》。「服美不稱，必以惡終。」《左》襄二十七《傳》叔孫之言也。「求其放心而已矣！」《孟子》文也。

王曰：「嗚呼！父師，邦之安危，惟茲殷士。不剛不柔，厥德允修。惟周公克慎厥始，惟君陳克和厥中，惟公克成厥終。三后協心，同底于道，道洽政治，澤潤生民，四夷左衽，罔不咸賴，予小子永膺多福。公其惟時成周，建無窮之基，亦有無窮之聞。子孫訓其成式，惟乂。嗚呼！罔曰弗克，惟既厥心；罔曰民寡，惟慎厥事。欽若先王成烈，以休於前政。」

「不剛不柔」，《詩・商頌》文也。「乃命三后」，《呂刑》文也。「澤被生民」，《荀子・君道》篇文也。「吾其被髮左衽矣」，《論語》文也。「欽若」，見《堯典》。「成烈」，見《洛誥》。

君 牙

《敘》曰：「穆王命君牙爲周大司徒，作《君牙》。」穆王，康王之孫，昭王之子也，名滿。大司徒，地官也。牙，《禮記・緇衣》作「雅」。此篇亡

于秦項之火。

王若曰：「嗚呼！君牙，惟乃祖乃父，世篤忠貞，服勞王家，厥有成績，紀于太常。惟予小子嗣守文、武、成、康遺緒，亦惟先正之臣，[一]克左右亂四方。心之憂危，若蹈虎尾，涉于春冰。

「惟乃祖乃父」，《盤庚》文也。「加之以忠貞」，《左》僖九《傳》晉荀息之言也。「服勞」，字見《論語》。「昔公勤勞王家」，《金縢》文也。「惟王有成績」，《洛誥》文也。「紀于太常」，《周書·嘗麥》篇文也。今本作「大帝」，誤字。「惟予小子」，《詩·周頌·訪落》之篇也。「嗣守文武」，見《顧命》。「亦惟先正克左右」，《文侯之命》文也。《漢書·谷永傳》引之，顏師古注以爲《君牙》文，非也。「其能而亂四方」，《顧命》文也。「履虎尾」，《易·履卦》文也。「如履薄冰」，《詩·小宛》之文也。

校勘記
[一] 亦惟先王之臣，他本皆作「先正」，今據以改之。

今命爾予翼，作股肱心膂，纘乃舊服。無忝祖考，弘敷五典，式和民則。爾身克正，罔敢弗正，民心罔中，惟爾之中。夏暑雨，小民惟曰怨咨；冬祁寒，小民亦惟曰怨咨。厥惟艱哉！思其艱以圖其易，民乃寧。

「汝翼」，《皋陶謨》文也。「股肱心膂」，《周語》太子晉之言也。「纘乃祖考，無忝乃舊」，《左》襄十四《傳》賜齊侯命文也。「敬敷五教」、「勑我五典」，皆《虞書》文也，然虞制非周制也。「和民」，則見《左傳》。「子帥以正，孰敢不正」，《論語》文也。「夏日暑雨，小民惟曰『怨』，資多祁寒，小民亦惟曰『怨』」，《禮記·緇衣》所引《君牙》眞古文也。「資」，讀爲「至」，而僞書又刪一「曰」字，增下一「咨」字，改其句讀也。「圖艱于其易」，《老子》言也。

嗚呼！丕顯哉，文王謨！丕承哉，武王烈！啟佑我後人，咸以正罔缺。爾惟敬明乃訓，用奉若于先王，對揚文、武之光命，追配于前人。」王若曰：「君牙，乃惟由先正舊典時式，民之治亂在茲。率乃祖考之攸行，昭乃辟之有乂。」

「丕顯」六句，《孟子》引《書》文也。「用荅揚文武之光訓」，《顧命》文也。「追孝于前文人」，《文侯之命》文也。「乃辟」，見《文侯之命》。

囧　命

《敘》曰：「穆王命伯囧爲周太僕正，作《囧命》。」按：「囧」，《史記》、《漢書》、《古今人表》及《說文》皆引作「臩」。正，長也。《周禮》太僕，下大夫，二人，夏官之屬，掌正王之服位。此篇亡于秦項之火。

王若曰：「伯囧，惟予弗克于德，嗣前人宅丕后，怵惕惟厲，中夜以興，思免厥愆。昔在文、武，聰明齊聖，小大之臣，咸懷忠良。其侍御僕從，罔非正人，以旦夕承弼厥辟，出入起居，罔有不欽；發號施令，罔有不臧。下民祗若，萬邦咸休。

「夕惕若厲」，《易·乾》爻詞也。「必有怵惕之心」，《禮·祭義》文也。「人之齊聖」，《詩·小宛》文也。「罔有不欽」，《盤庚》文也。「發號出令」，《禮記經解》文也，亦見《戰國策》。「萬邦咸休」，《洛誥》文也。

惟予一人無良，實賴左右前後有位之士，匡其不及，繩愆糾繆，格其非心，俾克紹先烈。今予命汝作大正，正于羣僕侍御之臣，懋乃后德，交修不逮。慎簡乃僚，無以巧言令色，便辟側媚，其惟吉士。僕臣正，厥后克正；僕臣諛，厥后自聖。后德惟臣，不德惟臣。爾無昵于憸人，充耳目之官，迪上以非先王之典。」

「惟予小子無良」，《禮·坊記》引《太誓》文也。「左右前後，皆薛居州也。」《孟子》文也。「惟大人爲能格君心之非」，《孟子》言也。「必交修予，無予棄。」《楚語》文也。「選端士衛翼，前後左右皆正人。」又云「太傅匡其不及」，皆賈子《新書》語也。「巧言令色孔壬」，《皋陶謨》文也。「友便辟」，《論語》文也。「其勿以憸人，其惟吉士。」《立政》文也。「耳目」，見《皋陶謨》。

非人其吉，惟貨其吉，若時，瘝厥官，惟爾大弗克祗厥辟，惟予汝辜。」王曰：「嗚呼，欽哉！永弼乃后于彝憲。」

「瘝厥君」，《康誥》文也。

呂　刑

《敘》曰：「呂命穆王訓夏贖刑，作《呂刑》。」《傳》謂「呂侯受命于穆王，爲司寇，訓說夏后氏贖刑之法，更從輕，以布告天下。」按：穆王車轍馬跡周行天下，其時絀于財用，故申《虞書》「金作贖刑」之法，名爲「施仁」，

實亦足用也。夏，中夏也。刑讀爲荊，篇中皆同。

惟呂命，王享國百年，耄，荒度作刑，以詰四方。

　　呂侯，即甫侯，四岳之后也。呂、甫同音，通字也。故呂城在今河南南陽府南陽縣之西。呂侯受王命，入爲三公也。享國百年者，穆王五十即位，又五十五年而崩，今享國之五十年也。耄當作薹，老也。荒，妄也，亂也。度，猶謀也。咨禮爲度，謂訪度于呂侯，使作贖刑也。詰，猶治也。方，傍也。東南西北，四傍也。

王曰：「若古有訓，蚩尤惟始作亂，延及于平民，罔不寇賊，鴟義，姦宄，奪攘，矯虔。

　　蚩尤，神農時諸侯強暴者。以盧山之金作五兵，嘗逐帝于涿鹿之野。帝乃徵師于少典國，軒轅黃帝與戰于涿鹿而禽之。平民，猶齊民也。攻劫爲寇，殺人爲賊。鴟，梟鳥也。義，狀貌也。奪，敓也，強取也。攘，孃也，擾也。矯，撓也，亂也。虔，牂也，殺也。虔、牂一聲之轉。言古俗敦龐，蚩尤氏始暴虐爲亂，引及于眾民，無不習于寇賊，狀如鴟梟之凶惡，內奸外宄，惟以強取亂殺爲事也。

苗民弗用靈，制以刑，惟作五虐之刑曰法。殺戮無辜，爰始淫爲劓、刵、椓、黥。越茲麗刑並制，罔差有辭。

　　苗民，謂九黎之君也。三苗爲九黎子孫，故即稱爲苗民。少昊氏衰，九黎上效蚩尤，又作重刑，其後顓頊誅之者也。靈，良也，善也。淫，甚也，猶大也。刵當作刖，跀也。劓、刖，截鼻斷足也。椓，斀也，去陰之刑也。黥，刻其面而以墨涅之也。越，粤也，于也。茲，此也。麗，羅也，猶言文網也。罔，無也。差，猶等級也，不齊之意。辭，曲直之讞辭也。言九黎弗用善制，作殘刻之刑，視古人之五刑爲虐，而以爲法，殺戮無辜之人，于是始大爲劓鼻、刖足、椓陰、黥面諸法，于此羅致于五刑，並制其命，無所差別于曲直之辭也。

民興胥漸，泯泯棼棼，罔中于信，以覆詛盟。虐威庶戮，方告無辜于上。上帝監民，罔有馨香德，刑發聞惟腥。

　　漸，瀸也，漬染之意。泯，當作潤，讀爲惛。棼，讀爲紊。泯泯棼棼，重言形況字，言瞀亂也。覆，猶敗也。方，旁也，溥也。監，視也。德，登也。腥，讀爲胜，或爲鮏，言薉臭也。言此時之民起，而相與漸染昏亂之極，

信不由衷，詛盟于神，亦反覆無常。民愈詐而政愈虐，威行于眾之受戮者，普告無罪于上天。天視民無馨香之登，聞所發聞者，惟刑虐薰臭之氣爾。

皇帝哀矜庶戮之不辜，報虐以威，遏絕苗民，無世在下。

皇帝，顓頊也。矜當作矜，讀爲憐，亦哀也。報，當皋人也。遏，讀爲渴，盡也，絕斷也。言軒轅次子顓頊，哀憐眾刑之及無辜，苗民暴虐，天亦報之以威，盡絕之，誅其身，流其子孫，使無有繼世在于下土也。

乃命重、黎，絕地天通，罔有降格。羣后之逮在下，明明棐常，鰥寡無蓋。

重，少昊之子；黎，顓頊之子，即堯時羲、和之先也。格，假也，猶登也。《楚語》觀射父對昭王曰：「少昊之衰也，九黎亂德，民神雜糅，不可方物。夫人作享，家爲巫史，無有要質，民匱于祀而不知其福，烝享無度，民神同位。民瀆齊盟，無有嚴威，神狎民則不蠲其爲，嘉生不降，無物以享，禍災薦臻，莫盡其氣。顓頊受之，乃命南正重司天以屬神，命火正黎司地以屬民，使復舊常，無相侵瀆，是謂絕地天通也。」降，下。格，升也。羣后，眾諸侯也。逮，及也。在下，臣民也。明，崩也。明明，猶勉勉也。棐，輔也。常，長也。蓋，害也，傷也。言絕地天通，則無有惑于天神之降地、民之升者，故是時庶邦、諸侯以及在下之臣民，皆能勉勉以輔行常道而刑罰清明，雖鰥寡之窮民，亦無有傷害也。

皇帝清問下民鰥寡有辭于苗。德威惟畏，德明惟明。

此皇帝，謂堯也。帝嚳之季年，九黎子孫三苗，復九黎之德，故堯命重之後羲、黎之後和，欽若昊天，以授人時。而又審問下民，凡鰥寡皆有辭說，上陳爲有苗之罪狀。堯乃以德威之而無不畏，以德勉之而無不勉也。《禮記·表記》引「德威」二語而曰：「非虞帝其孰能如此乎？」蓋堯舜合道同德，命官行政，皆堯作之而舜述之，故曰「無爲而治」。凡俟堯者，即可以俟舜，而俟舜者，亦可以俟堯也。

乃命三后，恤功于民。伯夷降典，折民惟刑；禹平水土，主名山川；稷降播種，農殖嘉穀。三后成功，惟殷于民。

后，君也。恤，憂也。降典之降，讀爲隆，猶崇也。折，斷也。主名者，立山川之主，名山川之名也。殖，植也，猶樹也。殷，齊也，猶正也。《墨子·

尚賢中》篇引作「假」，則讀爲「假」，至也。言命三后盡憂民之功，伯夷崇其典祀，以禮斷刑而民心正，禹平水土奠定山川而民居安，稷下播種農樹嘉穀而民生厚，所謂正民而不爲邪妄也。按：《虞書》「伯夷無折民，惟刑事」，知堯時刑法蓋伯夷兼之，至舜有天下乃選于眾，舉皋陶而專重其任也。下文士乃司刑之官，不止一人，亦不爲重職，非皋陶也。《後漢・梁統傳》引作「爰制百姓于刑之衷。」《楊震傳》：「三后成功，惟殷于民，皋陶不與焉！」

士制百姓于刑之中，以教祗德。

堯時士，官如今刑部司員，不爲重職，伯夷統之也。僞傳以士爲皋陶，非是。百姓，大家族姓，法先行于貴近也。不輕不重之謂「中」。祗，敬也。言制百姓于刑罰之中正，非虐威之也。歐而納之于善，所以教之敬德也。

穆穆在上，明明在下，灼于四方，罔不惟德之勤，故乃明于刑之中，率乂于民棐彝。

穆穆，和敬也。明，崩也。明明，猶勉勉也。灼，焯也，明也。率，達也，先導也。乂，嬖也，治理也。棐，輔也。彝，猶常也。言堯和敬于上，三后勉勉于下，其道昭明于四方，無不惟德之勤，故乃能明于用刑之中正，導治于民以輔其常教也。

典獄非訖于威，惟訖于富。敬忌，罔有擇言在身。惟克天德，自作元命，配享在下。」

典，敹也，主也。訖，吃也，言蹇也。忌，諅也，誡也。擇，殬也，敗也。克，肩任也。元，猶大也。配，妃也，猶匹也。享，猶受也。言凡主獄之官，往往囁嚅難出不能盡言。以審究者，非爲威屈，即爲利疚耳。是當敬而戒之，使無有敗言在于我身也。惟肩任乎天德，則大命自我爲之，可配副于天，而受永終之祿于下矣。

王曰：「嗟！四方司政典獄，非爾惟作天牧？今爾何監？非時伯夷播刑之迪？其今爾何懲？惟時苗民匪察于獄之麗，罔擇吉人，觀于五刑之中；惟時庶威奪貨，斷制五刑，以亂無辜，上帝不蠲，降咎于苗，苗民無辭于罰，乃絕厥世。」

播，譒也，敷也。迪，道也。匪，非也。麗，丽也，猶相附也。庶，遮也，遏也。奪，敚也，取也。庶威，猶訖威。奪貨，猶訖富也。亂，治也。

斶，佳也，善也。辭，詞也。歎息言：四方凡司政主獄之人，非爾爲天養民者乎？今爾何所視法，豈非是伯夷用刑之道。其今爾何所懲戒？惟是苗民不審察于獄之附麗，不擇善人使觀于刑之中正，惟是法過于威，或利奪于貨，斷治五刑以妄治無辜之民，上帝弗善之，下禍災于苗。苗民亦無詞以解于天罰，乃遂絕其世，此則所當懲者也。苗民之虐，顓頊流之，堯誅之，舜又竄之，禹又征之。絕厥世者，無世守之君長也。

王曰：「嗚呼！念之哉。伯父、伯兄、仲叔、季弟、幼子、童孫，皆聽朕言，庶有格命。今爾罔不由慰日勤，爾罔或戒不勤。天齊于民，俾我一日，非終惟終，在人。爾尚敬逆天命，以奉我一人！雖畏勿畏，雖休勿休。惟敬五刑，以成三德。一人有慶，兆民賴之，其寧惟永。」

童，僮也，未冠之偁。聽，猶從也。有，能也。格，恪也，敬也。慰，恚怒也。日，當作曰。或，有也。戒，誡也。齊，猶平也。俾，使也。非終，即《康誥》之眚災；惟終，即《康誥》之自作不典。逆，迎也。雖畏勿畏，不訖于威也。休，喜也；雖休勿休，不訖于富也。三德，正直、剛克、柔克也。歎息言：我同姓諸臣，皆從我言庶幾能恪恭天命。今爾無不以武怒嚴酷而自謂勤能，故爾無有自誡于不勤者。豈知以刻爲事，非天意也。天公平而愛民，不過使我一日爲民之上，代天治之耳。有不可殺者，有不可不殺者，在人自犯，無容我私意參之也。爾庶幾恪敬以近天命，以承我一人，勿因勢可畏而懼，勿因富可喜而貪。惟敬五刑以成正直剛柔之德，無偏無黨，則天子慶其功，兆民賴其福，天下安康，久而弗替矣！

王曰：「吁！來，有邦有土，告爾祥刑。在今爾安百姓，何擇，非人？何敬，非刑？何度，非及？

此告庶邦諸侯也。祥，猶善也。度，猶謀也，心能制義曰度。及，讀爲疊。古理官決罪三日，得其宜乃行之也。故《史記》引作「何居？非其宜」，蓋史公所見本「度」作「宅」，故以「居」字代之。王歎息言：凡爾有邦國土地者，告爾以善吉之刑，在今爾欲撫安百姓，當何所選擇？非司刑之人乎？當何所敬慎？非用刑之地乎？當何所審度？非儀刑之時乎？

兩造具備，師聽五辭。五辭簡孚，正于五刑。五刑不簡，正于五罰。五罰不服，正于五過。[一]

造，至也。獄之兩曹在廷東，赴訊者至此也。具，俱也。備，葡也。師，士師也。辭，訟也，猶今言口供也。簡，見也，有左證眞見其情實也。孚，信也。正，定也。罰，贖也。服，及也，猶受治也。言訟者俱至，方質士師，聽其相訟之辭。其辭信實，則定其當入于何刑，就其辭以定其罪當矣。而其所以致罪之由，非出于故。或勢所不能已，爲意所不及料者，則辭雖情實而固非情實。所謂眚災適爾也，則使出金贖罪。若贖罪尚不足以服其心，則定于五過之條，竟從赦免也。

校勘記
[一] 正于五過，原文作「無過」，然下文言「五過之疵」，知「無過」爲「五過」之誤，核之他本，亦爲「五過」，今改之。

五過之疵：惟官，惟反，惟內，惟貨，惟來。其罪惟均，其審克之！

疵，病也，言害法也。官，挾勢也。反，返也，報復恩怨也。內，女謁也。貨，謂賕也。來，當作求，以情干請也。均，由同也。審，知諦也。克，劾也，尤勵也。言五過之定于赦宥者，其間不能無弊病，當詳審精覈也。或因勢威之奪，或報恩怨之私，或徇女謁之請，或受賄賂之行，或憐哀求之情。以此出此人之罪，即必入彼人之罪，則治聽訟者之罪，與犯法者等，亦即以所罰罰之也。凡此當審察者，尤宜勤勞勿忽也。

五刑之疑有赦，五罰之疑有赦，其審克之！

刑赦從罰，罰赦從過，亦宜如五過之詳審精覈也。蓋上文言五過之疵有此數端，其實五刑、五罰皆同。先言五過者，相承順文也。

簡孚有眾，惟貌有稽。無簡不聽，具嚴天威。

此申言兩造具備，師聽五辭也。稽，計也，猶考也。具，俱也。嚴，儼也，敬也。言五辭之聽，既有眾證，又當察兩造之貌而參考之，《周禮》所謂色聽也。若不簡孚，則不理其獄刑者。代天用威之事，當恪敬行事，毋輕議刑也。

墨辟疑赦，其罰百鍰，閱實其罪。劓辟疑赦，其罰惟倍，閱實其罪。剕辟疑赦，其罰倍差，閱實其罪。宮辟疑赦，其罰六百鍰，閱實其罪。大辟疑赦，其罰千鍰，閱實其罪。墨罰之屬千。劓罰之屬千，剕罰之屬五百，宮罰之屬三百，大辟之罰其屬二百。五刑之屬三千。上下比罪，無

僭亂辭，勿用不行，惟察惟法，其審克之！

墨，即黥也。辟，躃也，法也。罰者，以銅爲罰也。鍰皆作鋝，鋝重六兩又十六銖也，百鋝四十一斤也。閱實，猶簡孚也。倍，陪也，猶重也。劓罰惟倍，八十三斤也。剕，刖足也。差，猶二也，倍之外又加三分。所倍之二，則爲銅百三十八斤有奇也。宮者，男子割勢，女子閉于宮中也。六百鋝，爲銅二百五十斤也。大辟，死罪也。千鋝，四百一十六斤有奇也。屬，猶類也。《尙書大傳》云：「非事而事之，出入不以道義而誦不祥之詞者，其刑墨。觸易君命，革輿服制度。姦宄盜攘傷人者，其刑劓。決關梁踰城郭而略盜者，其刑髕。男女不以義交者，其刑宮。降畔寇賊劫略奪攘撟虔者，其刑死。」此其類也。《周禮》五刑，屬各五百，此則墨劓，倍于其初。宮與大辟，皆從減焉。上重也，下輕也，比附于例也。僭，假也。亂，敵也。辭，兩造之詞也。不行者，已革除之法也。察，覆審也。言上比下，比期當其辠，無假亂其辭，或飾辭以指示之，如今之教供。或鍛煉而周內之，如今之改供也。凡科條之已捐除者，勿再比用。若復用之，則刑罰不信，民無所措手足也。凡此皆纖維，當察專用，今法其精詳而勞勉之也。按：大辟可贖，則殺人者皆不死，豈可以爲訓哉？唐虞之世，贖刑承鞭扑而言，不在五刑之列。穆王假託而一切用之，所謂耄荒也。

上刑適輕，下服；下刑適重，上服。輕重諸罰有權。刑罰世輕世重，惟齊非齊，有倫有要。

適，之也。服，反也，治也。權，縣也，縣以稱物輕重者也。世，當其時也。齊，猶一也。倫，猶理也。要，猶中也。言本在上刑之條而情之于輕，則減等治之；本在下刑之條而情之于重，則加等治之。輕重諸罰，令皆如衡有縣，惟其平耳，不可執一也。世輕世重，按：有兩說，《周禮》「新國用輕典，平國用中典，亂國用重典。」此一義也。《荀子·正論》「治則刑重，亂則刑輕。」楊注云：「治世家給人足犯法者少，有犯，則衆惡之辠，固當重。亂世人迫于飢寒，犯法者多，不可盡用重典，當輕。」此又一義也。推穆王之意，用夏刑大辟二百，宮辟三百，臏辟五百之數，則于周制五刑各五百爲從輕，疑當如荀卿之說也。惟在齊其參差不一者，而使之平，則凡刑罰無不理而順中而正矣。

罰懲非死，人極于病。非佞折獄，惟良折獄，罔非在中。察辭于差，非從惟從。哀敬折獄，明啟刑書胥占，咸庶中正。其刑其罰，其審克之。

獄成而孚，輸而孚。其刑上備，有並兩刑。」

　　佞，巧讇高材也。良，善也。差，不齊一也。啓，启也，開也。胥，相也，實𢿨也。占，帖也。書，署也。輸，猶寫也，謂讞獄于王也。備，萄也，具也。言罰以懲戒于人，人即非死，已極于病苦，是故折獄不可不慎也。口才辯給之人，能使囚窮于辭，則容有辭屈無以自解而枉入于刑者。故非佞人可以折獄，惟良善之人，公正不偏，無不合乎中也。供辭或有參差，于其參差精察之，以求得其精，非從其辭，惟從其情耳。死者不可復生，絕者不可復續，當哀矜敬慎明開刑書，相與隱度而書署之，庶幾皆切于中正。或刑或罰，其詳審而勤勉之，不宜苟且從事也。至獄成而信，輸寫其本末以告于王，亦無不信其刑之麗，當備具于上也。或有一罪而疑輕疑重介于兩刑之間者，則並兩刑而上之，以待決于朝也。

王曰：「嗚呼！敬之哉！官伯族姓，朕言多懼。朕敬于刑，有德惟刑。今天相民，作配在下。明清于單辭，民之亂，罔不中聽獄之兩辭，無或私家于獄之兩辭！獄貨非寶，惟府辜功，報以庶尤。永畏惟罰，非天不中，惟人在命。天罰不極庶民，罔有令政在于天下。」

　　官伯，刑官之長。族姓，同姓諸臣也。德，悳也，猶惠也。相，𢿨也，猶助也。配，妃也，猶對也。單辭，一人之言，《論語》所謂片言也。兩辭，兩造之言。私，厶也，背于公也。私家，猶偏向也。寶，保也，猶守也。府，猶聚也。功，訌也，潰也，或曰恐也，懼也。庶，猶眾也。尤，訧也，辜也。極，猶中也。令，讀爲良，善也。歎息言：爾官伯族姓，無不當敬刑也。我言之猶尚多懼，我敬于刑以刑罰者，正所以惠民，非所以威民。今天助民作之君，以配于下土，使代天用刑，在先明清于一人之辭，即知其情僞。蓋民之所以治者，無不在中聽獄之兩辭，無或偏向于獄之兩辭。凡折獄有偏向，黷貨爲多，不知以獄得貨，貨非可守，但聚其罪而可畏可懼，天將報之以眾罪也。故所當長畏者，惟刑罰之用耳。天道至公，非稍有不中之處，惟人自取之。故天命之罰也，天非獨罰民也。用刑罰者，不建中以敷錫庶民而無善政在于天下，則天亦將罰之也。《五行傳》云：「王之不極，是謂不建，厥罰恆陰。」

王曰：「嗚呼！嗣孫，今往何監，非德？于民之中，尚明聽之哉！」

　　嗣孫，嗣世子孫也。監，視也。德，悳也，猶惠也。歎息言：嗣孫自今以往，何監？豈非施惠于刑民而得其中正，庶幾明聽我言而行之哉！

哲人惟刑，無疆之辭，屬于五極，咸中有慶。受王嘉師，監于茲祥刑。

哲人，謂王也。惟，思也，猶圖度也。疆，竟也，猶窮也。辭，詞也，猶聞譽也。屬，猶續也。五極，《洪範》之五皇極也。嘉、祥，皆善也。師，眾也。按：「尚明聽之哉」以上王言已畢，「哲人惟刑」以下乃呂侯之言，道揚王命也。言：明智之人，立此新法。敬慎用刑，將有無窮之聞于後世。蓋其道接續于《洪範》之五皇極，皆協于中而有福慶，所謂錫福庶民，會極歸極也。有典獄之責者，庶幾受王之良民而治之，視此吉善之刑罰也。言嘉師者，民本無不善，其麗于刑罰者，非迫于飢寒，則陷于習染耳！

文侯之命

《敘》曰：「平王錫晉文侯秬鬯、圭瓚，作《文侯之命》。」平王，幽王之子，穆王八世孫也。幽王取申國之女爲后，生太子宜臼。又得褒姒，生伯服，而黜申后，廢宜臼。宜臼奔申，申侯與犬戎攻宗周，弒幽王于戲。晉文侯與鄭武公迎宜臼而立之，遷于東都，是爲平王。《國語》曰：「晉文侯于是乎定天子」，此之謂也。平王嘉文侯之功，賜之秬鬯、圭瓚。秬鬯，釀黑黍爲酒也。圭瓚，勺之以圭爲柄者，所以酌鬯酒祼祭者也。宗廟之盛禮，諸侯非賜不得用，九命乃錫之。馬本「王」上無「平」字。劉向《新序》、馬遷《史記》，皆以此篇爲襄王命文公重耳，恐非。

王若曰：「父義和！丕顯文武，克慎明德，昭升于上，敷聞在下；惟時上帝，集厥命于文王。亦惟先正克左右昭事厥辟，越小大謀猷罔不率從，肆先祖，懷在位。

天子于同姓諸侯儕伯父。義和，文侯字也。晉穆侯以條之役生太子，故名曰「仇」。仇，讎也。古人名字相應或相反以爲應，故字義和。義，誼也。和，龢也，猶言宜龢也。義、和亦疊韻連語。鄭康成讀「義」爲「儀」，從《爾雅》訓「匹」，不知儀、仇訓「匹」者，借義爲儷，借仇爲讎耳，恐非也。呼字不名者，尊寵之也。馬融訓：能以義和我諸侯，則以文侯爲文公重耳，亦非。顯，暴也。明，勉也，猶黽勉也。德，惪也。昭，明也。升，登也，猶上也。先正，謂晉侯祖父也。昭，劭也，勉也。越，粵也，于也。猷，當作猶，讀爲儀，圖度也。率，述也，循也。肆，故詞也。先祖，謂成康以後也。懷，裹也，猶安也。言周之先允文允武，能慎勉其德格于上下，故受天命爲天子。亦惟爾先世之祖，能輔助勉事其君于小大謀猷，無不述循順文武之訓，故我

歷世先祖皆安于天位也。

嗚呼！閔予小子嗣，造天丕愆。殄資澤于下民，侵戎我國家純。即我御事，罔或耆壽俊在厥服，予則罔克。曰：惟祖惟父，其伊恤朕躬！嗚呼！有績予一人永綏在位。

閔，猶病也。造，遭也，遇也。資，積也，猶積也。戎，犬戎也。純，屯也，難也。御事，謂王朝治事之臣。俊，當作咎。服，當作躬，見漢武帝詔，今從之。克，肩任也。祖、父，祖行、父行也。伊，詞也。恤，卹也。績，功也。綏，妥也，安也。歎息言：傷予小子繼遭天降大愆，絕先祖之積澤于下民，爲犬戎侵犯，我國家受其屯難，即我朝治事之臣，多有死傷，則皆予無能肩任之咎，曰：惟爾庶邦祖行父行之侯，其憂恤予身乎！又歎息言：能以勞定國，有功于予一人，予庶幾長安在位也！

父義和！汝克紹乃顯祖，汝肇刑文武，用會紹乃辟，追孝于前文人。汝多修，扞我于艱，若汝，予嘉。」

昭，光明也。顯祖，當謂唐叔虞也。肇，劼也，敏勉也。刑，型也，猶法也。會，衛也，猶護也。紹，繼也。前文人，先文德之人，謂其祖父也。戰功曰多。修，飭也，猶掃除也。扞，毃也，止也。言汝能光乃顯祖，汝敏勉以效法文武之道，用護衛嗣續乃君，追孝于爾先人。汝功甚多，于我艱難之時，除患定亂，如汝者，我所嘉也！

王曰：「父義和！其歸視爾師，寧爾邦。用賚爾秬鬯一卣，彤弓一，彤矢百，盧弓一，盧矢百，馬四匹。父往哉！柔遠能邇，惠康小民，無荒寧。簡恤爾都，用成爾顯德。」

師，眾民也。寧，宭也，安也。秬鬯，以裸祭者也。卣，即西字，中尊也。彤，赤色。盧，黸也，黑色。馬四匹，車一乘也。《禮緯・含文嘉》云：「九錫：一車馬，二衣服，三樂則，四朱戶，五納陛，六虎賁，七斧戉，八弓矢，九秬鬯。」經文不備者，《禮緯》亦後世之書，未必周制如此也。荒，忘也，忽也。簡，束也，猶閱也。恤，卹也，猶安也。蓋遣令歸國，而言其歸視爾民，安爾國，用賜爾秬鬯、弓矢、車馬，以奉祭祀，以專征伐，以節勞勛。父往哉，其柔懷遠人而順恕其近者，以仁安小民爲事，庶幾無忘忽，無安佚，簡閱爾眾，安靖爾民于爾國都，以成爾光明之德也！

費　誓

《敘》曰：「魯侯伯禽宅曲阜，徐夷並興，東都不開。作《費誓》。」按：費，讀爲柴，魯東郊地名，當在今山東兗州府曲阜縣，已無考。若費國于春秋桓莊之世并于魯，爲季氏邑，則在今兗州府費縣西北二十里，去曲阜且三百里，非作《誓》之地也。柴，《史記》作「肸」，伏生《大傳》作「鮮」，一作「獮」，未詳。曲阜，其山委曲長七八里，故名。徐夷，徐戎淮夷也。時伯禽有三年之喪，徐戎作難，喪卒哭而征之，急王事也。此與三監及淮夷叛，作《大誥》，乃兩時兩事，《史記》誤合爲一也。是篇古文在《呂刑》前，魏晉間人移于《秦誓》之上，使諸侯之書從其類，以比《魯頌》之居《詩》末也。

公曰：「嗟！人無譁，聽命。徂茲淮夷、徐戎並興。

公，魯侯伯禽也。五等諸侯，在本國臣民皆偁公。嗟，當作叢，嗞也，發聲也。人，謂軍士及費地之民。譁，讙囂也。徂，往也。淮夷，淮北之夷。徐戎，戎之在徐州者。興，起也。言往征此淮夷、徐戎並起爲寇者也。

善敹乃甲冑，敿乃干，無敢不弔！備乃弓矢，鍛乃戈矛，礪乃鋒刃，無敢不善！

敹，擇也，鄭謂穿徹之也。乃，猶汝也。甲，在身；冑，在首。敿，擊連也，鄭謂繫也。干，戰也，盾也。弔，讀爲俶，善也。備，葡也，具也。鍛，小治也。以金入火焠而椎之，愈段愈堅也。礪，當作厲，旱石可摩以利刃也。鋒，當作鏠，兵耑也。刃，刀堅也。

今惟淫舍牿牛馬，杜乃擭，敜乃穽，無敢傷牿。牿之傷，汝則有常刑！

淫，甚也，大也。舍，捨也，釋也。牿，讀爲梏，手械也。牛馬，以前足爲手，施木其上，使不得疾走奔逸也。杜，斁也，閉也。擭，柞鄂也。柞鄂者，竹之笮木之格，連絡交互穿地，淺者設于其中，以爪持獸足，使不得躍出也。敜，塞也。穽，陷也，穿地爲塹，以陷獸者也。常，長也。刑，荆也，法也。

馬牛其風，臣妾逋逃，勿敢越逐，祗復之，我商賚汝。乃越逐不復，汝則有常刑！

牝牡相誘曰風，風則狂走而逸。臣妾，廝役扈養之屬。古者兵車一乘，甲士三人，步卒七十二人，其外有餘子二十五人，任刈芻、汲水、炊烹、養

馬者是也。古軍中亦有丁女,不可爲法。逋、逃,皆亡也。越,逾也,踰也。
逐,追也。越逐則失部武行列,故禁之。祗,敬也。復,還返也。失主雖不
得逐,而人得之者,當敬還其主也。商,賞也,賜也。賚,賜也。越逐者,
失律;不復者,攘竊,故皆常刑也。

無敢寇攘,逾垣牆,竊馬牛,誘臣妾,汝則有常刑!

寇,強取也。攘,纕也,猶言徒手奪之也。誘,相訹評也,猶引也。言
無敢如此,敢則有常刑也。

**甲戌,我惟征徐戎。峙乃糗糧,無敢不逮;汝則有大刑!魯人三郊三遂,
峙乃楨榦。甲戌,我惟築,無敢不供;汝則有無餘刑,非殺。魯人三郊
三遂,峙乃芻茭,無敢不多;汝則有大刑!」**

獨言徐戎者,攻擊有先後也。峙,當作庤,讀爲庤,儲置屋下也。糗,
熬米麥也,路食爲糧。逮,及也。大刑,大辟也。國外四面曰郊,鄉在郊內。
郊外四面曰牧,遂在牧內。此言三郊、三遂者,東郊之人畱守,不從征也。
凡築牆,木植于兩耑者曰楨,版設于兩邊者曰榦。築者,築攻敵之壘、距、
堙之屬也。供,龔也,給也。無餘刑,非殺者,謂盡奴其妻子,不遺種類,
在軍使給廝役,反則男子入于罪隸,女子入于春藁,不殺之也。芻,刈艸也。
茭,牛蘄也,亦名馬蘄。葉細銳似芹,牛馬喜食之,故茭亦訓乾芻也。糗糧、
芻茭,供人馬之食,軍中一日不可乏者,故有誤則皆服大刑。

秦　誓

《敘》曰:「秦穆公伐鄭,晉襄公帥師敗諸崤,還歸,作《秦誓》。」按:
秦,今甘肅秦州清水縣也。鄭,在今河南開封府新鄭縣。晉,在今山西平陽
府翼城縣。帥,達也,猶領也。崤,當作殽,晉地,在今河南河南府永寧縣
北五十里。山有東西二陵,道出其間。《春秋傳》魯僖公三十年,秦穆公與晉
文公圍鄭,鄭使燭之武夜見秦伯,穆公與之盟而還,使杞子逢孫、楊孫戍之。
三十二年,杞子自鄭使告秦曰:「鄭人使我掌其北門之管,若潛師以來,國可
得也。」穆公訪諸蹇叔,蹇叔以爲不可。公不聽,召孟明、西乞、白乙使出
師。三十三年,晉文公薨,未葬,子襄公墨縗以從戎,要秦師于殽而擊之,
俘其三帥以歸。襄公之母文嬴,秦穆公女也。請于襄公而釋三帥。三帥還歸,
穆公素服郊次哭而迎之,是其事也。還歸作《秦誓》,當謂三帥歸,而公作此

《誓》也。《史記》則以爲事後三年，秦伐晉，取王官及郊，遂此茅津渡，封殽尸而還，作《誓》。未知其審，莫能定也。

公曰：「嗟！我士，聽無譁！予誓告汝羣言之首。

士，通臣民之偁也。予，余也。首，猶言最上也。羣言之首，眾言中之第一誼也。

古人有言曰：『民訖自若，是多盤。』責人斯無難，惟受責俾如流，是惟艱哉！

訖，汔也，猶盡也。若，順也。盤，奰也，樂也。責，諫也，數其失也。斯，詞也。難，即艱也。俾，猶從也。如流，如水之流順而相從也。言古人謂人盡自順其性，喜于惟其言而莫違，是以多樂。豈知忠言逆耳利于行，以我責人則易，惟受人之責從之如流水，此爲難也。穆公悔不聽蹇叔之言，故深有味于古語而首舉之也。按：般、難、艱，叶韻。

我心之憂，日月逾邁，若弗云來。

憂，愵也，愁也。逾，越進也。邁，遠行也。云，圍也，回也。言我心之所愁者，前日之事既往，今追悔而無及，若日月之邁，往而弗能轉來也。

惟古之謀人，則曰未就予忌；惟今之謀人，姑將以為親。雖則云然，尚猷詢茲黃髮，則罔所愆。」

古之謀人，謂蹇叔、百里奚也。《公》、《穀》、《史記》皆以蹇叔、百里奚同諫，孟明視爲百里奚子，西乞術、白乙丙爲蹇叔子，同送其子而哭之，不可執左氏而沒其實也。未，當作來，形近而誤。就，猶成也。予，余也。忌，惎也，毒也。今之謀人，謂杞子也。姑，及也，聊且之詞也。將，牂也，扶也。雖，假設之詞也。則，之爲言曾也。云，曰也。然，噞也。猷，當作猶，讀爲儀，猶謀也。詢，當作訊，問也。茲，此也。黃髮，老人髮白復黃也。愆，過也。言于老成之人則曰來，成余毒；于少年新進且相扶以爲親。雖曾謂，然自今思之，庶幾謀問此老成人，則無所過失耳。按：然、愆，叶韻。

番番良士，旅力既愆，我尚有之；仡仡勇夫，射御不違，我尚不欲。惟截截善諞言，俾君子易辭，我皇多有之！

番，皤也，老人頭白貌也。旅，臂也，膂骨也，膂強則力壯。愆，緩也，

偏緩也。仡，勇壯也。違，韋也，猶失也。截截，重言形況字，簡括明晰之意。諞，便，巧言也。俾，使也。易，傷也。辭，詞也。皇，遑也，猶暇也。言老成善士雖膂力已衰，我庶幾其有之；新進勇夫，雖嫺于射御，我庶幾不欲用之；若巧言便佞之人，能變易君子之詞，使聽者以美爲惡，則萬不可近。我豈暇多有之以自娛乎？

昧昧我思之，如有一介臣，斷斷猗無他技，其心休休焉，其如有容。人之有技，若己有之。人之彥聖，其心好之，不啻如自其口出。是能容之，以保我子孫，黎民亦職有利哉！

　　昧昧，猶默默也。介者，孤特之意。斷斷，誠一之貌。猗，兮，詞也。他，迤也，猶衺也。技，巧藝也。休休，寬容貌。容，猶受也。美士爲彥。睿通爲聖。容，猶受也。黎，齊也，猶眾也。職，猶主也。利，讀爲賴，猶恃也。言靜言思之，如有一耿介端愨之臣，誠一不僞，無他謬巧，其心寬大能容物，人之有才藝者，如己有之。人之賢聖，則其心好之，不但如口中之贊美，如是之臣，能容眾善以助國，以故能保安我子孫也，則眾民亦主有倚恃者哉！

人之有技，冒疾以惡之；人之彥聖而違之，俾不達是不能容，以不能保我子孫，黎民亦曰殆哉！

　　冒，冢也，猶蔽也。疾，嫉也，妒也。亞，譖也，相毀也；或曰亞也，猶憎也。[一]違，離也，猶遠也。俾，使也。達，通也。殆，危也。言人有技則蒙蔽妒害以詆毀之，忌其能之勝己也。若彥聖者，則必遠之，使不能通于君，畏其德之不能感悟人也。如是之臣，不能容人善以誤國，以故不能保安我子孫也，則眾民亦危矣哉！

校勘記
[一] 亞，原文中無此字，當是「惡」字之誤，訓譖也，相毀也，憎也。下二亞字同。

邦之杌陧，曰由一人；邦之榮懷，亦尚一人之慶。」

　　杌，當作阢，阢陧，疊韻連語，猶臲卼不安也。由，繇也，猶從也。榮，瑩也，猶光明也。懷，褢也，猶安也。尚，庶幾也。慶，猶賜也，或曰善也。言國之傾危，由于所用之一人，國之光榮而安，亦庶幾所用一人之賜，用人可不詳愼乎哉？按：悔過者，修身之要；用人者，治國之本。穆公此篇，駸駸乎合于王道，故夫子錄之以附于《尚書》也。

附：《清史稿・儒林二》朱駿聲傳

　　朱駿聲，字豐芑，吳縣人。年十三，受許氏《說文》，一讀即通曉。從錢大昕游，錢一見奇之，曰：「衣鉢之傳，將在子矣！」嘉慶二十三年舉人，官黟縣訓導。咸豐元年，以截取知縣入都，進呈所著《說文通訓定聲》及《古今韻準》、《柬韻》、《說雅》，共四十卷。文宗披覽，嘉其洽，賞國子監博士銜。旋遷揚州府學教授，引疾，未之官。八年，卒，年七十一。

　　駿聲著述甚博，不求知於世，兼長推步，明通象數。嘗論《爾雅》太歲在寅，推大昕說，謂其時自以實測之歲星在亥，定太歲在寅，命之曰攝提格以紀年，歲星所合之辰，即爲太歲。然歲星閱百四十四年而超一辰，至秦、漢而甲寅之年歲星在丑，太歲應在子。漢詔書以太初元年爲攝提格者，因六十紀年之名，歷年以次排敘，不能頓超一辰，故仍命以攝提格也。於是後人以寅、卯等爲太歲，強以攝提格等爲歲陰。其實《爾雅》所云歲陽、歲陰，非如後人說也。他著有《左傳旁通》十卷，《左傳識小錄》三卷，《夏小正補傳》一卷，《離騷補注》一卷。

　　（《清史稿》卷四百八十一，列傳二百六十八，儒林（二），第 13236 頁，中華書局 1977 年版。）